Werner Kästle

39 Wandervorschläge für das Gebiet
Mauracher Bergle – Elztal – Kandel – Glottertal

Werner Kästle

Wandern · Schauen · Erleben

39 Wandervorschläge

am Mauracher Bergle · im Elztal ·
am Kandel und im Glottertal

auf bezeichneten Wegen mit vielen Hinweisen
auf geschichtliche, geologische,
faunistische und botanische Besonderheiten

Schillinger Verlag GmbH · Freiburg im Breisgau

Weitere Wanderführer in dieser Reihe sind in Vorbereitung

Bisher sind erschienen:
Band 1: Kaiserstuhl, Tuniberg, Nimberg, Rheinwälder – Neuauflage
Band 2: Staufen, Münstertal, Wiedener Eck, Gießhübel – Neuauflage
Band 3: Freiburger Bucht, Schönberg, Hexental, Schauinsland
Band 4: Nördliches Markgräflerland, Sulzburg, Weilertal, Bürgeln, Blauen
Band 5: Elztal, Kandel, Glottertal – Neuauflage
Band 6: St. Peter, St. Märgen, Breitnau

Neuauflage 1998, ISBN 3-89155-212-2
Zeichnungen vom Autor
Gesamtherstellung: Schillinger Verlag, Freiburg

Ausgangspunkt Waldkirch Bahnhof

Ausgangspunkt Berghotel Kandel

Ausgangspunkt Bahnhof Kollnau

Ausgangspunkt Bahnhof Bleibach

Ausgangspunkt Bahnhof Oberwinden

Nachdem dieser Wanderführer im Jahre 1981 zum ersten Mal erschienen war, fand er schnell viele Freunde. Schon bald mußte er nachgedruckt werden, denn immer mehr Menschen wählten die angebotene Region als Ferien- und Wanderziel aus. Damals fuhr man noch hauptsächlich mit dem Pkw an die Wanderparkplätze und an die Ausgangspunkte für die Rundwanderungen. Zwischenzeitlich hat sich sehr viel geändert. Alte Wanderwege wurden im Zuge von Waldarbeiten umgelegt, neue Routen wurden erschlossen. Am meisten jedoch veränderte sich das persönliche Umweltbewußtsein bei uns Menschen. Immer mehr wurde der sich steigernde Straßenverkehr zur Belastung für Mensch und Natur. Langsam, aber systematisch, begann ein Prozeß des Umdenkens, in dem wir uns im Moment noch befinden. Die Verkehrsgesellschaften erweiterten ihr Angebot an öffentlichen Verkehrsmitteln, und man führte die Umweltkarte ein. Diese Karte ist besonders familienfreundlich. Fast alle Wanderungen, die in diesem Büchle angeboten werden, können mit dem Zug oder mit dem SBG-Bus angefahren werden. Wir verzichten also der Umwelt zuliebe auf das eigene Auto. Aber auch das Fahrrad kam wieder zu Ehren. Es bringt uns auf verkehrsarmen Nebenstraßen bequem zu den Ausgangspunkten der Wanderungen.

Wir sind uns bewußt, daß auch die Zukunft Neuerungen bringen wird. Sollten Sie Veränderungen an den beschriebenen Wegen feststellen, sind wir für Hinweise jederzeit dankbar

Verlag und Autor wünschen Ihnen erlebnisreiche Wanderungen in der einmalig schönen Landschaft des Glottertales, des Elztales und am sagenumwobenen Kandel.

Im Herbst 1997

Wichtiger Hinweis:

Fast alle Wanderungen, die in diesem Büchle beschrieben wurden, können mit der „Regio-Umweltkarte“ erreicht werden. Diese Karte gilt an Sonn- und Feiertagen sogar für zwei Erwachsene und bis zu vier nicht volljährige Kinder; oder für alle Kinder, die durch Vorlage des Familienpasses als die eigenen ausgewiesen werden. Sie wurde am 1. September 1991 eingeführt. Ihre Gültigkeit erstreckt sich auf Freiburg, den Landkreis Breisgau-Hochschwarzwald und den Landkreis Emmendingen. Die Karte mit dem Aufdruck „Ü" ist übertragbar.

Bitte informieren Sie sich beim „Regio-Verkehrsverbund GmbH“ 79102 Freiburg, Günterstalstraße 43, Telefon 0761-70510-0

Wie ein mächtiger Klotz erhebt sich der Kandel am Rande des Schwarzwaldes steil aus der Oberrheinischen Ebene. Wer aus der Richtung Basel anreist, dem fällt die hohe Kuppe schon bei Müllheim auf, der Ankommende aus der Gegend von Offenburg wird weit vor Emmendingen von dem markanten Gebirgsstock gefesselt. Uralte Sagen umspinnen diesen Berg. Heinrich Hansjakob, katholischer Pfarrer und Schriftsteller, nannte ihn den Keltenberg. Sowohl das keltische Wort »cant«, als auch das im indogermanischen Sprachstamm enthaltene Wort »scand«, werden mit weiß und leuchtend übersetzt. So erleben wir ihn nach einem kräftigen Schneefall. Dann überstrahlt der Kandel alles ringsum.

Zwei bekannte Schwarzwaldtäler rahmen den Kandel ein. Im Norden ist es das geschäftige Elztal, im Süden das erheblich kleinere Glottertal. Beide Täler wollen wir mit dem vorliegenden Büchlein wandernd erkunden. Dabei werden wir sehr schnell die Eigenschaften kennenlernen, die eines vom andern gründlich unterscheiden. Ausgangspunkt für das Glottertal und für das Elztal ist Denzlingen. Dort erhebt sich das Mauracher Bergle, das geologisch und historisch die gesamte Gegend prägte. Ihm soll deshalb gleich unsere erste Wanderbeschreibung gelten. Wer neben oder nach dem Wandern »e guets Vierteli« trinken will, der wählt für seine Streifzüge die liebliche Erholungslandschaft des Glottertales. Rundwanderwege von leichten bis mittleren Schwierigkeiten bieten fast zu jeder Jahreszeit ein Optimum an Schönheit. Viel länger in seiner Ausdehnung ist das Elztal. Es gliedert sich in seinem Oberlauf in das Simonswäldertal und in das Prechtal auf. Über 50 Zuflüsse, die alle einen Namen tragen, hat die Elz. Tiefeingeschnittene Seitentäler führen uns zu beiden Seiten hinauf. Hier findet der Wanderer alle Schwierigkeitsgrade. Neben den beschriebenen Rundwanderungen gibt es noch eine große Anzahl weiterer Möglichkeiten.

Eines hat das gesamte, in diesem Büchlein vorgestellte Gebiet gemeinsam: Uns erwartet eine gesegnete Landschaft mit schönen Ausblicken, zum Teil bis in die Vogesen im Elsaß über dem Rhein. Und noch etwas soll besonders erwähnt werden: Wo wir auch hinkommen, da gibt es gutes Essen. Der Gast ist überall König. Bei solchen Aussichten sollten wir nicht länger zögern. Auf geht's zum Wandern, in die Täler rund um den strahlenden Kandel.

Für die hervorragende Markierung der Wanderwege sagen wir dem Schwarzwaldverein und der Forstverwaltung ein herzliches Dankeschön. Fast alle Ausgangspunkte sind mit öffentlichen Verkehrsmitteln zu erreichen. Der Fahrplan der SBG „Südbaden Bus GmbH“ erschließt uns die Wandergebiete bestens. Werden Hinweise für den Pkw-Fahrer gegeben, dann sind immer ausreichend Parkplätze vorhanden. Die meisten Rastplätze sind familienfreundlich. Bänke, Tische, Feuerstellen und Grillmöglichkeiten sollte der Wanderer so verlassen, wie er sie anzutreffen wünscht.

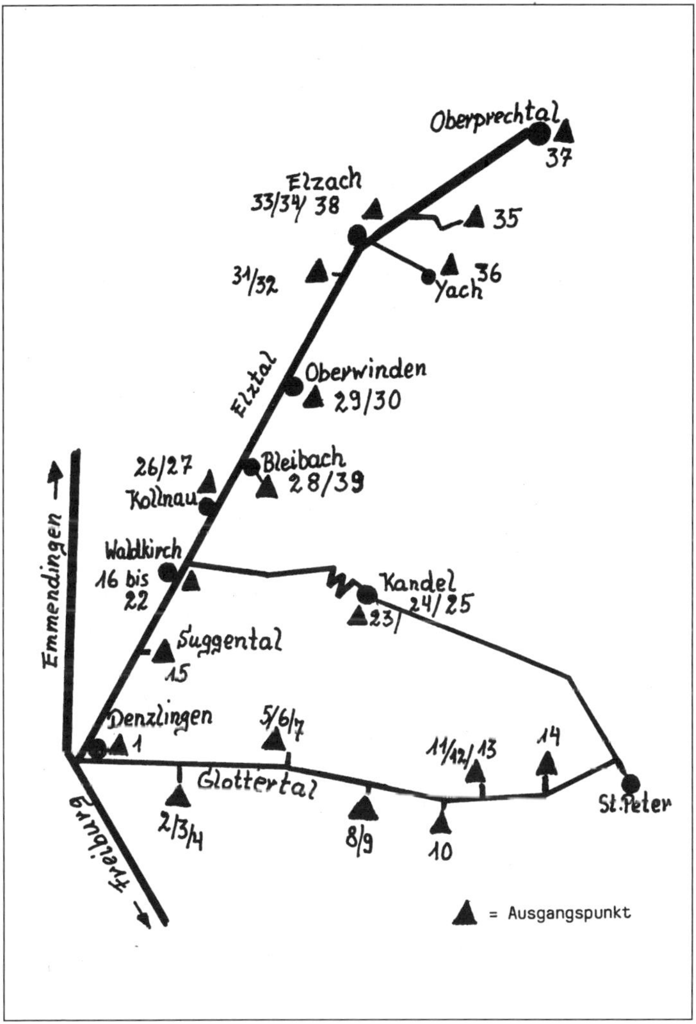
Oberprechtal
37
Elzach
33/34/38
35
31/32
36
Yach
Elztal
Oberwinden
29/30
26/27
Bleibach
28/39
Kollnau
Emmendingen
Waldkirch
16 bis 22
Kandel
24/25
23/
Suggental
15
Denzlingen
1
5/6/7
11/12/13
14
Glottertal
2/3/4
8/9
10
St. Peter
Freiburg
= Ausgangspunkt

Vogelstimmen am Heimatpfad Mauracher Berg
Steinbruch – Wasserbehälter – Muckenbrunnen – Mauracher Hof – St. Severin – Sängerdenkmal – Mauracher Straße.

Markierung: Grüner Laubbaum auf weißem Schild
Länge: 4,2 km; Steigung kurz steil, dann mäßig
Hinfahrt: Mit Zug bis Denzlingen – Regiokarte – oder
Mit Pkw bis Denzlingen, Parkplatz an der Hindenburgstraße, nahe Bahnhof.

Vier Jahre lang arbeiteten an jedem Wochenende fleißige Helfer des Schwarzwaldvereins in ehrenamtlicher Arbeit. Dann war der Heimatpfad Mauracher Berg entstanden. Als man am 22. Oktober 1977 den Wanderweg der Öffentlichkeit übergab, da wurde erst richtig sichtbar, was für ein Kleinod unserer Heimat mit viel Idealismus erschlossen worden war. Der Mauracher Berg ist ein langgestreckter Hügel, der sich wie eine Insel aus der Schotterebene erhebt. Er ist der Rest eines abgesunkenen Hügellandes, das sich zwischen Schwarzwald und Vogesen einst erhob.

Der Ausgangspunkt für unsere interessante heimatkundliche Rundwanderung liegt am südlichen Sporn des Mauracher Bergles. Wir folgen vom Bahnhof Denzlingen aus der Hindenburgstraße. Noch bevor wir den Raiffeisenplatz erreichen, hat die Gemeinde rechts an der Straße viele Parkplätze angelegt. Sind wir mit dem Auto angereist, können wir hier bequem parken. Dabei sollten wir uns die Bäume, welche die einzelnen Stellplätze abteilen, genau anschauen. Da hat man die **Baumhasel** *(Corylus colurna)* gepflanzt. Das ist ein sehr schön geformter Baum, der in seiner Heimat in Südosteuropa und im Himalaja bis zu 30 Meter hoch werden kann. Bei uns hat man ihn als Alleebaum kultiviert. Ende September reifen die kugeligen und mit vielen geflügelten Taschen versehenen Früchte, die so groß wie eine Kinderfaust werden können. In ihnen verbergen sich zwischen acht und achtzehn eßbare Haselnüsse. Nach einem kräftigen Herbstwind liegen die Früchte so dicht wie Kieselsteine am Boden. Wir sammeln nicht nur die Nüsse, sondern auch die Hüllen. Sie geben - je nach Gefallen eingefärbt – einen wunderbaren Tischschmuck ab.

Bald nach dem Parkplatz an der Hindenburgstraße kommen wir zum Raiffeisenplatz. Dort biegen wir nach links in die Mauracher Straße ein und stehen nach hundert Metern vor dem offenen Steinbruch am Südende des Mauracher Bergles.

Eine ausführliche Beschreibung auf einer Hinweistafel erklärt die geologische Formation dieser Gebirgsscholle. Wir stehen an einem Aufschluß, der dasselbe Gestein wie drüben der Schwarzwald aufweist. Deutlich erkennen wir die an Glimmer und Feldspat reiche, jedoch an Quarz arme Gneisart. Der Fachmann bewun-

Nr. 1
Denzlingen
Heimatpfad Mauracher Berg
Grüner Baum auf weißem Schild
4,2 Kilometer

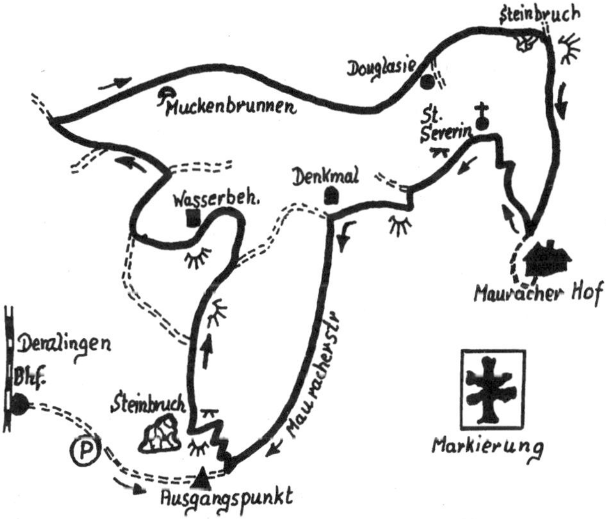

dert die breiten hellen Bänder, die als Ganggesteine (Aplite) den dunklen Gneis durchziehen. Mineralogen finden mit etwas Spürsinn kleine Turmaline. In diesem Steinbruch holte man sich früher das Baumaterial. Die meisten alten Häuser in Denzlingen sind aus diesen Steinen erbaut. Für Straßen und Wege verwendete man das Material als Untergrund. Heute würde so eine kleine Anlage längst nicht mehr ausreichen. Mit den modernen Maschinen wäre der ganze Bergzug in wenigen Jahren abgetragen. Um auch der Nachwelt das Mauracher Bergle in seiner vollen Schönheit zu erhalten, hat man es mit Wirkung vom 15.12.1979 unter Landschaftsschutz gestellt.

An der Ecke zwischen Steinbruch und Mauracherstraße steht die schön gestaltete Orientierungstafel. Gleich daneben beginnt der Wanderweg. Über eine steile Wiesenterrasse steigen wir serpentinenartig hinauf zu einer Aussichtsplattform. Es sind nur etwa 80 Meter Wegstrecke, auf der wir zwischen Eßkastanien streng bergauf müssen. Zur Belohnung erwarten uns bequeme Bänkchen und eine sagenhafte Aussicht. Man sollte es kaum glauben. Nur vier Minuten sind wir gestiegen, und schon stehen wir über den Dingen. Im Schatten von Edelkastanien, Kirschen und Akazien (Robinien) schauen wir hinüber zum Schwarzwald, der links vom Elztal und rechts vom Glottertal tief eingeschnitten wird. Jetzt sehen wir erst, wie entscheidend das Mauracher Bergle Einfluß auf den Lauf der Elz nimmt. Diese macht gleich nach dem Suggenbad eine scharfe Wendung nach Norden und zwängt sich bei Buchholz zwischen Schwarzwaldausläufer und Mauracher Bergle hindurch. Mit dieser Biegung eines wichtigen Schwarzwaldflusses sind entscheidende klimatische Voraussetzungen für den gesamten Landstrich verbunden. Denken wir nur an die Nebelbänke entlang des Flußlaufes. Ihre frostbindenden Eigenschaften ermöglichen z.B. den Intensivanbau von Erdbeeren in dieser Gegend.

Wenn wir auf der Aussichtsplattform wenige Meter ganz rechts vor bis zum Steilabfall des Bergsporns gehen, sehen wir durch die Äste der recht knorrigen Bäume drunten im alten Ortsteil von Denzlingen den so sonderbar geformten Kirchturm der St. Georgskirche. Der untere Teil ist im romanischen Stil erbaut, der obere im gotischen. Die Plattform des Turmes ist mit einer Brüstung umgeben, deren Steine so kunstvoll zusammengefügt sind, daß sie folgende Worte ergeben:

AVE MARIA GRATIA PLENA DOMINUS TECUM

Die fast einen Meter hohen Buchstaben lauten in der deutschen Übersetzung:

Gegrüßest seist du Maria, voll der Gnade, der Herr ist mit dir.

Auf jeden Fall sollten wir uns nach der Wanderung den kleinen Abstecher gönnen und die St. Georgskirche besuchen. Wenn wir Glück haben, dann dürfen wir sogar auf den Turm steigen. Dort oben soll im „Dreißigjährigen Krieg" der „Simplicius Simplizissimus" sich vor den Soldaten versteckt haben.

Nach dieser Beobachtung von der hoch über Denzlingen liegenden Plattform aus folgen wir dem breiten Weg in Richtung Bergle. Er fällt ein Stück weit leicht ab. Unser Wegzeichen ist der grüne Laubbaum auf weißem Grund. Links und rechts pflegen Kleingärtner ihre Anlagen. Dann erreichen wir ein Stück Asphaltstraße, die uns zum höchsten Punkt, dem Wasserbehälter, hinaufführt. Hier sind wir in 294,2 Meter Höhe genau 60 Meter über der Ebene. Noch schöner ist der Blick, als vorhin gleich nach dem ersten Anstieg. Bei klarem Wetter erkennen wir im Westen die ganze Kette der Vogesen. Im Süden liegt die Freiburger Bucht. Dort konkurriert das Münster an Höhe mit den Ausläufern des Schloßbergs. Im Osten zieht sich die Kette des Schwarzwaldes hin. Bestimmender Mittelpunkt ist der Kandel.

Nach dem Wasserbehälter folgen wir weiter der Straße, zunächst durch eine Rechtskurve. Bei der nächsten Kreuzung – am Waldrand – biegen wir scharf links ab und wandern hinunter zum Bergfuß nahe der Bahnlinie. Dort schwenken wir auf den schmalen Pfad spitzwinklig nach rechts ab. Schon bald erreichen wir am bewaldeten Nordabhang den Muckenbrunnen. Die Quelle tritt aus einer verlehmten Spalte zwischen Muschelkalk und Buntsandstein hervor.

Der Name Muckenbrunnen entstand im Volksmund, denn an der ewig feuchten Böschung tummeln sich je nach Witterung ganze Schwärme von Schnaken.

Viele gut gestaltete Tafeln informieren uns über Bäume und Sträucher. Dieser nun vor uns liegende Weg am Nordabfall des Mauracher Bergles verdient seine eigene Würdigung. Er verläuft nur etwa fünf Meter innerhalb der Waldzone. Draußen liegen Wiesen und Felder. Das bringt es mit sich, daß sich in diesem Gebiet die Vogelwelt besonders wohl fühlt. Zu jeder Jahreszeit kann man den anfliegenden Bussard beobachten. Die Tannenmeise ist hier genauso zu Hause wie das Rotkehlchen und der Rotschwanz. Grasmücken schwätzen um die Wette mit dem Gesang der Amsel. An einem kalten, aber sonnenklaren Januartag beobachtete ich ein gutes Dutzend Dompfaffen. Daneben folgte mir in kurzem Flug das Wintergoldhähnchen. Wer einmal diesen niedlichen Vogel aus der Nähe gesehen hat, der wird ihn immer wieder erkennen. Goldhähnchen sind die kleinsten einheimischen Vögel, wiegen sie doch bei neun cm Länge nur fünf bis sechs Gramm. Trotzdem ist das Wintergoldhähnchen fähig, selbst den strengsten Winter bei uns zu überdauern. Bei Frost, Eis und Schnee sucht es munter zirpend im Nadelwald nach Insekten. Das Männchen hat einen goldgelben Längsstrich auf dem Kopf, der von zwei schwarzen Streifen eingefaßt wird. Beim Weibchen ist der Kopfstrich nur gelb.

Wo von oben rechts ein Waldweg herabkommt, da steht eine Douglasie. Sie wurde im Jahre 1914 gepflanzt. Ihre Heimat ist Nordamerika, und dort kann sie fast hundert Meter hoch werden. Bei uns begnügt sie sich schon mit der Hälfte dieser Höhe. Am Nordostende des Bergles haben die Menschen wieder einen Steinbruch angelegt. Auch hier treffen wir dieselbe Formation an, wie wir sie schon am Anfang unseres Weges gesehen haben. Dann sind wir am östlichen Ende des Mauracher Bergles. In der Ebene fließt der Schwanenbach. Hier biegen wir scharf nach rechts ab und folgen dem ebenen und breiten Weg. Nach 300 Meter stehen wir mitten in der bäuerlichen Anlage des Mauracher Hofes. Sollte sich schon Appetit eingestellt haben, dann können wir hier rustikal und preiswert vespern.

Denzlingen (235 m ü.M.)

Am Fuße des Schwarzwaldes und am Eingang zum Elz- und Glottertal liegt Denzlingen. Die verkehrsgünstige Lage und die Nähe zu vielen attraktiven Ausflugszielen machen Denzlingen zu einem beliebten Ferienort. Das Umland Denzlingens lädt zu gemütlichen Spaziergängen sowie zu ausgedehnten Wander- und Radtouren mit Rastmöglichkeit auf einem gepflegten Waldgrillplatz ein.

Den Gästen stehen ein großzügiges Hallen- und Freibad mit Sauna und Solarium, ein Bouleplatz, eine Minigolfanlage sowie viele andere Sportstätten zur Freizeitgestaltung zur Verfügung.

Darüberhinaus ist Denzlingen für seine gepflegte Gastronomie und gemütlichen Unterkünfte bekannt.

Auskunft: **Bürgermeisteramt Denzlingen**
Hauptstraße 110 · 79211 Denzlingen
Telefon 07666/611-104 · Telefax 07666/611-125

Ein römischer Weg zieht in der Nähe dieses Gebäudes vorbei, was erkennen läßt, daß hier schon die Römer siedelten. Die Geschichte berichtet, daß Kaiser Otto I. im Jahre 962 dem Breisgaugraf Guntram den Mauracher Hof und weitere 18 Höfe im Glottertal abnahm und sie dem Bischof von Konstanz schenkte. Im Jahre 1468 verkaufte das Domkapitel Konstanz das ganze Gut »Muron«. Danach wechselte es oft seinen Besitzer, bis es 1739 Eigentum der Familie Sonntag wurde.

Um wieder zum Heimatpfad, unserem gewählten Wanderweg zu kommen, müssen wir wenige Meter zurück. Gleich hinter dem Ökonomiegebäude geht es auf einem schmalen Pfad linkerhand streng bergauf zur Severinskapelle, die wir nach acht Minuten erreichen. Wir finden nur noch Ruinen vor, die jedoch dem Kenner viel verraten. Auf dem gotischen Türbogen steht die Jahreszahl 1497. In diesem Jahr ist die Kapelle erneuert worden. In Wirklichkeit ist sie viel älter. Es darf angenommen werden, daß sie ein Heiligtum der breisgauischen Alemannen war. Um das Jahr 500 regierte Bischof Severin in Köln. Zur selben Zeit missionierte ein Abt Severin aus dem Kloster Saint Maurice im Rhônetal für König Chlodwig das Frankenland; und er war zudem Herr über die Alemannen. Zudem wird von einem frommen Severin aus dem bayerischen Alpenland berichtet, der als Prediger weit herum kam. Einer dieser drei Severins wird wohl der Namengeber der Kapelle gewesen sein. Diese Kapelle war Pfarrkirche für vierzehn Gemeinden. Von Herdern kamen die Menschen hierher, von Gundelfingen und Denzlingen, von Emmendingen und aus dem Brettental, aus dem Elztal und aus dem Simonswäldertal, von Kenzingen und aus dem Tal des Bleichbaches. Eine Sage weiß zu berichten, daß der Gottesdienst erst dann beginnen durfte, wenn der „Simon vom Walde“ auf seinem Pferd da war. Neben der Kapelle ist ein schlichter Friedhof. Er diente als letzte Ruhestätte für die Angehörigen der Familie Sonntag vom Mauracher Hof.

Nach der St.-Severins-Kapelle folgen wir dem oft schmalen Pfad bis zum Sängerdenkmal. Dort, unmittelbar an der Grenze zwischen Kulturlandschaft und geschützter Naturlandschaft, zweigen wir links ab zu den Wohnhäusern. Auf der Mauracher Straße sind es nur noch knapp 10 Minuten, bis wir wieder an unserem Ausgangspunkt beim Steinbruch sind. Wir haben in knapp zwei Stunden den Kirchberg der ersten Vorfahren unserer Heimat erwandert. Dabei hatten wir herrliche Ausblicke auf den gesamten Breisgau, den Schwarzwald und die Vogesen.

Wir haben aber auch ein Stück Heimat kennengelernt, das reich an kulturellen und geschichtlichen Zeugen ist. Und sollte jetzt noch Zeit übrig sein, dann wäre der schon eingangs angedeutete Besuch der St. Georgskirche empfohlen.

Balsaminen am Streckerwald-Rundweg
Föhrental – Würzburger Hof – Wildtaler Eck – Weidberg – Rosmarienbrunnen – Fahrländerhof – Talstraße
Markierung: Gelbes Dreieck
Länge: 6,5 Kilometer; Steigung mäßig, kurz steil
Hinfahrt: Mit Pkw ins Föhrental

Weil die Breisgauer Bucht mit der Großstadt Freiburg als dichtbesiedeltes Wohngebiet bekannt ist, mußten viele Naherholungsgebiete erschlossen werden, in denen die Menschen Ruhe und Entspannung finden können. Das Auffinden solcher Oasen war nicht schwierig, gehört doch zum Hinterland der weitläufige Schwarzwald. Der Kenner und Könner unter den Wanderern hat jedoch den Blick für besonders versteckte und darum wenig besuchte Gebiete stets bewiesen. Und davon gibt es eine ganze Menge; alles Fleckchen in der Natur, wo man nicht vom Kofferradio oder Kassettenrecorder an Hochhäuser und Straßenschluchten erinnert wird. Ein solches idyllisches Wandergebiet soll heute unser Ziel sein. Es liegt im Föhrental, einem Zweig des unteren Glottertales. Wir kommen dorthin, indem wir bei Denzlingen die Bundesstraße 3 verlassen und dem Wegweiser »Glottertal« folgen. Gleich an der Taleinfahrt, dort wo die Ausläufer der Schwarzwaldberge enger zusammenrücken, zweigt nach Süden hin das Föhrental ab. In seinem Unterlauf empfängt es uns mit seinen sanft ansteigenden Wiesenhängen. Stattliche Einzelhöfe lösen das Bild harmonisch auf. Genau zwei Kilometer weit müssen wir so ins Tal hinein. Dann gabelt sich die Straße. Nach links zweigt der Allmendweg ab. Wir halten uns rechts und sind nach 100 Metern am Wanderparkplatz »Würzburger Hof«. Hier haben höchstens fünf Autos Platz. Doch so viele sind ja auch nie da. Wer kennt schon dieses herrliche Fleckchen Erde. Auf einer schön gestalteten Tafel ist unser Weg eingraviert. Wir wollen uns den Streckerwaldrundweg vornehmen, der mit einem gelben Dreieck gekennzeichnet ist.

Gleich hinter dem Würzburger Hof steigen wir auf einem serpentinenartig angelegten Weg an. Er ist nur mäßig steil, führt uns aber ganz schnell aus dem Talgrund heraus. Neben dem Ansteigen her bewundern wir das machtige Dach des aus dem Jahre 1738 stammenden Würzburger Hofes, dem 1858 ein steinernes Wohnhaus hinzugebaut wurde. Nach zehn Minuten erreichen wir zwei Bänkchen, die von jungen (1980) Kastanienbäumen eingerahmt werden. Hier sollten wir verweilen. Unter uns zieht sich nach rechts das Oberföhrental bergwärts und genau gegenüber steigt zum Greifen nahe die Kuppe des Kandels empor. Ausgeruht wandern wir weiter. Zunächst umgibt uns noch Wald, dann treten wir hinaus auf einen wunderschönen Wiesenweg. Jeder Schritt ist federnd auf dem bewachsenen Untergrund. Jetzt hört auch die Steigung auf. Wir befinden uns im Sattel des

Wildtalerecks. An der tiefsten Stelle des Sattels rasten wir auf dem Bänkchen unter einer mächtigen Edelkastanie, deren Stamm einen Durchmesser von fast 1,50 Meter hat. Nach zwei Seiten hin ist der Ausblick schön. Folgen wir dem Lauf des engen Wildtales, dann hebt sich weit draußen im Westen der Kaiserstuhl deutlich ab. Zwischen den Bäumen, auf der letzten Erhebung vor der Ebene, schauen die Mauern der Zähringer Burg hervor. Drehen wir uns um 180 Grad, dann begrenzt das Kandelmassiv den Fernblick im Osten. Wir sollten gut durchatmen bei diesem Aufenthalt, denn jetzt folgt eine etwa 20-minütige kräftige Steigung.

Wir folgen weiter dem gelben Dreieck zunächst leicht bergauf. Etwa 150 Meter weit vor uns beginnt der Wald. Dort steht eine Hütte, bei der wir dem schmalen Pfad nach halblinks steil bergauf folgen. Auf mehreren Serpentinen gewinnen wir schnell an Höhe. Am Ende der Steigung stoßen wir auf einen breiten Waldweg. Jetzt läßt es sich sehr bequem wandern, und schnell haben wir den hinter uns liegenden anstrengenden Anstieg vergessen. Nach zehn Minuten erreichen wir eine Waldlichtung. Bei zügigem Wandertempo sind wir jetzt schon eine Stunde unterwegs. Auf dieser schönen Waldwiese sollten wir unbedingt eine Pause einlegen. In Wegrichtung voraus liegt das Streckereck. Oben, am Rande der Wiese steht eine Bank. Um sie herum gliedert sich harmonisch eine Baumgruppe, kombiniert aus Tanne, Birke und Rotbuche. Um die Mittagszeit singt hier die winzig kleine Tannenmeise ihr dünnes „tsi-sti“, das ab und zu von einem ebenso dünnen „wize-wize“ unterbrochen wird. Sie bleibt das ganze Jahr über bei uns in den heimischen Wäldern. Daß ihr Gesang so zierlich und fein ist, verstehen wir besser, wenn wir erfahren, daß sie nur neun Gramm wiegt. Vergleichen wir das mit einem normal schweren Brief, dann erstaunt uns das, denn der darf bis zu zwanzig Gramm wiegen. Die Tannenmeise brütet in Böschungen und Baumstümpfen sechs bis zehn Eier aus. Ihr Nest baut sie aus Moos und Tierhaaren. Überhaupt ist diese Gegend ein richtiges Paradies für Vögel. Das hängt mit vielen Dingen zusammen. In erster Linie natürlich damit, daß hier wenig Menschen vorbeikommen. Aber auch die Höhenlage läßt es zu, daß eine Menge beerentragender Bäume und Sträucher als Futterspender zur Verfügung stehen. Neben dem Lauschen der Vogelstimmen werden wir auch die wunderschöne Aussicht hinüber zum Kandel in uns aufnehmen. Dann wandern wir weiter auf dem angenehmen breiten Waldweg. An der tiefsten Stelle des Tales steht rechts am Wegrand wieder eine Bank. Der Gedenkstein daneben ist einem Martin Schwehr im Jahre 1995 gewidmet worden.

Wer Lust hat, der kann auf einem Stichweg in 15 Minuten zum Streckereck aufsteigen. Doch auch von unserer Route aus ist der Ausblick schön. Weit draußen erkennen wir die Mauern der Hochburg. Nachdem wir die Almwiese durchwandert haben, führt uns der Weg wieder bergab. Zunächst leicht abfallend, dann etwas steiler - aber nicht unbequem - werdend, kommen wir bei den hintersten

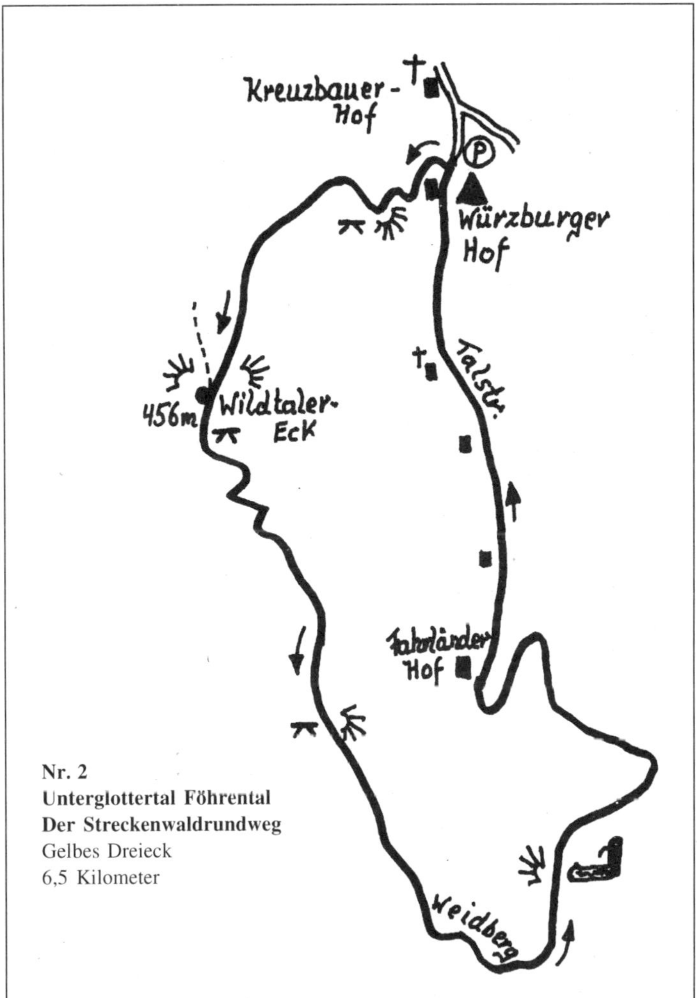

Nr. 2
Unterglottertal Föhrental
Der Streckenwaldrundweg
Gelbes Dreieck
6,5 Kilometer

Höfen des Oberföhrentales in den Talgrund. Leider ist ab hier der Weg asphaltiert. Doch das ist nicht zu umgehen, denn auch die Bewohner dieser Berghöfe wollen mit ihrem Auto eine solide Zufahrt haben.

Unser Abstieg auf den letzten 1,5 Kilometern Straße wird recht kurzweilig gestaltet durch den uns begleitenden Bach. An vielen Stellen ist er fast zugewuchert von der bis zu zwei Meter hoch werdenden drüsigen Balsamine. Diese mastige Pflanze mit ihren rötlichen Blüten, war ursprünglich eine Gartenpflanze, die von Indien eingeschleppt wurde. Sie fühlte sich bei uns recht wohl, und als Gartenflüchter siedelte sie sich an Bachläufen und feuchten Auengebüschen an. Dort blüht sie nun vom zeitigen Juni bis in den späten Oktober. Sie gehört zur Familie der Springkrautgewächse, genau wie bei uns zu Hause das »Fleißige Lieschen«. Schon die erste Frostnacht besiegelt ihr Schicksal. Am anderen Morgen fällt sie völlig in sich zusammen. Die Samen werden vom Wasser des talwärts eilenden Baches an einen neuen Standort getragen, wo sie im kommenden Jahr wieder eine große Pflanze austreiben. Hier im Oberföhrental können wir diese Pflanze ganz besonders schön bewundern.

Nach etwa 2½ Stunden kommen wir wieder an unserem Ausgangspunkt an. Weder der kurze steile Anstieg noch der Rückweg auf dem Stück Asphaltstraße haben uns angestrengt. Wir waren in einem wunderschönen Wandergebiet, das nur von ganz wenigen Menschen entdeckt und begangen wird. Deshalb werden wir bald wieder einmal hier wandern. Es gibt noch mehrere Möglichkeiten.

Das Schwarzwaldhaus

Wer als Wanderer oder als Feriengast in den Schwarzwald kommt, der erfreut sich am Anblick der so schön in die Landschaft passenden „Schwarzwaldhäuser". Dabei entgeht es dem aufmerksamen Betrachter keineswegs, daß die Häuser im Hochschwarzwald eine andere Form haben als die im Dreisamtal oder am Kaiserstuhl. Professor Schilli, der Schöpfer des Freilichtmuseums „Vogtsbauernhof" meinte: „Jede Art des sogenannten Schwarzwaldhauses unterliegt dem wirtschaftlichen und kulturellen Untergrund, auf dem es steht. Man kann also nur mit Vorbehalt von **einem** Schwarzwaldhaus reden." Er hat recht. Tatsächlich stellen die heutigen Schwarzwaldhäuser das Ergebnis aus einer langen Entwicklungsphase dar. Eine sogenannte Urform gibt es nicht mehr. Natürlich spielen auch landschaftliche und klimatische Bedingungen beim Bau eines Hauses eine Rolle. So unterscheiden wir heute sieben typische Hausformen bei den traditionellen Schwarzwaldhäusern:

1. Das Schwarzwälder Heidenhaus der älteren Form
2. Das Schwarzwälder Heidenhaus der jüngeren Form
3. Das Zartener Haus
4. Das Schauinslandhaus
5. Das Kinzigtäler Haus
6. Das Gutacher Haus
7. Das Hotzenhaus

Dazu kommen eine Reihe von Mischformen. Eine völlige Neuorientierung begann um das Jahr 1960, als die Bauern begannen in ihren geräumigen Höfen auch noch Fremdenzimmer einzubauen. „Ferien auf dem Bauernhof" hieß die Parole, die sofort viele Freunde fand. Unsere heutige Betrachtung soll den einzeln in der Landschaft stehenden Bauernhäusern gelten. Im Südschwarzwald nennt man sie Heidenhäuser. Das hat mit den Heiden (Gottlosen) wenig zu tun. Man will mit dem Wort lediglich das ehrwürdige Alter der Häuser zum Ausdruck bringen, das bis in die Erschließungszeiten des Schwarzwaldes zurückreicht. Das war etwa ab dem 12. Jahrhundert, als Siedler aus dem jetzigen Breisgau, der Ortenau und aus den östlichen Gäulandschaften in die unwirtlichen Hochflächen des Schwarzwaldes vordrangen. Sie brachten das „Firstsäulenhaus" mit, dessen Grundform – neben den historischen Verbesserungen – bis zum heutigen Tag erhalten geblieben ist.

Die „Schwarzwälder Heidenhäuser" sind mächtige „Einhäuser", die Menschen, Tiere und Erntegut unter einem Dach bergen. Sie stehen vereinzelt in der Landschaft, jedoch inmitten ihrer Feldflur. Durch seine günstige Lage erfaßt der Hof alle Höhenstufen eines Hanges. Im wasserreichen Talgrund befinden sich die saftigen Matten, oberhalb des Hofes finden wir die Wechsel und Weidfelder. Ganz oben schließt der Wald das Anwesen ab. Bei der Wechselfeldwirtschaft wird ein Teil des Bodens abwechselnd als Acker, Wiese oder Weideland benutzt. Durch die Einbettung des Hofes in das eigene Gelände entstanden oft Eigentumsgebiete, die wie ein Streifen in der Landschaft liegen. Die sonnigen Halden wurden zuerst besiedelt. Die Bewohner nannte man Spiegelhalter. Baute man auf die Winterseite, dann wohnte dort der Winterhalter. So führte jeder Hof seinen Namen, den er auch beim Wechsel des Besitzers beibehielt. Der äußere Eindruck eines Heidenhauses wird von der Übermacht des Daches bestimmt. Es besteht aus zwei trapezförmigen Flächen über den Längsseiten und zwei schrägen Dreiecken, den „Walmen". Auf diese Weise suchen die Häuser Schutz vor der Kälte. Einen Keller baute man erst seit der Einführung der Kartoffel.

Gegen Ende des 16. Jahrhunderts drehte man die Häuser vom Plan her um 180 Grad um. Jetzt schaute der Wohnteil in Richtung Tal. Von der Stube aus hatte man einen weiten Blick ins Land. Das waren jetzt die „jüngeren Heidenhäuser". Da Brot und Teiggerichte an Bedeutung gewannen, wurde der Fruchtanbau intensiviert was einen Speicherausbau erforderlich machte. Auch Mühlen kamen auf. Man stellte sie unterhalb des Hofes auf. In der Barockzeit, in der viele unserer Dorfkirchen erbaut wurden, entstanden auch die malerischen Kapellen bei den Bauernhäusern. Der Altbauer oder „Libdiger" bekam seine Stube an der hellen Frontseite des Hauses. Ab der Mitte des 18. Jahrhunderts errichteten große Höfe für den Libdiger ein eigenes Haus, das „Stöckli". Das hellste Eck der Stube war dem Herrgottswinkel vorbehalten. So vervollständigte sich der Hof immer mehr. Wie wir heute feststellen können, wird die Fortentwicklung des Schwarzwaldhauses nie ein Ende finden. Das spricht für die Aufgeschlossenheit des Schwarzwälders, der nie für Stillstand war. Ganz im Gegenteil, er hatte für den Fortschritt immer ein offenes Ohr. Nur so konnte er sich über den langen Zeitraum von über 800 Jahren behaupten.
Anmerkung: Empfehlenswert ist das Buch „Das Schwarzwaldhaus" von Hermann Schilli, Kohlhammer-Verlag, Stuttgart.

Der Rundweg zum Kreuzbauernhof

Landgasthaus Kreuz – Flammhof – Flammeck – Wildtaler Eck – Würzburgerhof – Kreuzbauernhof – Behahof – Leimeneck –Wiggisrain

Markierung: Zunächst ohne, dann roter Punkt, gelbes Dreieck, gelber Punkt, rotes Dreieck

Länge: 9 Kilometer; Steigung kurz steil, sonst mäßig

Hinfahrt: Mit Pkw oder SBG-Bus bis zur Abzweigung Föhrental im Unterglottertal

Wer kennt es nicht, das Glottertal, das sich vom über 1200 Meter hohen Kandel herab kommend in den vom Klima verwöhnten Breisgau ergießt. In seinem Unterlauf bedecken Reben die Berghänge, und der Genießer weiß, daß hier im Oktober der berühmte „Rote Bur" geherbstet wird. Ganz unten, am Anfang des Glottertales, zweigt rechtwinklig nach Süden das Föhrental ab. Ihm soll heute unsere Rundwanderung gelten. Der Ausgangspunkt für die Wanderung liegt ganz genau an der SBG-Bushaltestelle Abzweigung Föhrental. Wenn wir mit dem Pkw anfahren, dann finden wir beim Landgasthof Kreuz bestimmt einen Parkplatz. Das ist ein schönes Gebäude, das schon im Jahre 1619 als Gasthaus genannt wird. Ab dem Jahre 1700 ist es ununterbrochen im Besitz der Familie Kunz. Diese freundlichen Wirtsleute haben nichts dagegen, daß wir unser Auto oberhalb auf dem großen Parkplatz abstellen.

Von der Bushaltestelle, bzw. vom Gasthaus Kreuz aus gesehen, gehen wir etwa 200 Meter auf einem ganz schmalen Fußwegle entlang der Landstraße talwärts. Von links fließt – eingezwängt zwischen Wiesen und Kopfweiden – der Föhrenbach herab. Gleich danach biegen wir bei der Firma Disch, die sich mit Landmaschinen befaßt, auf den asphaltierten Weg nach links ab und erreichen am Berghang den Flammhof. Aus großer Entfernung meint man, das Dach sei mit Stroh gedeckt. Das stimmt aber nicht, denn für die Bedeckung hat man „Ried" genommen. Das ist das gemeine Schilfrohr (Phragmites communis), das in den Verlandungszonen der Seen und Flußauen wächst. Es wird etwa einen Zentimeter dick und oft vier Meter hoch. Unter dem warmen Dach haben Kühe ihren Stall. Der Flammhof wurde 1996 neu eingedeckt. Ganz genau am oberen Ende des Flammhofes biegen wir ohne Markierung nach rechts ab. Vor uns liegt ein 400 Meter langer und steiler Aufstieg. Links und rechts des Weges wachsen Nußbäume, und dazwischen zwängen sich einige schlanke Edelkastanien. Letztere machen den Weg im Herbst besonders interessant. Schnell gewinnen wir an Höhe, und immer mehr verstummt das Geräusch von der stark befahrenen Glottertalstraße. Durch die Äste sehen wir auf der Talsohle das neue Gewerbegebiet, das sich die Glottertäler in den Jahren nach 1990 dort angelegt haben. Im großen Fleischereibetrieb Reichenbach kann man sich vor der Wanderung noch mit einem guten Vesper eindecken. Dort, wo sich der Weg nach der Steigung nach links wendet, steht ein großer Grenzstein aus dem Jahre 1792. Jetzt haben wir die größte Steigung hinter uns. Schon nach wenigen Metern bietet sich nach links ein herrlicher Ausblick hinab ins Unterglottertal. Auf dem weiteren Weg entdecken wir noch weitere Grenzsteine. Bald treffen wir in einer großen Kurve auf eine breite Waldfahrstraße, die lediglich der Holzabfuhr dient. Wir folgen ihr bergauf. Ab jetzt führt uns ein roter Punkt. Oft biegen schmale und unbedeutende Wege nach links ab, doch die interessieren uns nicht. Hohe Buchen, Fichten und Tannen säumen den Weg, und im Unterholz wachsen viele Stechpalmen (Ilex). Ihre dunkelgrünen Blätter glänzen das ganze Jahr über, aber besonders schön sind die roten Beeren, die im Frühwinter den Vögeln einen reichlich gedeckten Tisch bieten. Wenn dann der Weg flacher wird, erreichen wir an einer Wegkreuzung einen Bergsattel. Da zweigen Wege in mehrere Richtungen ab. Wir orientieren uns weiter am roten Punkt. Er bekommt jetzt noch weitere Begleiter. Ein Schild trägt einen blauen Balken auf weißem Grund. Ein besonders schönes Zeichen ist das mit den drei farbigen Wappen. Das obere Wappen gehört zu Gundelfingen, links wird das Wildtal abgebildet und rechts Heuweiler. Somit wissen wir genau, entlang welcher Gemarkungen wir uns bewegen. Diesen Tafeln folgen wir leicht links bergauf. Wir überqueren eine kleine Anhöhe und wandern dann zwischen Wald und Wiesen dem Wildtalereck zu.

Unter einer Birke steht eine Bank, an der wir gemütlich rasten können. Dabei erleben wir bei gutem Wetter einen herrlichen Rundblick. Zum Greifen nahe ist im Nordosten der Kandel. Noch bevor im Westen das unter uns liegende Wildtal in die Ebene des Breisgaus mündet, versteckt sich auf einer Anhöhe die Zähringer Burg. Wir biegen am Wildtaler Eck scharf nach links ab in Richtung Föhrental. Ab jetzt ist der Weg mit einem gelben Dreieck markiert. Er bringt uns zwischen den Wiesen hindurch zu einem lichten Wäldele. Bevor wir dann steiler absteigen, genießen wir in einer Linkskurve, in der an der Böschung zwei Bänkchen von zwei Kastanien eingerahmt werden, noch einmal einen wunderschönen Ausblick. Dann sind es nur noch drei Minuten bis zum Würzburger Hof hinab.

Damit kommen wir in ein hochinteressantes Siedlungsgebiet. Das gesamte Föhrental hat den Charakter einer Einzelhofsiedlung. Diese Einzelhöfe reihen sich kettenartig durch den gesamten Talgrund. Seit dem Mittelalter zählt man 20 Höfe, zu denen noch heute ein ungeteilter Grundbesitz gehört, der streifenartig vom Wald der oberen Talhänge auf der einen Seite quer durch das Tal bis zum Wald und Weidenhang der anderen Talseite reicht. Die meisten Höfe liegen in Talnähe an der Ausmündung eines kleinen Seitentälchens. Die Höfe wurden ursprünglich in der Form eines Heidenhauses gebaut (siehe Artikel Heidenhaus). Zwischen 1830

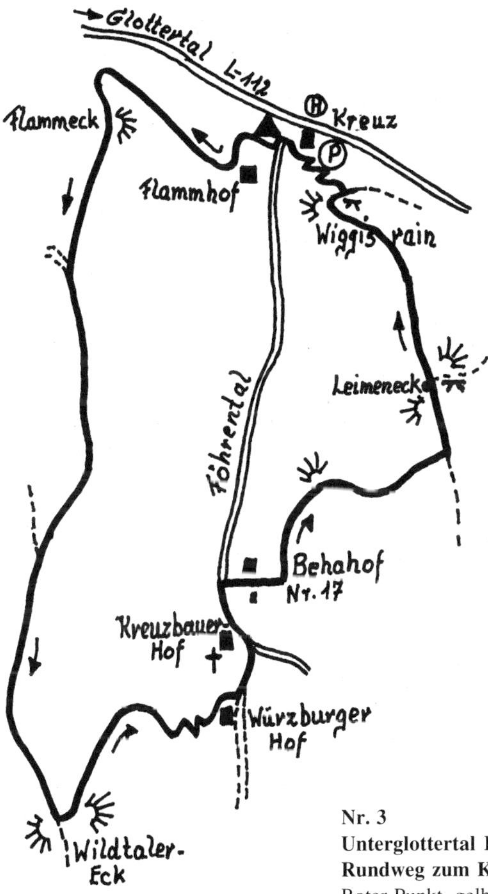

Nr. 3
Unterglottertal Föhrental
Rundweg zum Kreuzbauernhof
Roter Punkt, gelbes Dreieck
gelber Punkt, rotes Dreieck
9 Kilometer

und 1860 überließ man das alte Bauernhaus dem Vieh und baute daneben ein steinernes Wohnhaus mit einem hohen Weinkeller im Untergeschoß.

Jetzt wandern wir auf der Talstraße 200 Meter abwärts bis zum Kreuzbauernhof. Zu ihm gehört das noch heute als Scheune genutzte alte Gebäude von 1628 und ein Fachwerk-Wohnhaus von 1784. Dieser Kreuzbauernhof war früher der Dinghof. Das Wort „Ding" kommt aus dem Althochdeutschen, wo man es „thing" nannte. Dort traf man sich zu Volksversammlungen und zu Gerichtsverhandlungen. Tatsächlich vermutet man auch, daß an dieser Stelle im Tal die Gerichtsstätte lag, in der das Vogtsgericht tagte. Der Name Kreuzbauernhof wird uns schnell klar, wenn wir davor stehen. An der Hauswand zur Straße hin ist eines der schönsten Longinuskreuze unserer Heimat. „Longinus" heißt in außerbiblischen Schriften der römische Hauptmann, der mit dem Soldaten gleichgesetzt wurde, welcher Jesus bei der Kreuzigung die Lanze in die Seite stieß (siehe Johannes 19.34 „,... sondern der Kriegsknechte einer öffnete seine Seite mit dem Speer, und alsbald ging Blut und Wasser heraus"). Longinus wird meist zu Pferd dargestellt, der bisweilen auf seine Augen deutet, denn das Blut, das von der Lanze tropfte, soll seine Augen geheilt haben. Longinuskreuze sind eigentlich auch „Arma-Christi-Kreuze" (arma = Waffe), denn der gekreuzigte ist von allen Waffen und Geräten umgeben, die seit dem Mittelalter mit der Leidensgeschichte in Verbindung gebracht werden. Da die Leute damals des Lesens nicht mächtig waren, mußte das Bild für sie sprechen. Aus solchen bildlichen Darstellungen können wir das Wort „Bildung" ableiten. Jedes Utensil am Kreuz hat seine Bedeutung. So auch der Hahn, wie wir bei Mathäus 26,34 nachlesen können: „Jesus sagte zu Petrus, Wahrlich ich sage dir, in dieser Nacht, ehe der Hahn kräht, wirst du mich dreimal verleugnen." Unter dem Kreuz ist ein volkstümliches Gedicht angebracht:

Die Klage Jesu über die undankbare Welt

Ich bin schön, und wenige lieben mich
Ich bin edel, die wenigsten achten mich.
Ich bin reich, wer begehrt meine Schätze?
Ich bin allmächtig, wer sucht meine Hilfe?
Ich bin die Weisheit, wer folgt meinem Rat?
Ich bin ewig, warum wird das Vergängliche fortgesetzt?
Ich bin der Weg, wenige wandeln darauf.
Ich bin die Wahrheit, die wenigsten glauben mir.
Ich bin das Leben, sehr wenige verlangen nach mir.
Ich bin das Licht, nur wenige lassen sich erleuchten.
Ich bin barmherzig, gar wenige vertrauen auf mich.
Ich bin der Richter aller Welt.
Bald, und wie hart muß ich diese Undankbaren verurteilen?

Nach dem Kreuzbauernhof wandern wir noch 200 Meter auf der Straße bergab. Dort, wo der Bach die Straßenseite wechselt, biegen wir zum Behahof – Haus Nr. 17 – rechts ab. Nachdem wir das Hofgelände durchquert haben, steigt unser Wanderweg etwas steiler an. Schön ist es hier, zumal wir bald von dem offenen Hangweg aus einen herrlichen Ausblick haben. Etwa 500 Meter nach dem Behahof stehen wir vor einem Kruzifix, das von einer mächtigen Eßkastanie beschützt wird. Wie alt mag sie wohl sein? Weiter geht es bergauf. Oberhalb eines Heckensaumes erreichen wir eine Weggabel. Jetzt führt uns der gelbe Punkt bergab, wieder zu einem Wegkreuz. Es ist ein Passionskreuz, auf dem wir die Worte lesen: „Nimm dein Kreuz auf dich und folge mir nach." Der Dornengekrönte trägt gebückt ein Kreuz. Von hier aus öffnet sich der Blick ins Glottertal mit der Kirche und dem Gottsacker. Daneben überziehen die Reben den Berghang. Dahinter erhebt sich die hohe Kuppel des Kandels. Am Leimeneck verlassen wir den gelben Punkt und folgen dem roten Dreieck. Nun müssen wir noch eine kleine Bergkuppe überwinden, dann stehen wir auf einem Aussichtsplatz neben einem Wasserschlößle. Über dem Föhrental drüben haben wir vor gut zwei Stunden unsere Wanderung begonnen. Nach dem Wasserreservoir wandern wir nur 30 Meter auf der breiten Waldstraße bergab, dann biegen wir spitz nach links auf einen schmalen Serpentinenweg, der uns schnell zum Ausgangspunkt am Landgasthaus Kreuz bringt.

Hinter uns liegt eine erlebnisreiche Rundwanderung, die zu jeder Jahreszeit – auch an schneefreien Wintertagen – zu empfehlen ist. Wir waren ohne Rast etwa 2,5 Stunden unterwegs. Dabei haben wir ein Fleckchen Heimat kennengelernt, das sonderbarerweise nur wenig besucht wird. Und sollten wir jetzt noch etwas Zeit übrig haben, dann lohnt es sich „e' Vierteli Glottertäler z'drinke."

Vom Flammhof aus über den Berg nach Zähringen

Landgasthaus Kreuz – Flammhof – Wildtaler Eck – Berghäusle – Leheneck – Lehenhof – Wildtal – Zähringen

Markierung:	Zunächst ohne, dann roter Punkt/gelber Punkt
Länge:	11 Kilometer; Steigung kurz steil, dann leicht
Hinfahrt:	Mit SBG-Bus ins Glottertal bis Abzweigung Föhrental
Rückfahrt:	Ab Wildtal oder Zähringen mit Bus oder Straßenbahn

Wenn wir uns diese Wanderung aussuchen, dann müssen wir uns bewußt sein, daß wir nicht mit dem Pkw anfahren können. Da wir nicht mehr zum Ausgangspunkt zurückkommen, müssen wir den SBG-Bus benützen. Dabei sei auf die Regio-Karte verwiesen, die besonders am Sonntag für die ganze Familie günstig ist. Vor uns liegt ein wunderschöner Wanderweg, der uns landschaftlich viel zu bieten hat.

Noch bevor wir so richtig im Glottertal sind, hält unser Bus vor dem Landgasthaus Kreuz an der Abzweigung ins Föhrental. Hier steigen wir aus und beginnen die Wanderung. Auf einem ganz schmalen Fußweg – direkt neben der Landstraße – gehen wir etwa 200 Meter talwärts. Wir überqueren den Föhrenbach, um gleich danach bei der Landmaschinenfirma Disch nach links abzubiegen. Schon herrscht absolute Ruhe um uns herum. Vor uns liegt der historische Flammhof, den wir uns genauer anschauen sollten. Das Dach ist mit einem 20 Zentimeter dicken Schilfbelag gedeckt, den man im Jahre 1996 neu aufgebracht hat. Das Schilf kommt aus Ungarn vom Plattensee. Dort wartet man bis der See gefroren ist. Dann fährt man mit der Mähmaschine übers Eis und erntet das bis zu vier Meter hohe, aber nur etwa ein Zentimeter dicke Schilf. In großen Bündeln wird es dann in ganz Europa verkauft. Auf diese Art kommt es auch zu uns ins Föhrental auf das Dach des Flammhofes. Dieser auffallend alte Flammhof, vom Typ her ein Heidenhaus, wurde 1713 erbaut. Das danebenstehende steinerne Wohnhaus wurde um 1830 hinzugebaut und in den neunziger Jahren des 20. Jahrhunderts durch einen Anbau erweitert. Hier sehen wir die für das Föhrental typische Entwicklung eines Schwarzwaldhofes. Lange Zeit bestand der Hof nur aus einem Haus, unter dessen tief herabgezogenem Dach Wohn-, Stall- und Scheunenteil vereinigt war. Etwa ab 1830 baute man überall im Tal ein steinernes Wohnhaus und weitere Nebengebäude hinzu. Heute stehen wir staunend vor dem wie ein Denkmal anmutenden Schwarzwaldhaus. Unwillkürlich wandern unsere Gedanken zurück in jene Zeit, in der es noch kein elektrisches Licht und noch keinen Traktor gab. Doch auch die Menschen jener Zeit fühlten sich wohl, obwohl sie auf Fernseher und Computer verzichten mußten. Der Name „Flamm“ hat übrigens im Föhrental eine lange Tradition. Schon im Jahre 1489 wird im Güterbuch von einem Hans Flamm berichtet, der Vogt im Föhrental war.

Gleich nach dem Flammhof biegen wir auf den steil ansteigenden Hangweg nach rechts ab. Ohne eine Wegmarkierung gewinnen wir schnell an Höhe. In der ersten Linkskurve, der Weg wird jetzt etwas flacher, treffen wir auf einen mächtigen Grenzstein, auf dem die Jahreszahl 1791 eingemeiselt ist. Hier verlief einst die offizielle Grenze zwischen der Markgrafschaft und Vorderösterreich, doch waren die Besitzverhältnisse der einzelnen Gewanne nirgends so kompliziert wie hier in diesem Tal. Auf dem Weiterweg finden wir noch weitere Grenzsteine. Was mögen sie in den letzten 200 Jahren alles gesehen haben? Wir wissen es nicht, doch wir sollten nicht vergessen, nach links einen Blick aus dem sich öffnenden Wald zu werfen. Tief unter uns erstreckt sich in voller Schönheit das Glottertal.

Bald treffen wir in einer großen Kurve auf eine breite Waldfahrstraße. Ab jetzt folgen wir dem roten Punkt. Es geht leicht bergauf. Selbst an heißen Tagen spendet uns der Wald wohltuenden Schatten. Die wenigen nach links abbiegenden

Wege lassen wir außer acht. Immer rechts haltend und dem roten Punkt auf dem breiten Weg folgend, erreichen wir in einem leichten Bergsattel eine Wegkreuzung. Wenn wir von hier aus weiter bergauf wandern, dann sind wir nach einem Kilometer am Wildtaler Eck. Auf der Bank, die malerisch schön unter einer Birke steht, sollten wir eine Rast einlegen und den Ausblick hinüber zum Kandel genießen. Von diesem Ort aus führt uns der Weg leicht abfallend geradeaus weiter in eine Wiesenmulde. Nach 200 Metern erreichen wir eine mächtige Eßkastanie, unter der eine rustikale Bank steht.

Jetzt müssen wir spitzwinklig nach rechts abbiegen. Es ist der gelbe Punkt, der uns am unteren Ende der Wiese hinüber auf die nördliche Seite des Wildtales führt. Wir wollen zum Leheneck, doch bis dahin ist es noch gut eine halbe Stunde. Mal ist der Weg schmal und etwas steiler, mal verläuft er flach am Waldrand entlang. Nur ganz wenige Menschen begegnen uns, und deshalb können wir in aller Ruhe die vielen Pflanzen, die am Wegrand und drinnen im Wald wachsen, betrachten. Ein ganz einfaches Bestimmungsbuch verrät uns deren Namen. Wer sich beim Wandern so einer nahezu philosophischen Naturbetrachtung hingibt, der wird glücklich und um viel Schönes bereichert nach Hause zurückkehren. Urplötzlich taucht auf einer Waldlichtung das Berghäusle auf. Einsam ist es da. Unser Weg führt kaum markiert oberhalb vorbei. Dann geht es schnell hinab zum Leheneck. Das ist die Paßhöhe zwischen dem Wildtal und dem sich zum Glottertal hin erstreckenden Dörfchen Heuweiler. Am Wegrand steht ein rotes Sandsteinkreuz mit einem Corpus aus dem Jahre 1981. Man stellte es auf den alten Sockel aus dem Jahre 1861. An den Fußseiten zeigen uns drei Wappen die Gemeinden Wildtal, Heuweiler und Gundelfingen. An dieser Stelle biegen wir nach links ab. Fast auf der Talsohle kommen wir am Lehenhof vorbei, und dann sind wir unten im Wildtal. Ab jetzt wandern wir auf dem Gehweg entlang der Talstraße in Richtung Zähringen. Sind wir schon müde, dann können wir im Wildtal an der Bushaltestelle „Obermatten“ in den Bus steigen. Ansonsten wandern wir bis zur Straßenbahn in Zähringen, die uns in alle Richtungen, u. a. auch zum Bahnhof bringt.

Die Wanderung ist wunderschön, und der Wanderweg ist sehr abwechslungsreich. Obwohl wir uns in nicht großer Entfernung zu Freiburg bewegen, begegnen uns nur wenige Leute. Rechnen wir eine ausgiebige Rast am Wildtaler Eck mit ein, dann brauchen wir insgesamt 3,5 Stunden. Feste Wanderschuhe und regenfeste Kleidung gehören selbstverständlich zu unserer Ausrüstung.

Zwischen den Tälern auf dem Leimeneckrundweg

Hotel Hirschen – Leimenhof – Wiggisrain – Leimeneck – Langenbach – Leimenhof

Markierung: Rotes Dreieck

Länge: 3,8 Kilometer; Steigung mäßig, kurz steil

Hinfahrt: Mit SBG-Bus oder mit Pkw bis Glottertal-Kirche

Nicht immer müssen es die Täler sein, in welche man hineinwandert, um von dort aus auf mehr oder weniger steilen Wegen eine Anhöhe zu erklimmen. Bei unserer heutigen Wanderung werden wir mehr als ein Drittel des Weges auf einem Grat zwischen zwei Tälern schreiten und dabei eine besonders interessante Vegetationszone kennenlernen. Ausgangspunkt ist in der Ortsmitte des Glottertales bei der Kirche. Wir gehen noch wenige Meter talaufwärts und biegen beim Hotel Hirschen rechts ab.

Die Leimeneckstraße windet sich um den Parkplatz des Hotels Hirschen herum. Dabei kommen wir am Leimeneckstüble vorbei. Am oberen Ende des Tennisplatzes hört der offizielle Fahrweg auf. Unter einem efeuumrankten und betagten Birnbaum steht neben einer Bank ein Wegweiser, der uns mit dem roten Dreieck den richtigen Weg zeigt. Wir folgen dem schmalen asphaltierten Sträßchen, das rechts am Leimenhof vorbeiführt. Es windet sich in einer großen Schleife schnell hoch über das Tal. Der Weg ist schattig und sehr angenehm zu begehen. Plötzlich scheint er zu Ende zu sein. Wir haben den Wiggisrain erreicht. Hier treten wir auf die Plattform des Wasserbehälters und genießen die schöne Aussicht. Draußen in der Ebene liegt, ganz isoliert vom Schwarzwald, das Mauracherbergle. Um diese Anhöhe herum gruppieren sich die Neubauten von Denzlingen. Weiter im Westen erhebt sich der Kaiserstuhl, der beim Michaelsbergle in Riegel sein nördliches Ende erreicht. Wenden wir uns nach links, dann blicken wir in das so landschaftlich schöne Föhrental, an dessen oberem Ende das Streckereck liegt.

Unser Weg führt uns nach einer Spitzkehre nach links weiter bergauf. Jetzt beginnt eine regelrechte Gratwanderung. Für etwa 1,5 Kilometer spazieren wir genau auf dem Kamm des Höhenrückens entlang, der das Föhrental vom Glottertal trennt. Zunächst wachsen rechterhand noch Reben, doch bald umgibt uns von beiden Seiten Wald. Dabei stellen wir nicht nur eine Veränderung der Baumarten, sondern auch des Bodenbewuchses fest. In den unteren Regionen herrscht die Eiche vor. In ihrem, Gefolge finden wir die Stechpalme. Der fette Glanz ihrer ledrigen Blätter wird noch gesteigert, wenn sie im Spätherbst ihre scharlachroten Beeren trägt. Je weiter wir an Höhe gewinnen, desto mehr tritt die Föhre in Erscheinung. Sie hat verschiedene Namen. Botanisch heißt sie Kiefer. Im Volksmund wird sie auch Forle oder Fohre genannt, und ihre Früchte nennt man im alemanni-

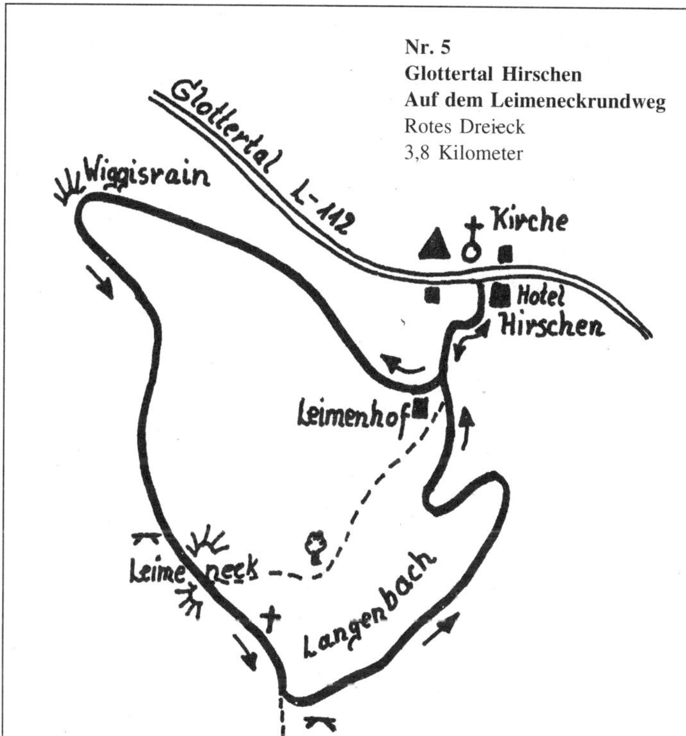

schen Sprachraum »Fohrebobbele«. Dieser Waldbaum ist sehr anspruchslos an seinem Standort. Selbst auf armen Sand- und Steinböden gedeiht er noch. Der Boden auf diesem Höhenrücken, über den wir im Moment wandern, ist steinig und wasserarm. Um trotzdem genug Flüssigkeit zu bekommen, entwickelt die Föhre ein ausgeklügeltes Wurzelsystem. Eine starke Pfahlwurzel holt sich Wasser aus großer Tiefe, daneben versucht ein fächerartig angelegtes Flachwurzelnetz die Nahrungsquellen der obersten Bodenschicht zu erschließen. Zudem sterben die untersten Äste schon früh ab, und alle Nährstoffe stehen der ausgeprägten Schirmkrone zur Verfügung. Sie wiederum läßt wenige Sonnenstrahlen auf den Waldboden durch und schützt so vor schneller Austrocknung. Wenn die Kiefer etwa 40 Jahre alt ist, dann blüht sie zum ersten Mal. Die Samenblüten sind kleine rötliche Zäpfchen, die auf den Maitrieben wachsen. Der Fruchtzapfen braucht drei Jahre um zu reifen, und erst im vierten Jahr löst er sich vom Zweig. Auf dem Wanderweg im Kiefernwald ist es angenehm zu gehen, denn die sich nur langsam zersetzenden Nadeln bilden ein regelrechtes Polster.

Nach dem Kiefernwald treten wir auf freies Wiesengelände hinaus. Beim Leimeneck (407 m) erreichen wir einen Bergsattel, aber noch sind wir auf dem Grat zwischen den beiden Tälern. Wieder bietet sich ein herrlicher Ausblick. Im Nordwesten erkennen wir Emmendingen, jenes reizende Städtchen am Schwarzwaldrand, auf dessen altem Friedhof Cornelia Schlosser, die Schwester von Goethe, beerdigt liegt

Von dieser Stelle aus haben wir eine Abkürzungsmöglichkeit. Wir können auf dem Feldweg nach links in zehn Minuten hinab zum Leimenhof gelangen. Doch es ist nicht ratsam. Besser ist es, dem roten Dreieck zu folgen, das uns bequem ansteigend geradeaus bergauf führt. Dort sehen wir ein Flurkreuz, das man 1989 aufgestellt hat. Auf einer Votivtafel ist der dornengekrönte Christus abgebildet, wie er sein Kreuz trägt. Der Text dazu lautet: „Nimm dein Kreuz auf dich und

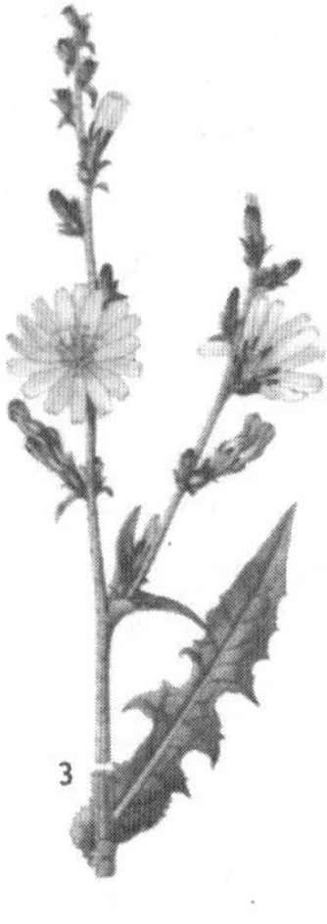

3

Gemeine Wegwarte, wilde Zichorie
(Cichorium intybus)

folge mir nach." Vorübergehende Wanderer lassen oft ein paar Wiesenblumen zurück. Nur 300 Meter weiter oben erreichen wir den Waldrand. Bei der Bank biegen wir nach links ab auf den schönen Waldweg. Nach links haben wir herrliche Ausblicke. Aus dem schmalen Weg wird bald eine breite Holzabfuhrstraße, die schnell an Höhe verliert. Am Wegrand wächst eine schöne Pflanze, die schon ihrem Namen nach dorthin gehört. Gemeint ist die Wegwarte. Im Volksmund ist sie als wilde Zichorie bekannt. Mit der getrockneten Wurzel hat man früher den Malzkaffee geschwärzt.

Die Wegwarte wird bis zu 1,50 Meter hoch und wächst hauptsächlich an Wegrändern. Vielleicht waren es ihre wunderschönen blauen sternförmigen Blüten, weshalb man sich von ihr die märchenhafte Geschichte erzählt:

„Es war an einem schönen Sommertag. Da kam die Sonnenblume auf ihrem Spaziergang bei der am Wegrand stehenden blauen Blume vorbei. Die Sonnenblume und die blaue Blume verliebten sich ineinander. Da die Sonnenblume noch etwas zu erledigen hatte, versprach sie, am Abend zur Hochzeit zu kommen. Doch am Abend gingen die Blüten der Sonnenblume zu. Deshalb getraute sie sich nicht mehr zu ihrem Versprechen zu stehen. Die blaue Blume war traurig und sprach. „Wo bleibst du nur, ich stehe doch am Weg und warte auf dich". So kam die blaue Blume zu ihrem Namen Wegwarte."

In einer großen Linkskurve bietet nochmal ein Bänkle unter einer Fichtengruppe einen schönen Blick ins Tal und auf den direkt unter uns liegenden Leimenhof. Schnell sind wir auf dem jetzt steiler nach unten führenden Weg an der Talsohle angelangt. Bis zum Ausgangspunkt beim Hotel Hirschen sind es nur noch drei Minuten. Sind wir zügig gewandert, dann waren wir etwa 1,5 Stunden unterwegs. Es ist jedoch anzunehmen, daß wir länger brauchen werden, denn an vielen Stellen laden Bänkle zum Schauen und zum Verweilen ein.

Bussard und Goldhähnchen am kleinen Eichbergrundweg

Kirche – Marienkapelle – Waldstraße – Serpentine – Talweg

Markierung: Grünes Eichblatt mit I

Länge: 2,5 Kilometer; Steigung mäßig

Hinfahrt: Mit SBG-Bus oder mit Pkw bis Glottertal Kirche / Engel

Ganz egal, aus welcher der beiden möglichen Richtungen wir in das Glottertal kommen, bestimmender Mittelpunkt ist die im Ortskern stehende Kirche. Hoch überragt sie einige mächtige Häuser in ihrer Umgebung. Erbaut wurde dieses Gotteshaus von 1895 – 1908, nachdem die frühere Kirche im Oberglottertal an der Gemarkungsgrenze zum Untertal stand. Genau zwischen der Kirche und dem Gasthaus zum Goldenen Engel beginnt unser Wanderweg. Die Markierung ist ein grünes Eichenblatt mit der römischen Ziffer I. Schon nach 300 Metern auf der ebenen Straße durch die Wiesen sind wir am Friedhof, am Fuße des Eichbergs. Hier beginnt die Steigung. Wir wandern geradeaus in das kleine Kerbtal hinein, umgehen einen Bauernhof und blicken zwischen Rebstöcken hindurch tief auf den Talgrund hinab. Genau an der Stelle, an der wir den Waldrand erreichen, sollten wir einen kurzen Haltepunkt einlegen. Zu schön ist der Ausblick, als daß man ihn einfach übergehen könnte. Von hier aus erkennen wir auch, weshalb das Klima des Glottertales so günstig ist. Alle kalten Winde und Nebel, welche von der Oberrheinischen Ebene her in den Talgrund eindringen wollen, werden schon im Untertal durch weit vorspringende Bergrücken gebremst und zur Wirkungslosigkeit verurteilt. Zudem sinken aus den vielen Nebentälern günstige Luftströme herab, die sich auf der Sohle des Haupttales vereinigen. Einen Blick sollten wir auch noch in das ehemalige Rebhäuschen werfen, das nur 20 Meter neben unserer Bank steht. Heute ist es eine Marienkapelle, in der – solange es die Witterung erlaubt – immer frische Blumen stehen.

Erheblich weniger steil als vorhin geht es jetzt weiter. Schon nach 300 Metern zweigen wir vom Hauptweg nach rechts auf einen ganz schmalen Pfad ab. Der Wald wird lichter und wir können wieder über die Reben hinweg ins Tal schauen. Das ist das ideale Revier für einen unserer größten Waldvögel, den Mäusebussard. Im milden Klima des Glottertales bleibt er das ganze Jahr über seinem Standort treu. Mit Vorliebe sitzt er auf hohen Bäumen am Waldrand, auf Pfählen oder Masten von Wegweisern. Sein in den Farben variables Federkleid paßt sich täuschend genau der Landschaft an.

So bemerken wir ihn auch erst dann, wenn er wenige Meter vor uns auffliegt und mit seiner Flügelspannweite von etwa 130 cm um die Bäume steuert. Schnell schraubt er sich in die Höhe, dabei geschickt den Aufwind eines Seitentälchens nutzend. Ist er hoch genug, dann kreist er und stößt sein hohes und hartes Hiääh

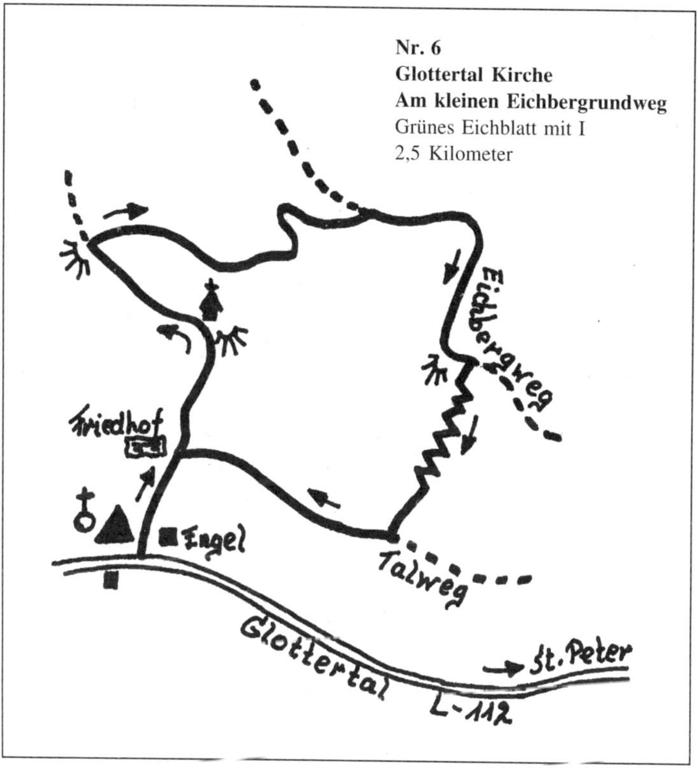

aus. Nur im Winter gelingt es uns seinen aus Reisig bestehenden sehr großen Horst in den Baumkronen zu entdecken.

Nachdem sich unser Weg fast eben mit vielen Windungen in einen Talgrund hineingeschlängelt hat, biegt er schlagartig nach links ab und wird steiler. Doch schon nach 10 Minuten haben wir eine breite Waldstraße erreicht, auf der wir nach rechts weiterwandern. Beim Aufstieg, den wir langsam und tief durchatmend bewältigt haben, fiel uns ein hohes »Sissisi« auf. Das ist das Sommergoldhähnchen, der kleinste Vogel Europas. Bei uns hält es sich von März bis Oktober auf, dabei brütet es vom April bis Juli zwei Gelege zwischen 7 und 12 Eier aus. Interessant ist das Nest, das wir jedoch nur finden, wenn wir in ein Gebiet kommen, in welchem Holzfäller tätig sind. Dann entdecken wir es am äußersten Ende eines dünnen Zweiges in der Baumkrone. Es ist aus Moos gebaut, mit Spinnweben verkittet und mit Federn und Haaren gepolstert. Diese Bauweise genügt, um die nur 5 Gramm schweren Vögel zu tragen. Vier Goldhähnchen wiegen zusammen soviel wie ein normaler Brief schwer sein darf.

Goldhähnchen

Mäusebussard

Während wir aufmerksam den Vogelstimmen im Wald lauschen, kommt uns der Weg recht kurzweilig vor, zumal wir nur etwa 600 Meter weit auf der Waldfahrstraße bleiben. Dort, wo der Weg eine große Kurve nach links beschreibt, steht eine Bank. Da verlassen wir diese Höhenlage. Nach rechts zweigt ein ganz schmaler Pfad ab. Das grüne Eichblatt I zeigt uns das an. Jetzt geht es ganz schnell bergab. Eine Serpentine, die aus 23 spitzen Kehren besteht, bringt uns zum Talweg hinunter. Ihm folgen wir nach rechts. Nun sind es nur noch zehn Minuten bis zu unserem Ausgangspunkt bei der Kirche. Ohne uns groß anstrengen zu müssen, waren wir etwas mehr als eine Stunde unterwegs. Zweimal stieg der Weg für ein kurzes Stückchen etwas steiler an, sonst war er überaus bequem. Wenn wir Glück hatten, dann lernten wir auf dieser kurzen Wanderung mit dem Mäusebussard einen unserer großen Vögel und mit dem Sommer-Goldhähnchen unseren kleinsten Vogel kennen. Vielleicht haben wir auch nur ihre Stimmen gehört.

Wenn wir die St. Blasius-Kirche zur Straße hin verlassen, müssen wir dem riesigen Christophorus-Mosaik an der Außenfront der Sakristei noch unsere Aufmerksamkeit schenken. Ebenso lohnend ist ein kleiner Abstecher von nur 50 Meter zu dem malerischen Häuserwinkel in der Kirchstraße, dem früheren Kaplaneigäßle. Das reizt besonders in der Jahreszeit, in welcher die Geranien und die Petunien blühen. Wenn wir die Wanderung noch länger in Erinnerung behalten wollen, dann sollten wir uns aus der Metzgerei Reichenbach, die genau gegenüber der Kirche liegt, ein schmackhaftes Vesper als Andenken ans Glottertal mitnehmen. „Des bereut keiner“.

St. Blasius, der Nothelfer im Glottertal

Als man in den Jahren 1893 bis 1895 die neugotische Kirche St. Blasius im Glottertal baute, da sagte der damalige Pfarrer Brettle: „Der Bau der Kirche ist nicht Sache des Pfarrers, der geht in einigen Jahren wieder, sondern die Aufgabe der Glottertäler Bevölkerung". Dieses Wort galt auch 1980, als man die Innenrenovation begann, und es galt erst recht für die Erneuerung der Außenfassade und des Turms, welche man im Jahre 1997 anpackte.
Die Kirche im Glottertal hat eine lange Tradition. Schon um 1274 wird von einem Dekanat gesprochen, und 1302 wird das Domkapitel von Konstanz Patronatsherr. Der im Elztal beheimatete Burgherr „Ulrich von Schwarzenberg" übernimmt dieses Patronat ab 1390. Seine Nachfahren können sich nur 85 Jahre lang dieses Amtes erfreuen, denn 1475 treten die Herren der Deutschordenskomtur die Nachfolge an. Sie regieren bis 1809. Danach bestimmt der Großherzog von Baden wer Pfarrer wird. Seit 1918 ist der Erzbischof von Freiburg oberster Kirchenherr. Als man 1980 begann die Kirche innen zu renovieren, bewiesen die Verantwortlichen eine glückliche Hand in der Vergabe der Aufgaben. Einmal war es „Meister Triller" von der Münsterbauhütte in Freiburg, der das Erzbischöfliche Bauamt repräsentierte, zum anderen gewann man den inzwischen weltweit geschätzten und geachteten Bildhauer Helmut Lutz aus Breisach, dessen Ideen wir besonders im Chorraum bestaunen dürfen. Er plante und gestaltete den sogenannten Volksaltar, der vor dem Hochaltar steht. Der mächtige Zelebrationstisch aus rotem Sandstein wird getragen von der Dornenkrone des Leidens. Auf den Tisch herab blickt Maria mit dem Leichnam ihres Sohnes im Arm. Diese wunderschöne Pieta stammt aus dem 15. Jahrhundert. Lutz hat sie in die Geborgenheit einer sie umfangenden Sandsteinsäule gestellt. Dem gesamten Altarraum gab er optische Tiefe, indem er zwei Teile der kunstvoll behauenen Chorschranke nach hinten versetzte.
Im Hochaltar, dessen Tabernakel von einer Königskrone beherrscht wird, sehen wir links die Abendmahlszene und rechts die Hochzeit zu Kana. In den beiden Altarflügeln sind die 14 Nothelfer dargestellt, zu denen natürlich der Glottertäler Kirchenpatron St. Blasius gehört. Kunstwerke sind auch die beiden Seitenaltäre, links der Muttergottesaltar und rechts der Josefsaltar. Wir sollten uns Zeit lassen, für diese Kirche, denn sie ist eines der vielen Kunstwerke unserer engeren Heimat.

Auf der Sonnenterrasse des Glottertales

Großer Eichbergrundweg: Kirche – Schloßwaldeck – Glotterbad – Talweg – Kirche

Markierung: Grünes Eichblatt mit II
Länge: 6 Kilometer; Steigung mäßig
Hinfahrt: Mit SBG-Bus oder mit Pkw bis Glottertal-Kirche / Engel

Zwei Rundwanderungen beginnen genau im Ortskern des Glottertales. Ausgangspunkt ist der Weg zwischen der Kirche und dem Gasthaus zum Engel. Beide Wege sind gekennzeichnet durch ein grünes Eichenblatt. Der für heute ausgewählte Rundweg führt auf dem Eichenblatt noch die römische Ziffer II. Viele schöne Ausblikke werden demjenigen eine Belohnung sein, der sich diese Wanderung auswählt.

Gleich hinter der Kirche folgen wir für etwa 300 Meter der befestigten Straße, die zum Friedhof führt. Wer mit dem Privatwagen anfährt, findet vor dem Friedhofseingang einen guten Parkplatz. Unser Wanderweg führt kräftig bergauf und geradewegs in ein schmales Kerbtälchen. Gleich taucht links ein Bauernhaus auf, um das unser Weg herumführt. Links und rechts stehen Reben. Hohe Stützmauern grenzen die Grundstücke vom Wanderweg ab. Sie sind notwendig, sonst würde die Erde an den steilen Hängen ins Tal rutschen. Schon nach 10 Minuten haben wir den Waldrand erreicht und damit die größte Steigung für den heutigen Tag hinter uns. Es wird zwar weiterhin bergauf gehen, aber längst nicht mehr so steil. Noch bevor wir den Wald betreten, genießen wir von dem Bänkle aus den herrlichen Ausblick. Direkt unter uns liegt der Ortskern des Glottertales mit der Kirche. Auf der drüberen Talseite schauen wir ins Ohrensbächle, an dessen oberem Ausgang das Silbergrüble und die Tannhohle liegen. Auch jenes Gebiet ist durch herrliche Rundwege erschlossen. Wenige Meter links von uns steht eine Marienkapelle. Früher war es ein Rebhäusle, doch ein Gelübde war der Anlaß für die Umwandlung zur geweihten Stätte.

Nach dieser ersten Rast wandern wir für die nächste Stunde nur noch im Wald. Bald zweigt nach rechts der kleine Eichbergrundweg mit der I im Eichenblatt ab. Er wird in einem anderen Wanderbericht beschrieben. Wir steigen weiter bequem bergauf. Beim Schloßdobel erreichen wir eine Lichtung. Für 200 Meter gehen wir auf der breiten Waldfahrstraße. Links draußen liegt die „Breisgauer Bucht". Es ist schon ein kurzes Verweilen wert, diesen herrlichen Blick zu genießen. Noch bevor wir wieder den Waldrand erreichen, müssen wir gut aufpassen, denn da biegt unser Weg ganz schmal und unscheinbar rechts an der Böschung ab. Er verläuft ein Stückchen parallel zur Straße, dann zieht er rechts hoch und trifft auf den „Präsident-Thoma-Weg". An dieser Kreuzung, mitten im Wald, biegen wir scharf rechts ab. Zusätzlich zu unserem Eichblatt II führt uns jetzt die blaue Raute ein

Nr. 7
Glottertal Kirche
Auf der Sonnenterrasse
Grünes Eichblatt mit II
6,0 Kilometer

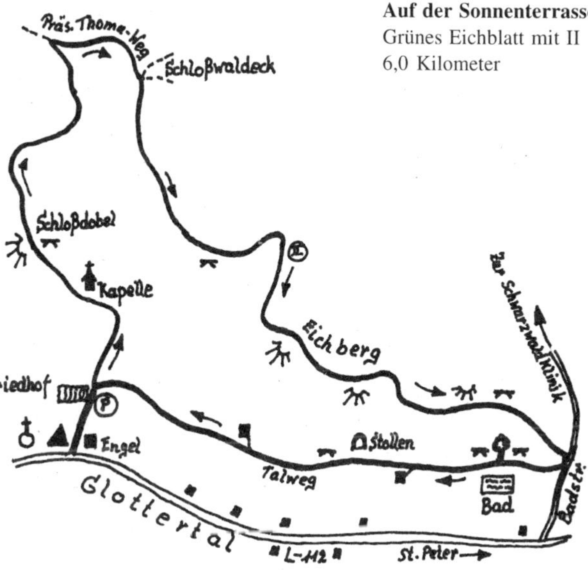

Stück weit bergauf. Unser nächstes Ziel ist das Schloßwaldeck. Hier, in 519 Meter Höhe, ist der Paßübergang vom Glottertal ins Suggental. Wir verlassen die blaue Raute wieder, denn sie führt den Wanderer hinauf zum Kandel. Uns weist das Eichblatt II auf einem bequemen Waldweg eben bis leicht abfallend hoch über dem Glottertal durch ein schönes Waldgebiet. Nach einem etwas stärkeren Gefälle erreichen wir eine breite Waldstraße. Sie wird uns bis ins obere Glottertal begleiten. Doch noch ist es nicht soweit. Plötzlich öffnet sich die Waldzone. Jetzt ist nur noch links vom Weg ein Waldsaum. Rechterhand fallen die steilen Hänge des Eichbergs zum Tal ab. Sie sind über und über mit Reben bepflanzt. Nun haben wir hautnah Kontakt mit dem Glottertäler Wein, der unter einer optimalen Sonneneinstrahlung wachsen darf.

Roter Bur am Eichberg

Schon im 16. Jahrhundert wird im Glottertal der Wein erwähnt Doch nicht immer scheinen günstige Jahre gewesen zu sein, denn im Jahre 1730 soll nur noch ein einziger Bauer Weingärten besessen haben. Das war der Wisserhof im Untertal. Man weiß nicht einmal genau, ob, es eine Zeit gab, in der überhaupt kein Weinbau betrieben wurde. Auf jeden Fall steht fest, daß dieser Gewerbezweig heute wieder lebt. Und das ist gut so, denn zu dem lieblichen Glottertal gehört wie ein Tupfer aufs »i« der Wein. Die Reben erstrecken sich bis zu einer Höhe von 470 Metern und zählen damit zu, den höchsten Rebenlagen in Deutschland. In der im Jahre 1951 gegründeten Winzergenossenschaft reifen edle Weine aus den Lagen »Roter Bur« und »Eichberg«. Etwa 75 Prozent der Weine sind Spätburgunder Weißherbst, und 15 Prozent entfallen auf den Ruländer. Einen geringen Anteil hat auch der Gewürztraminer.

Eines haben alle Rebsorten gemeinsam: Sie müssen mühsam von Hand bearbeitet werden. Die Steilheit des Eichbergs läßt fast keinen Einsatz von Maschinen zu. Und wenn wir mehr erfahren wollen, dann sollten wir einfach mit den Menschen reden, die vom März bis in den späten Oktober hier arbeiten. Wir werden immer eine freundliche und fachkundige Auskunft bekommen.

Doch nicht nur die Botanik und die Geschichte der Rebe soll uns auf diesem herrlichen Terrassenweg hoch über dem Tal beschäftigen. Auch der Fernblick ist optimal. Auf der gegenüberliegenden Talseite schmiegt sich lieblich das Ahlenbachtal am Hang hin. Vor uns, ganz oben am Talschluß, erhebt sich der höchste Berg dieses Gebietes, der Kandel. Immer schneller führt uns der breite Weg bergab. Bestimmender Baum ist die Eiche. Sie gab ja auch dem Berg ihren Namen, nämlich Eichberg. Links an der Böschung drängt sich zwischen dichten Brombeerranken der bis zu zwei Meter hoch werdende Adlerfarn hervor. Ihm gefällt es an dieser steilen Böschung, da fühlt er sich zu Hause.

Rechts unten taucht das beheizte Freibad auf. Nun sind es nur noch wenige Meter bis zum östlichsten Punkt unserer Wanderung an der Badstraße. Wenn wir sie erreichen, müssen wir im Winkel von 180 Grad nach rechts auf den Talweg abbiegen. Er wird uns in 25 Minuten zum Ausgangspunkt zurückbringen. Doch diesen Talweg sollten wir ganz besonders genießen. Wenige Meter oberhalb des Schwimmbades steht eine mächtige Eiche. Um sie herum hat man einen wunderschön gestalteten Rastplatz eingerichtet. Sollten wir mit Kindern unterwegs sein, dann steht ihnen ein phantasievoll geschaffener Spielplatz zur Verfügung. Beim

Adlerfarn
(Pteridium aquilinum)

Georgsstüble steigt unser Weg auf eine Länge von etwa 40 Meter noch einmal in Richtung Roseneck leicht an. Da ist wenige Meter rechts vom Weg ein ehemaliger Eisenerz- und Lagerstollen, in dem heute Fledermäuse und Feuersalamander wohnen.

Auf diesem Rückweg am Fuße des Eichbergs kommen wir an einigen Lokalen vorbei, in denen wir jenen Wein probieren können, den wir weiter oben im Wachstum betrachten durften. Für den großen Eichbergrundweg sollten wir uns etwa zwei Stunden Zeit reservieren. Verführt uns allerdings ein Gasthaus oder ein gemütliches Stüble zu einem Viertele, dann ist der Uhrzeit keine Grenze gesetzt.

Rund um den „Roten Bur“ auf dem Tannhohlenrundweg
Kandelstraße – Mattenhof – Silbergrüble – Tannhohle – Kappenbühl – Kappenhof – Evangelische Kirche

Markierung: Grüne Tanne auf weißem Grund
Länge: 5,5 Kilometer; Steigung mäßig, kurz steil
Hinfahrt: Mit SBG-Bus bis Glottertal Engel; mit Pkw bis Eichberghalle

Bis zum Jahre 1970 bestand die Gemarkung Glottertal aus vier selbständigen Gemeinden. Das waren Föhrental, Unterglottertal, Ohrensbach und Oberglottertal. Für den Besucher spielte diese Unterteilung nie eine so große Rolle. Ich entsinne mich noch genau daran, daß wenn wir in meiner Kindheit einen Ausflug in dieses Gebiet unternahmen, wir eben ins Glottertal gingen. Das war für uns ein fester Begriff. Unsere heutige Wanderung beginnt im ehemaligen „Ohrensbach“, und zwar beim alten Schulhaus. Dort steht auch die Eichberghalle mit dem Verkehrsamt. Kommen wir mit dem SBG-Bus, dann fahren wir bis zur Station Glottertal Engel. Dann wandern wir 200 Meter talaufwärts. Gleich nach der Gärtnerei Rombach erreichen wir die Kandelstraße. Kommen wir mit dem Pkw, dann biegen wir 300 Meter nach der Kirche nach rechts über das Glotterbrückle ab, und schon sind wir beim Parkplatz am Verkehrsamt. Wer Fragen oder Wünsche hat, der wird hier sehr freundlich bedient. Herrliche Ausblicke bei der vor uns liegenden Wanderung machen es empfehlenswert ein Fernglas mitzunehmen. Auch der geschickte Fotograf wird herrliche Motive finden.

Zunächst wandern wir rund 300 Meter leicht ansteigend auf der Kandelstraße taleinwärts. Dann biegen wir bei der großen Tafel, die zum Mattenhof zeigt, rechts ab. Hier finden wir auch zum ersten Mal unser Wanderzeichen, die grüne Tanne auf weißem Grund. Gleich durchqueren wir den Mattenhof, und dann steigt unser Weg kräftig an. Vor uns öffnet sich der Blick ins Unterglottertal. Doch um die optimale Aussicht genießen zu können, sollten wir noch ein kleines Stück weiter durch die Linkskurve ansteigen. Dort erreichen wir direkt über dem Mattenhof ein Bänkle zwischen Wald und Wiesenhang. Von da aus sehen wir sowohl ins Ober- als auch ins Unterglottertal. Ja, dort draußen am Talausgang geht unsere Sicht bis zum Mauracher Bergle, jener völlig alleinstehenden geologischen Randscholle, in der sich breit öffnenden „Breisgauer Bucht“.

Weiter geht es bergauf durch einen kleinen Fichtenwald, an den sich dann links unter uns eine schöne Obstwiese anschließt. Dort erwartet uns im April ein wahres Blütenmeer. Für ein Stück weit wird unser Weg zum Kammweg. Rechts sehen wir ins Untertal, und links unten liegt Ohrensbach. Dort, wo rechterhand der Wald wieder anfängt, können wir bei einem Bänkle verschnaufen. Drüben, über dem Oberglottertal, erhebt sich der mächtige 1242 Meter hohe Kandel mit seinen stei-

Nr. 8
Glottertal Eichberghalle
Rund um den Roten Bur
Grüne Tanne auf weißem Grund
5,5 Kilometer

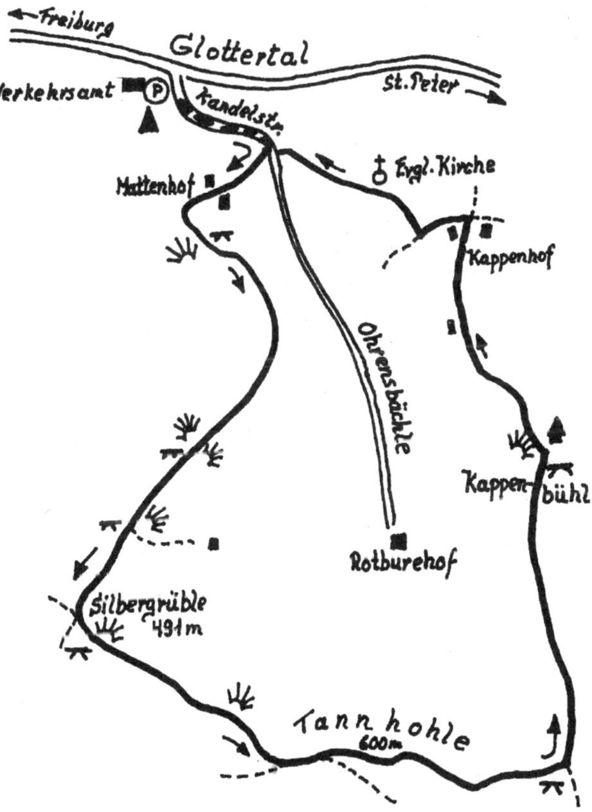

Glottertal

Erholungs- und Weinort 300 – 1243 m

Eine Wanderung im Glottertal verspricht ein Erlebnis besonderer Art. Kein Tal im südlichen Baden verbindet die Gegensätze der Gipfel des Hochschwarzwaldes so harmonisch mit der Anmut und Blütenpracht der Obst- und Rebgärten des Breisgaus wie das Glottertal.

Es gilt als eines der schönsten und fruchtbarsten Täler des an landschaftlicher Schönheit reichen Schwarzwaldes.

Nur wenige Autominuten von Freiburg und der Autobahn bietet sich das Glottertal als idealer Ausgangspunkt für Wanderungen bis hin zum Kandelgipfel auf 1243 m Höhe an.

Eine weit bekannte Gastronomie, die berühmten Glottertäler Weine und die herzliche Gastfreundschaft des Schwarzwaldes machen Sie schnell zu Stammgästen unseres Tales.

Info: **Verkehrsamt, Rathausweg 12, 79286 Glottertal**
Telefon 07684/91040, Telefax 07684/910413

len Hängen. Sie sind im Morgenlicht noch ganz dunkel. Von dieser Bank aus wandern wir weiter ansteigend hinauf zum Silbergrüble. Wieder sollten wir da in 491 Meter Höhe anhalten, denn jetzt ist der Blick zum Kandel noch schöner. Im Umkreis dieses Standortes gingen vor vielen hundert Jahren Stollen in den Berg. Man grub in mühseliger Arbeit nach Silber, Zink und Blei. Heute genießen wir von dieser kleinen Paßhöhe aus die Schönheit der Landschaft. Tief unter uns zieht sich das Ohrensbachtal hinaus ins Glottertal. Vom Anstieg her gesehen, führt unser Weg vom Silbergrüble aus nach links weiter. Es ist ein wunderschöner Waldweg, der bald zu einem zügig ansteigenden schmalen Pfad wird. Nach zwanzig Minuten Anstieg, bei dem sich ab und zu nach links schmale Ausblicke auftun, mündet unser Pfad in eine breite Waldstraße. Sie steigt noch leicht an, wird aber bald eben. Jetzt sind wir in 600 Meter Höhe auf der Tannhohle. Das ist zugleich unser höchster Punkt heute.

Wir bleiben solange auf dem Weg, bis wir an eine Kreuzung kommen. Dort biegen wir nach links auf den ganz schmalen Pfad ab, der uns schnell bergab führt. Wir müssen gut auf die Markierung aufpassen, besonders dort, wo es halblinks durch den Wald abwärts geht. Bei einem Holzlagerplatz hört die Waldzone auf. Haben wir ein Vesper dabei, dann sollten wir an diesem Ort eine Pause machen. Bänke sind genügend da, und im Sommer 1997 hat man sogar eine Schutzhütte errichtet. Auf jeden Fall wird das Herz eines Fotografen höher schlagen, denn ihm bieten sich herrliche Motive.

Auf einem Feldweg, leicht links haltend, wandern wir talwärts. Noch bevor wir den Kappenhof erreichen, sehen wir links im Talschluß den „Rotbauernhof“. Ein Türmchen ziert das Dach des hohen weißen Hauses. Er liegt ganz oben im Ohrensbächle, und ihn haben wir in den letzten zwei Stunden umwandert. Nach ihm ist die wohl berühmteste Weinlage im Glottertal benannt. „Roter Bur“ heißt sie. Dieser Wein wächst auf der gegenüberliegenden Talseite am Eichberg zwischen dem Sportplatz und dem Schwimmbad. Wollen wir mehr dazu erfahren, dann sollten wir am Schluß unserer Wanderung einen Besuch in der Winzergenossenschaft einplanen.

Beim Kappenhof biegen wir für etwa 100 Meter scharf links ab, um dann wieder rechts haltend, schnell bei den ersten Häusern zu sein. Das Tal hat uns wieder. Rechts von der Straße steht die kleine evangelische Kirche. Von da aus sind es nur noch fünf Minuten bis zu unserem Ausgangspunkt beim Verkehrsamt. Wir waren gut zwei Stunden unterwegs. Schöne Ausblicke haben uns diese liebliche Landschaft erschlossen. Diese Rundwanderung wird uns lange im Gedächtnis bleiben, besonders dann, wenn wir zum krönenden Abschluß noch der Winzergenossenschaft Glottertal einen Besuch abstatten. Sie liegt nur wenige Meter oberhalb unseres Ausgangspunktes.

Die Natur im Markgräflerland

ist äußerst vielfältig und erstreckt sich von der fast mediteranen Oberrheinebene über die Vorgebirgszone bis zu den subalpinen Schwarzwaldgipfeln.

Es ist das Anliegen der beiden Autoren Werner Bussmann und Franz Schneider, die Welt der seltenen Tiere und Pflanzen aufzuzeigen und Verständnis zu wecken, diese zu schützen und zu erhalten.

Das Vorwort zu dem Buch »Kleinod Markgräflerland« schrieb Bernhard Grzimek, 103 Farbbilder vervollständigen den engagierten Text.

Victor von Scheffel trank Wein aus dem Glottertal

Es waren erst sechs Jahre nach dem „Zweiten Weltkrieg“ vergangen, da gründete man im Jahre 1951 weitsichtig die Winzergenossenschaft Glottertal. Sie ist zwar eine der kleinsten in Baden, doch wegen der Exklusivität ihrer Weine weithin bekannt. Man empfängt jeden Besucher recht freundlich. Im Probierstüble können wir auf einer historischen Urkunde lesen, wie „Victor von Scheffel“ den Glottertäler Wein in Versen lobte. Folgendes hatte sich zugetragen: »Im Jahre 1881 weilte der Dichter Victor von Scheffel zur Kur in Bad Dürrheim. Oft wanderte er zum nahegelegenen Dörfchen Rietheim. Dort trank er im Gasthaus zum Löwen seinen Schoppen Wein. Da ihm der edle Tropfen so gut schmeckte, fragte er den Wirt nach der Herkunft des Weines. Dieser sagte ihm, daß er persönlich jedes Jahr mit dem Fuhrwerk durch das Höllental und über Freiburg ins Glottertal fahre und dort beim Roten Bur seinen Wein hole. Auch für dieses Jahr habe er per Brief wieder ein Quantum bestellt. Er zeigte dem Herrn Scheffel die Zweitschrift des Briefes, und dieser vermerkte höchst erstaunt, daß der Text in Versform gehalten war. Die letzten Zeilen lauteten:

An den Roten Bur!
»So leb denn wohl, mein bester Jörgle,
Auf baldig frohes Wiedersehn,
Und gibt's a guata in diem Bergle,
Werd ich gar freudig zu dir gehn!«

Victor von Scheffel setzte diesen Zeilen noch eine eigene Strophe hinzu. Er schrieb:

»Gott geb allen Menschen Streben nach Wahrheit,
Dann bleibt auch dem Weine die Klarheit,
Gott spende des Sonnenlichts sonnigsten Strahl,
Den Blüten der Reben im Glottertal.«

Im Keller der Genossenschaft können wir das Scheffelfaß mit einem kunstvoll handgeschnitzten Boden bewundern. Daneben steht, schon etwas nachgedunkelt, das Gründungsfaß der Winzergenossenschaft Glottertal vom 7. Juli 1951.

Ein Spaziergang auf dem Naturlehrpfad

Waldemar-Koch-Weg –Talweg – Schiffsweg – Ahlenbachtal – Kandelstraße

Markierung: Schmetterling auf rechteckigem Schild
Länge: 2,5 Kilometer; sehr bequem
Hinfahrt: Mit SBG-Bus bis Glottertal Engel; mit Pkw bis Eichberghalle

Wer würde es für möglich halten, daß in einer von Menschen so dicht besiedelten Landschaft noch Platz ist, um ein kleines Paradies zu schaffen. Im Glottertal gibt es das, zur großen Freude der zahlreichen Gäste, die jedes Jahr hier Ruhe und Erholung suchen. Die aus Idealisten und Heimatfreunden bestehende Naturschutzgruppe Glottertal hat mit Einfühlungsvermögen und mit Geschick einen 2,5 Kilometer langen Naturlehrpfad angelegt, der das ganze Jahr über sehenswert ist. Dieser Naturlehrpfad beginnt gegenüber der Eichberghalle, in der auch das Verkehreamt und die Information untergebracht sind. Gleich über der Talstraße, an der Ecke zum Waldemar-Koch-Weg wird der Wanderer durch eine Tafel auf den Naturlehrpfad eingestimmt. Wir folgen dem breiten Fußweg zum Berg hin und biegen nach rechts auf den Talweg ein. Immer wieder werden wir mit Texttafeln auf kleine Biotope hingewiesen. Schon bald erkennen wir, daß man eigentlich oft ungewollt völlig achtlos an wichtigen Begebenheiten vorbei geht. Und genau dem wollen die Freunde der Naturschutzgruppe entgegenwirken. So lenken sie unsere Aufmerksamkeit zum Beispiel auf:

1. Eine ganz gewöhnliche Hecke, die jedoch für unsere Singvögel geradezu eine existenzielle Bedeutung hat. Sie bietet Nist- und Brutplätze, und an den Blättern sitzen Raupen, Käfer und Insekten, die den Tisch für die Vögel reichlich decken.
2. In einer Lehmwand wird den Wildbienen eine Nisthilfe angeboten. Es ist eben nicht nur die Honigbiene, die wir ihres köstlichen Honigs wegen verehren sollten. Bei der Bestäubung und Befruchtung unserer Blüten spielen die Wildbienen, zu denen auch die Erd- und Waldbienen gehören, eine wichtige Rolle. Ohne die Bienen müßten wir jedes Jahr mit einer geringen Obsternte vorlieb nehmen.
3. Bei einer Mähwiese wird uns aufgezeigt, was eine späte Mahd für Vorteile hat. An den Grashalmen können Schmetterlinge ihr Gelege anbringen, und Raupen finden während ihrer gefräßigen Wachstumsphase genügend Futter. Stehen zwischen Wiese und Heckensaum auch noch Brennesseln, dann finden wir dort im Sommer bestimmt viele tausend schwarze Raupen, aus denen nach dem Puppenstadium das Tagpfauenauge ausschlüpft.
4. Welcher Stadtmensch kennt noch den echten Bauerngarten? Hier am Naturpfad können wir ihn bewundern. Das ganze Jahr über blüht etwas. Blumen und

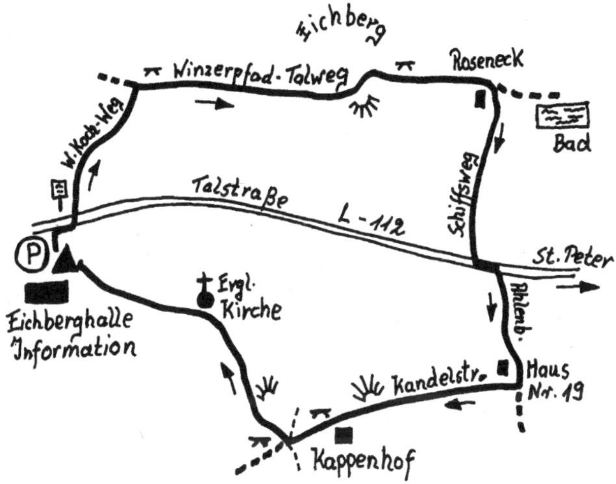

Nr. 9
Glottertal Eichberghalle
Der Naturlehrpfad
Schmetterling
2,5 Kilometer

Gemüse wachsen in bunter Eintracht nebeneinander. Eines beschützt das andere vor natürlichen Feinden. In der Hochblütezeit entdecken wir die Bartnelke, die Stockrose (Malve), die Ringelblume sowie die Kapuzinerkresse. So ein Krautgarten war zu allen Zeiten auch das „Krautgärtlein". Der Name hat nichts mit Kraut im Sinne von Kohl zu tun. Gemeint sind damit die Kräuter, zu denen die Heilkräuter und die Küchenkräuter (Gewürze) gehören.

5. An einer Trockenmauer wohnt eine ganz eigene Lebensgemeinschaft. Sie wird angeführt von den Eidechsen, die hier Wärme, Futter und Unterschlupf finden. Für die Schlingnattern, Ringelnattern und die Blindschleichen ist so ein Biotop unersetzlich. Ameisen, Spinnen und alle Arten von Käfern krabbeln über die Steine. Auch die Wildbienen fühlen sich da wohl.

6. Einige Tafeln geben uns Auskunft über den Weinbau im Glottertal. Natürlich spielt dabei der steile Eichberg eine wichtige Rolle, an dem die weltberühmte Sorte „Roter Bur“ wächst. Wir erfahren aber auch, daß man in der zweiten Hälfte des 19. Jahrhunderts bis in eine Höhe von 720 Meter beim Wuspenhof noch Reben anpflanzte. Das spricht für das milde Klima des Glottertales.

Bänkle laden auf dem ganzen Naturpfad zum Verweilen ein. Auf ihnen können wir die Hinweise der vielen anderen Tafeln verinnerlichen, die uns Hinweise auf die Geologie, den Bergbau und die Landschaft überhaupt geben. Die oben genannten sechs Punkte sollen nur ein kleiner Ausschnitt aus der Fülle des Angebotenen sein.

Noch bevor wir das beheizte Schwimmbad erreichen, biegen wir beim Roseneck – dort steht auch eine elektrische Umspannstation – nach rechts auf den Schiffsweg ab. Schon nach hundert Metern überqueren wir die Talstraße und wandern zwanzig Meter talaufwärts. Bei dem Fachwerkhaus mit dem Kruzifix biegen wir wieder nach rechts ins Ahlenbachtal ab. Gleich überqueren wir die Glotter, in die neben dem Brückle der Ahlenbach einmündet. Wir steigen ein kurzes Stück an, und bei dem Haus Nr. 19 mit der Zeichnung des Bachus geht es rechts auf der Kandelstraße weiter. Jetzt wandern wir auf der südlichen Talseite zurück. Das ist der reinste Panoramaweg, der uns auf der anderen Talseite den Eichberg mit seinen steilen Rebhängen in voller Schönheit zeigt. Obstbäume, Wiesen und Felder säumen den Weg. Bald öffnet sich der Blick zum Talausgang hin. Die bewaldeten Berghänge schmiegen sich wie ein Bilderrahmen um die Glottertäler Kirche. Etwa fünfzig Meter nach dem Kappenhof, an dem uns die beiden linsenförmigen Dachgauben besonders auffallen, zweigt unsere Route mit dem Schmetterling rechts ab. Vorbei an schmucken Häusern und dem modernen Bau der evangelischen Kirche kommen wir zum Ausgangspunkt bei der Eichberghalle zurück. Wir finden das bestätigt, was auf der Tafel am Beginn des Naturpfades zu lesen steht: „Im Glottertal finden sich auf engem Raum noch verschiedene Biotope, die jeweils eine eigene Pflanzengemeinschaft beherbergen.

Sauerstoff tanken auf dem Buchwaldweg im Ahlenbachtal
Beheiztes Freibad – Säge – Stampfhof – Eichwaldweg – Lache – Gscheidbühl – Buchwaldweg – Kohlgrüble – Tannhohle – Stampfhof

Markierung: Rotes Rechteck auf weißem Grund
Länge: 11 Kilometer ab Bad; 8 Kilometer ab Stampfhof; Steigung mäßig
Hinfahrt: Mit SBG-Bus bis Glottertal-Linde; mit Pkw bis Freibad oder bis Stampfhof

Genau gegenüber vom beheizten Freibad im Glottertal öffnet sich nach Süden hin ein breiter und sehr lieblicher Talgrund, der in den hintersten Dobeln in steilen Berghängen mit stillen Wäldern ausläuft. Gemeint ist das Ahlenbachtal. Fahren wir mit dem SBG-Bus an, dann steigen wir an der Haltestelle „Linde" aus. Von da aus sind es noch 200 Meter talaufwärts, dann biegt zwischen dem Haus Nr. 116 und der Säge nach rechts der Weg ins Ahlenbachtal ab. Hier beginnt der Buchwaldrundweg, der von einem roten Rechteck auf weißem Grund markiert wird. Wer mit dem Pkw ankommt, der kann entweder auf dem Parkplatz beim Freibad sein Auto abstellen, oder er fährt noch 1,5 Kilometer weit ins Ahlenbachtal hinein bis zum Parkplatz am Stampfhof.

Beginnen wir von der Talstraße aus die Wanderung, dann benützen wir das sehr kurzweilige Sträßle, das leicht ansteigend sich ins Ahlenbachtal schlängelt. Viele Einzelhöfe, bunte Wiesen und knorrige Obstbäume säumen die Straße. Beim Stampfhof gabelt sich unser Wanderweg. Wer mit dem Pkw ins Tal hineingefahren ist, der findet am Bachufer genügend Parkfläche. Hier ist der eigentliche Ausgangspunkt für unsere Wanderung. Der Buchwaldrundweg ist gekennzeichnet durch einen roten Balken auf weißem Grund. Diejenigen, die den Weg erschlossen haben, stellten es dem Wanderer frei, welche Richtung er bei seinem Rundweg einschlagen möchte. Ich bin jedoch der eindeutigen Meinung, daß wir die Runde nach links übers Schererköpfle wählen sollten. Sie vermittelt uns gleich einen wunderbaren Überblick über diese Landschaft, die wir heute wandernd erobern wollen.

Wir folgen dem Weg, der zunächst geradeaus am Bach entlang ins Tal führt. An dieser Stelle sind wir schon 422 m hoch. Schnell gewinnen wir an Höhe. Eine Schranke über den Weg zeigt uns an, daß Autos hier unerwünscht sind. Fast unmerklich ist der Talgrund dunkler geworden. Von allen Seiten engen ihn steile Bergflanken ein. Dort, wo es der Wald zuläßt, sprießt eine üppige Krautvegetation. Wir finden das Weidenröschen mit seinen eng am aufrechten Stiel anliegenden roten Blüten, das bis zu 1,50 Meter hoch werdende gelbe Fuchs-Greiskraut, den von Bienen gern besuchten purpurroten Dost (wilder Majoran) und die lilarote gemeine Kratzdistel, die sich besonders schnell an frischen Kahlschlägen ansiedelt. Interessiert sich ein Wanderer für botanische Schönheiten am Rande des Weges, dann findet er in dieser Bach-Schlucht-Waldzone auch eine große Anzahl von Hecken und Bäumen. Schon ein einfaches botanisches Bestimmungsbuch wird uns gute Dienste leisten.

Bergweidenröschen
(Epilobium montanum)

Fast am Talschluß wendet sich unser breiter Weg scharf nach links. Er steigt weiter an. Zu beiden Seiten umgibt uns jetzt Eichenwald. Der Boden ist steinig, und es wächst kaum Unterholz. Typisch für diese Waldart sind die Stechpalmenbüsche und als Bodenbedecker das Heidekraut (Erika) und die Heidelbeere. Noch bevor sich unser Weg wieder scharf nach rechts wendet, erreichen wir am Scherersköpfle einen herrlichen Aussichtspunkt. Unter uns liegt das Unterglottertal. Von rechts und links schieben sich wuchtige Höhenrücken zur Talsohle, so als wollten sie alles erdrücken. Weiter draußen öffnet sich die Landschaft. In der breiter werdenden Ebene erstreckt sich Denzlingen, und noch weiter dahinter bildet der Kaiserstuhl wie eine Mauer einen vorläufigen Abschluß. Ganz im Westen – schon vom blauen Dunst der Ferne umhüllt – erkennen wir an klaren Tagen die Vogesen. Doch sollten wir auch ganz nahe unter uns schauen. Da schmiegt sich fast ängstlich und doch so heimelig ein typisches Schwarzwälder Berghäusle an den Wiesenhang an. Mit seiner Hocheinfahrt von der Bergseite her, erscheint es winzig klein. Doch umso größer präsentiert sich die Frontseite, vom Tal hergesehen. Nach diesem wunderbaren Ausblick folgen wir unserem breiten Waldweg weiter bergauf. Schattenspendende Bäume lassen an heißen Tagen den Weg angenehm erscheinen. Blüht an den freien Hängen im Juni und Juli der Fingerhut, so wird der Waldboden je nach Höhenlage vom Juli bis zum September vom großen Wald-

Nr. 10
Glottertal Freibad
Buchwaldweg im Ahlenbachtal
Rotes Rechteck auf weißem Grund
11 Kilometer

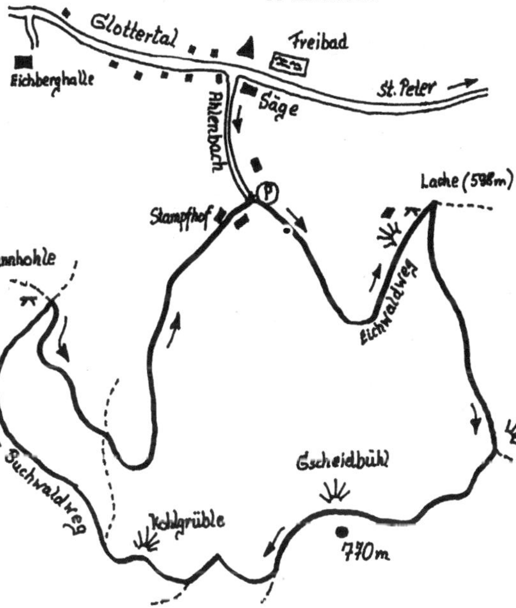

springkraut bedeckt Mit seinem satten Grün überzieht diese Pflanze ganze Berghänge. Allerdings stellen wir an etwas dunkleren Waldstellen fest, daß dort das Blattgrün heller ist. Die Pflanze gehört zu den Balsaminengewächsen, genau wie unser als Zierpflanze im Zimmer gehaltenes »Fleißige Liesele«. Die große zitronengelbe Blüte, mit ihren herrlich roten Punkten im Blütenrachen, bildet eine besonders interessante Fruchtkapsel aus. Berührt man sie in ihrem Reifestadium, dann springt die lange Kapsel auf und schleudert ihre Früchte zum Erschrecken desjenigen, der hingefaßt hat, in die Landschaft. Auf diese Art und Weise verbreitet diese Pflanze ganz schlau ihre Samen. Im Volksmund brachte ihr der Schleudermechanismus den Namen »Rühr mich nicht an« ein.

Nach gut eineinhalb Stunden Wanderzeit erreichen wir ganz hinten im Talschluß, dort wo die Hänge recht steil sind, in 720 Metern Höhe den höchsten Punkt unserer heutigen Wanderung. Von nun an geht es nur noch bergab. Eine Stelle am Wegrand sei dem aufmerksamen Wanderer besonders empfohlen. Da steht rechts am Hang ein Hochsitz. Es ist jedoch kein Jäger gewesen, der ihn gebaut hat, sondern ein Vogelfreund. Der hat nämlich nur 30 Meter weiter unterhalb der Böschung aus Steinen einen Sammelplatz für Vögel angelegt. Dort versorgt er seine gefiederten Freunde in den mageren Jahreszeiten mit Futter. Die über zwanzig Vogelarten, die dann anfliegen, kann er aus der erhöhten Warte gut beobachten und ihr Verhalten studieren.

War es beim Anstieg die Eiche, die dominiert hat, so sind es jetzt die Buchen, die uns Schatten spenden. Ab und zu ist der Wald nach rechts hin lichter. Dann haben wir zwischen den schlanken Stämmen der Buchen, der Fichten, Ahorn und Eschen hindurch einen schönen Ausblick ins Glottertal und hinüber auf die weitläufigen Wälder des Kandelmassives. Immer wieder zweigen Nebenwege ab. Sie sind kaum begangen. Trotzdem kann ein Rascheln im Wald unsere Aufmerksamkeit wecken. Das sind Rehe, die wunderfitzig nach der Spezies Mensch Ausschau halten. An zwei Stellen queren wir den vom gelben Punkt markierten steilen Pfad, der vom Stampfhof aus hinauf zum Nesselplatz führt. Genau in 600 Meter Höhe treffen wir in einer Haarnadelkurve auf den Tannhohlenrundweg. Dieser besonders schöne Aussichtsweg ist in diesem Führer auch beschrieben. Für uns geht es nach rechts auf der breiten Waldstraße weiter bergab. Wir verlieren jetzt schnell an Höhe. Nach einer weit ausholenden Linksschleife verlassen wir die Hochwaldzone. Winzige Rinnsale bereichern den uns begleitenden Bach. Einst war an dieser Stelle eine Bergwiese. Doch um 1990 wurden die Hänge aufgeforstet. Jetzt können wir sehr gut abmessen, wie schnell so ein Wald heranwächst. Wenn wir uns der Talsohle nähern, finden wir an den Hängen Apfelbäume. Sie tragen dazu bei, daß der Bauer im Herbst die Fässer mit köstlichem Apfelmost füllen kann. Beim Stampfhof erreichen wir nach etwa drei Stunden wieder unseren Ausgangspunkt. Jetzt sind es noch 1,5 Kilometer ins Glottertal. Hinter uns liegt eine Rundwanderung von ganz besonderer Art. Vom Anfang bis zum Ende wanderten wir auf einer breiten Waldstraße. Ab und zu boten sich schöne Talblicke. Doch im Vordergrund stand „das Wandern im Wald". Heute konnte der Stadtmensch in einer von der Technik nahezu unberührten Landschaft Sauerstoff tanken. Wir hatten aber auch Zeit und Gelegenheit, philosophierend über Bäume, Blumen und Tiere, uns einfach nur zu entspannen.

Drei schöne Wanderungen rund um die Schwarzwaldklinik

Rundweg I	– Viehhüttenrundweg	– roter Ring mit I – 5 km
Rundweg II	– Luserrundweg	– gelber Ring mit II – 6,5 km
Rundweg III	– Kranzkopfrundweg	– grüner Ring mit III – 8,0 km

Dort, wo die dichte Besiedelung des Talgrundes im Oberglottertal übergeht in einzelstehende Höfe und Häuser, und von Norden das Badbächle als kleiner Zufluß den Wasserfluß der Glotter bereichert, weist uns ein Schild zum Kurbad Glottertal. Wer aus dem Untertal heraufkommt muß also nach links in die Badstraße abbiegen. Unmittelbar vor der Abzweigung, beim Gasthaus zur Sonne, ist eine Bushaltestelle. Wer mit dem Pkw anfährt, der tut gut daran schon beim beheizten Freibad zu parken. Weiter oben ist der Parkraum knapp. Alle drei Routen führen uns rund um die Schwarzwaldklinik. Die Markierung der Wege ist gut. Was die drei Wandervorschläge unterscheidet, ist die Höhenlage, die Länge und der Schwierigkeitsgrad. Doch das alles wird in den folgenden Beschreibungen klar herausgestellt. Alle drei Rundwanderungen beginnen am Fuße der Kliniken. Das ist dort, wo die Straße zu der vom Fernsehen her bekannten Schwarzwaldklinik hochführt. Dieses Sträßle ist nur für das Personal und für Anlieger zugelassen.

Der Viehhüttenrundweg mit dem schönen Talblick

Badstraße – Viehhüttenrundweg – Schießrainweg – Glotterbadhütte – alte Viehhütte – Schwarzwaldklinik

Markierung: Roter Ring mit I

Länge: 5 Kilometer; Steigung mäßig

Hinfahrt: Mit SBG-Bus bis Oberglottertal Sonne, mit Pkw bis Freibad

Von der Hauptstraße – der L-112 – aus, biegen wir oberhalb vom Café Glotterstüble in die Badstraße ein. Sie führt uns nach 200 Metern zum Ausgangspunkt der Wanderung. Der Einstieg ist dort, wo das schmale Anliegersträßle zur Schwarzwaldklinik hochführt. Da steht links an der Böschung eine Bank. Daneben beginnen die drei Rundwege. Wir wollen uns heute den mit der römischen Ziffer I im roten Kreis aussuchen. Er ist nicht nur der kürzeste, sondern auch der bequemste. Zudem wird er uns von seinem höchsten Punkt aus herrliche Talblicke bieten.

Die Heilquelle im Glotterbad

Vor mehr als 700 Jahren schon wurde die Heilquelle im Glotterbad entdeckt. Damals grub man in ganz primitiven Schächten nach Silber und Eisen. Aus einer Stahlquelle quoll das Wasser für das Heilbad. Mönche behandelten als Bademeister die zahlreichen Gäste mit Trinkkuren und Heilbädern. Schon im Jahre 1525 kamen aus Freiburg und Umgebung die reichen und vornehmen Leute ins Glotterbad. In den Jahren nach dem Bauernkrieg nahm der Kurbetrieb solche Ausmaße an, daß man im Jahre 1550 eine Badeordnung erlassen mußte. Darin wurde angeordnet, daß die Badegäste in ihren Zimmern bei Tag und Nacht ruhig sein sollen, um niemanden im Nebenraum zu stören. Ferner wurde das überflüssige Essen verboten. Wörtlich hieß es: »Man soll nit überessen und drinken, auch nit bezecht und vollen Magens in das Bad sitzen«. Wie hoch man das Glottertal einschätzte, zeigt die Tatsache, daß keine der so oft wechselnden Besatzungen im Dreißigjährigen Krieg dem Bad einen Schaden zufügte. Mal waren die Schweden und Franzosen als Besatzer die Badegäste, bald darauf die Kaiserlichen. Nicht immer stand das Bad nur den Hochgestellten zur Verfügung. Es gab auch Zeiten, da gehörte es alleine den Bauern. Um das Jahr 1710 kauften es die Schwestern des Frauenklosters »St Anna zum grünen Wald« (Grünwälderstraße) in Freiburg. Im Jahre 1894 wäre beinahe der spätere Hirschenwirt Besitzer des Bades geworden. Doch an der Kaufsumme von 56000 Mark fehlten ihm 2000 Mark. So bekamen Kaufleute aus Bremen den Zuschlag, die es bis 1941 besaßen. In neuester Zeit hat die Landesversicherungsanstalt Württemberg das Anwesen gekauft.

Nr. 11
Oberglottertal Schwarzwaldklinik
Der Viehhüttenrundweg
Roter Ring mit I
5 Kilometer

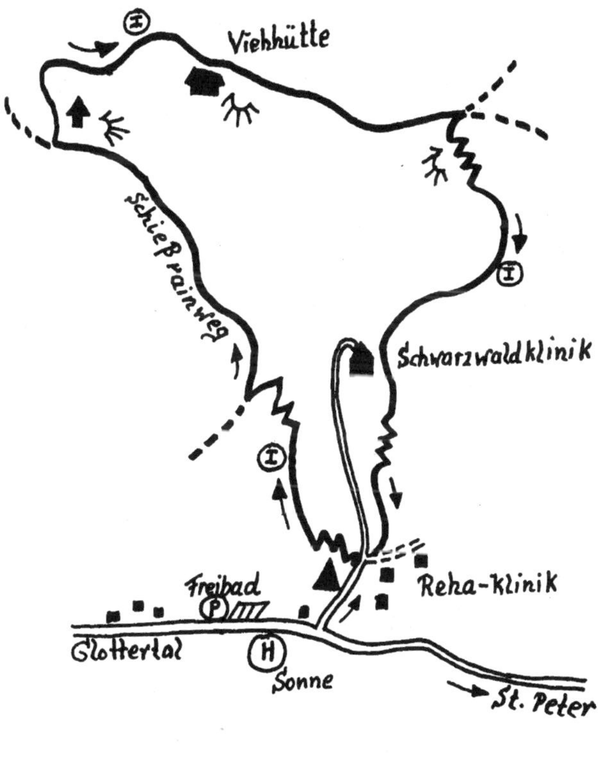

Nachdem wir dieses Geschichtsbild vor uns haben abrollen lassen, beginnen wir mit der eigentlichen Wanderung. Zunächst steigt unser Weg über einige Serpentinen gemächlich an. Rechts unter uns verläuft das Zubringersträßle zur Schwarzwaldklinik. Schnell gewinnen wir an Höhe. Vor uns zeigt ein hohles Plobplob an, daß auf dem Tennisplatz Sport getrieben wird. Nach einer scharfen Wendung kommen wir zu einem zierlichen Waldhäuschen. Dort geht es nach rechts weiter aufwärts. Wer gleich seinen Rhythmus findet, dem fällt dieser erste Anstieg nicht schwer. Es sind gerade 15 Minuten vergangen, da treffen wir auf den breiten Schießrainweg. Hier verlassen uns nach links die Routen II und III. Wir wandern – stetig ansteigend – auf dem breiten Weg nach rechts weiter. Dieser Viehhüttenrundweg ist auch ein gut gekennzeichneter Naturlehrpfad. So erfahren wir z. B. was man unter „Naturverjüngung" versteht. Da läßt man einfach die jungen Fichten, die aus den Samen sprießen, wild wachsen. In der vom Hochwald geschützten dunkleren Waldpartie erreichen sie schnell eine stattliche Höhe. Allerdings ist die Gefahr groß, daß sich das Rehwild an den jungen Bäumchen labt. Wird der ausgewachsene Wald gefällt, dann ist der Nachwuchs schon vorhanden.

Nach einer großen Rechtskurve verlassen wir den breiten Weg und biegen zur Glotterbadhütte ab. Sie wurde im Jahre 1983 von der Landesversicherungsanstalt Württemberg als Rast- und Aussichtspavillon gebaut. Hier haben wir auch den höchsten Punkt für heute erreicht. Der Weg verläuft ab jetzt eben bis leicht abfallend in großem Bogen durch den Talschluß. Eine verlassene Viehhütte zeigt an, daß der Name des Weges seine Berechtigung hat. An einigen Stellen bekommen wir herrliche Ausblicke. Weit unter uns im Wiesengrund liegt malerisch schön die Schwarzwaldklinik. Noch tiefer drunten windet sich das Glottertal ins Gebirge hinein. Wenn wir die andere Seite des Talkessels erreicht haben, zweigt unser Weg scharf nach rechts ab. In vielen Serpentinen geht es schnell hinunter zur legendären „Schwarzwaldklinik". Sie wurde weltweit bekannt durch die gleichnamige Fernsehsendung, deren viele Folgen man in 44 Ländern ausstrahlte. Heute ist es die „Klinik Glotterbad", ein Kurhaus zur Familienrehabilitation des Paritätischen Wohlfahrtsverbandes.

Links am Gebäude der Klinik vorbei führt uns der rote Ring mit der 1 auf einem schmalen Wegle hinunter zum Ausgangspunkt. Wir waren auf einem mühelosen und wunderschönen Wanderweg etwa 1,5 Stunden unterwegs. Haben uns die gut gestalteten Tafeln des Lehrpfades interessiert, dann brauchten wir sicher eine halbe Stunde mehr.

Der Luserrundweg führt über den Jägerpfad
Badstraße – Luserrundweg – Vogesenblick – Jägerpfad
Markierung: Gelber Ring mit II
Länge: 6,5 Kilometer; Steigung mäßig
Hinfahrt: Mit SBG-Bus bis Oberglottertal Sonne, mit Pkw bis Freibad

Ganz egal, ob wir mit dem Bus oder mit dem Pkw ankommen, wir biegen oberhalb vom Café und Weinstube Glotterstüble in die Badstraße ab. Schon nach 200 Metern sind wir am Ausgangspunkt unserer vorgesehenen Wanderung. Sie beginnt an der Waldecke, wo das für den allgemeinen Verkehr gesperrte Sträßle zur Schwarzwaldklinik hochführt. Dort ist links eine Bank. Gleich daneben finden wir den Wanderhinweis, den gelben Ring mit der römischen Ziffer II. Über eine weite Strecke wird unser Weg mit der Nummer III identisch sein. Zunächst führen uns einige Serpentinen auf dem angenehm zu gehenden Weg bergwärts. Bei einem versteckt liegenden Waldhäusle biegen wir rechts ab. Nach etwa 15 Minuten sind wir auf dem breiten Schießrainweg. Dort verläßt uns nach rechts der Weg mit der Nummer I. Wir überqueren diese Waldstraße und steigen drüben weiter an. Wieder sind es Serpentinen, die uns schnell an Höhe gewinnen lassen. Dann führt uns ein sich lange hinziehender Pfad weit in den Bergwald hinauf. Beim Vogesenblick erreichen wir eine Wegkreuzung und eine Bank. Leider ist weit und breit von den Vogesen nichts zu sehen, denn die Bäume versperren uns jegliche Aussicht. So war es wenigstens, als ich im Sommer 1997 da war. An dieser Stelle trennen wir uns auch von dem Weg mit der Nummer III. Wir lassen uns jetzt nur noch vom Zeichen mit dem gelben Ring und der Nummer II auf den Jägerpfad führen. Schon bald sind wir uns bewußt, weshalb dieser schmale Waldweg so heißt. Hier kommen nur ganz wenige Menschen vorbei. Und wo eine solche Ruhe herrscht, da fühlen sich die Tiere sicher. Wer ganz ruhig wandert, der hat sicher das Glück einem oder mehreren Rehen zu begegnen. Stellenweise ist das Gelände richtig alpin, besonders dort, wo sich mächtige Felsblöcke aufeinander türmen. Auf diesem Jägerpfad zu wandern, das ist ein richtiges Erlebnis. Im Juni und Juli blühen die sich am Boden hinziehenden Brombeeren, die dann im September reif werden.

An einigen Stellen wird der reine Nadelwald durch schlanke Eichen zum Mischwald. An diesen Orten fühlt sich der Hirschkäfer wohl. Das Männchen mit seinen imposanten Zangen kann bis zu sieben Zentimeter lang werden. Das Weibchen nimmt sich mit seinen vier Zentimetern direkt bescheiden aus. Die Eier legt die Hirschkäferfrau in das modernde Holz von Eichenstümpfen. Die daraus entstehenden blinden Larven brauchen mindestens drei Jahre für die Entwicklung. Wenn es Herbst wird, dann schlüpfen die Käfer aus, bleiben aber noch bis zum nächsten

Nr. 12
Oberglottertal Schwarzwaldklinik
Der Luserrundweg
Gelber Ring mit II
6,5 Kilometer

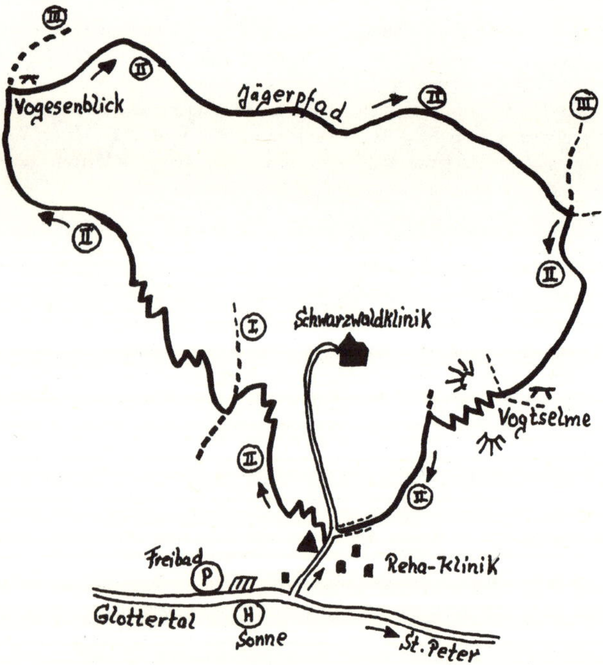

Frühjahr in ihrem sicheren Versteck. Dann starten sie zum Hochzeitsflug, doch dafür warten sie bis die Abenddämmerung hereinbricht. Tagsüber halten sie sich an den Wunden der Baumstämme auf, denn da fließt süßer Saft heraus Es gehört zu den größten Erlebnissen eines Wanderers, einmal einen Hirschkäfer fliegen zu sehen.

Der männliche Hirschkäfer (Lucanus cervus)

Fast eine halbe Stunde wandern wir auf dem Jägerpfad. Dann erreichen wir auf der anderen Seite des Talkessels einen breiten Weg. Gleich darauf biegen wir, dem gelben Ring folgend, rechts ab. Jetzt geht es für die nächsten 500 Meter etwas steiler bergab. Doch der Weg ist gut, und deshalb fällt uns der Abstieg nicht schwer. Bei der alten „Vogtselme" (Ulme) hört der Wald auf, und wir treten hinaus auf eine wunderschöne Hochweide. Der Blick in das nahe Tal ist toll. Fast das ganze Wanderjahr über duften die Wiesen nach Blumen, Kräutern und Gras. Wir überqueren den breiteren Weg, und dann biegen wir auf den bergab führenden schmalen Zick-Zack-Weg ein. Weiter unten sehen wir rechts drüben am oberen Wiesenrand die Schwarzwaldklinik. Jetzt ist es nur noch eine Sache von Minuten, dann sind wir auf dem asphaltierten Apfelbaumweg. Vor uns liegen die Gebäude des im Jahre 1997 stark erweiterten „Reha-Zentrums". Sicher hat die Wanderung den Durst und den Hunger beflügelt, doch dem kann man im Glottertal vielfach abhelfen. Und wenn der letzte Abstieg sich in den Kniegelenken bemerkbar gemacht hat, dann soll das dieser schönen Wanderung nicht nachgetragen werden. Wir waren fast zwei Stunden unterwegs gewesen.

Auf dem Kranzkopfweg hoch ins Gebirge
Badstraße – Vogesenblick – Luser – Präsident-Thoma-Weg – Am Kranzkopf – Vogtselme

Markierung: Grüner Ring mit III
Länge: 8 Kilometer; Steigung mäßig, Abstieg steil
Hinfahrt: Mit SBG-Bus bis Oberglottertal Sonne, mit Pkw bis Freibad

Von der Hauptstraße des Glottertales, der L-112 aus, biegen wir oberhalb vom Café und Weinstüble Glotterbad in die Badstraße ein. Auf ihr kommen wir nach 200 Metern zum Ausgangspunkt unserer heutigen Wanderung. Am Ende der Badstraße steht linkerhand am Waldrand ein Bänkle. Dort ist auch eine Tafel, die uns den heutigen Wanderweg anzeigt. Wir haben den acht Kilometer langen Kranzkopfweg ausgesucht, der von dem grünen Ring mit der römischen Ziffer III markiert wird. Er ist der längste der drei Rundwege und zugleich auch derjenige, welcher die meiste Ausdauer erfordert. Da auf dem Rückweg der Abstieg teilweise sehr steil ist, sei geraten stabile Wanderschuhe anzuziehen. Wir begeben uns heute auf keinen Turnschuhweg.

Unser schmaler Wanderweg zieht sich zunächst ein Stück weit oberhalb der Zubringerstraße zur Schwarzwaldklinik am Hang bergwärts. Einige Serpentinen sorgen dafür, daß wir schnell an Höhe gewinnen. Auf diesem ersten Stück begleiten uns auch die Routen I und II. Nach 15 Minuten stoßen wir auf den breiten Schießrainweg. Hier verläßt uns nach rechts die Markierung Nr. I. Wir überqueren diesen breiten Weg, und steigen zehn Meter tiefer auf dem schmalen Waldweg weiter an. Die Nr. II ist noch bei uns. Wieder sind es Serpentinen, die uns schnell und kurzweilig den Hang überwinden lassen. Dann geht es geradeaus weiter in Richtung Vogesenblick. Wir haben viel Zeit zur Beobachtung der Natur rings um uns herum. Selbst dort, wo wenig Licht hinkommt, finden wir Pflanzen. Eine dichte Krautvegetation bedeckt den Waldboden. Im Juli und August herrscht das große Waldspringkraut vor. Mit seinen herrlichen zitronengelben Blüten erfreut es unser Auge. Eigentlich sollten wir die Blüte genauer anschauen, denn in ihrem innersten Schlund sitzen viele korallenrote Punkte. Sie haben die Aufgabe die Insekten zur Bestäubung aufzulockern. Ich ging diesen Weg am 24. August. Plötzlich blieb ich stehen, aufmerksam geworden durch einen leuchtend roten Fleck am Boden. Beim näheren Hinsehen fand ich eine purpurrote Beerentraube auf einem mattgrünen Stiel. Das war der Fruchtstand des Aronstabes. Er blüht im lichten Laubwald im April bis Mai mit einer tütenförmigen hellgrünen Blütenscheide, die der Calla ähnelt. Schon im Juni fällt die Blütenhülle ab und im fortgeschrittenen August und September überrascht uns dann der ährenähnliche Fruchtstand. Nur wenige Menschen beachten dieses kleine Wunder der Natur. Wir las-

Nr. 13
Oberglottertal Schwarzwaldklinik
Auf dem Kranzkopf-Rundweg
Grüner Ring mit III
8 Kilometer

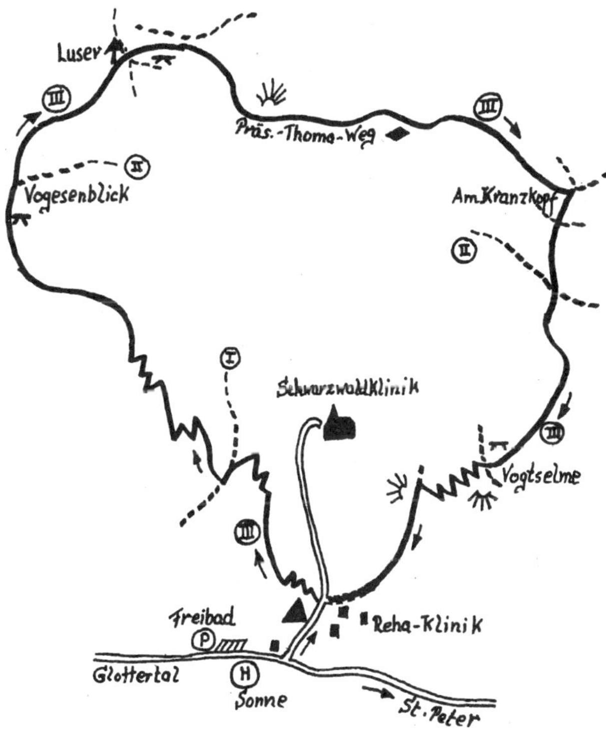

sen es stehen, denn es soll die nach uns kommenden Wanderer ebenso wie uns erfreuen.

Nachdem wir fast ein Drittel der Wegstrecke zurückgelegt haben, kommen wir in 630 Meter Höhe zum Vogesenblick. Leider sind die Bäume zu hoch geworden, sodaß wir keinerlei Ausblick nach Westen haben. Das ist schade, denn einst konnte man von hier aus die gesamte „Oberrheinebene" mit den im Elsaß sich wie eine Mauer aufbauenden Vogesen überblicken. Hier verläßt uns der Rundweg Nr. II. Er biegt nach rechts auf den Jägerpfad ab. Für uns geht es weiter bergauf. Unser nächstes Ziel ist der Luser. Dort sind wir noch immer in 630 Meter Höhe. Viele Wege treffen sich in diesem Sattel. An dem Kreuzungspunkt können wir rasten. Tische und Bänke sind vorhanden. Ein bäuerliches Wegkreuz läßt uns auf jeden Fall einen Moment innehalten. Dann wandern wir weiter bergauf. Ab jetzt begleitet uns der „Präsident-Thoma-Weg", der von einer blauen Raute markiert wird. Wir werden ihn später wieder verlassen, denn sein Ziel ist der 1243 Meter hohe Kandel. Doch so hoch hinaus wollen wir heute nicht. Ab und zu verläuft unser Wanderweg genau auf dem Grat zwischen dem Glottertal und dem Elztal. Die topographische und die politische Trennung dieser beiden Täler wird uns durch wuchtige Grenzsteine aus dem Jahre 1839 kenntlich gemacht. Ohne Mühe steigen wir an. Amseln scharren auf dem Waldboden im Laub, und in den höchsten Baumkronen schmettert der Buchfink sein Lied. Wer seinen Gesang einmal gehört hat, der erkennt ihn immer wieder. Zweimal überqueren wir einen etwas breiteren Waldweg, den man zur Abfuhr der gefällten Baumstämme extra gebaut hat. Nachdem wir den Vogesenblick 35 Minuten hinter uns gelassen haben, erreichen wir in etwa 800 Meter Höhe den Standort „Am Kranzkopf". Von links kommt ein Weg herauf, und geradeaus geht es weiter zum Kandel. Wir biegen an dieser Stelle scharf nach rechts ab. Da wir jetzt den höchsten Punkt unserer Wanderung erreicht haben, müssen wir uns auf den Abstieg einstellen. Wie schon angedeutet, geht es steil bergab. Zum Glück ist der Weg gut begehbar. Immer wieder halten wir nach dem grünen Ring mit der III Ausschau. Auf einem breiten Waldweg, schon gut 150 Höhenmeter tiefer, treffen wir wieder mit der Nummer II zusammen. Wir sind jetzt auf dem Jägerpfad, der gleich über der Waldstraße abwärts führt. Es ist nicht mehr ganz so steil. Nach 800 Metern hört der Hochwald auf und mündet ein in eine Viehweide bei der „Alten Vogtselme" (Ulme). Aus dem Tal hören wir schon das Rauschen des Autoverkehrs. Doch uns interessiert mehr die blühende Krautvegetation am Waldrand.

Da fällt uns im Sommer besonders das gelbe Johanniskraut auf. Man nennt es auch „Tüpfel-Hartheu". Seine Blätter sind siebartig getüpfelt oder perforiert. In Wirklichkeit sind das aber Öldrüsen, denn aus dieser Pflanze gewinnt man das heilwirksame Johannisöl. Sie blüht auf am 24. Juni, dem Namenstag Johannes des

Täufers. Daher der Name. Je mehr wir uns der Talsohle nähern, desto feuchter wird der Boden. Und wenn dann sogar ein winziges Rinnsal zu einem jungen Bächle wird, dann wächst da gleich der Blutweiderich. Diese bis zu einem Meter hoch werdende Pflanze blüht blutrot vom Juni bis zum September. Ihre Blüten bilden eine Ähre, deshalb nennt man ihn auch „Ähren-Weiderich“. Der Blutweiderich hat seinen Namen nicht nur wegen seiner Blütenfarbe bekommen, sondern auch, weil er früher seiner Gerbstoffe wegen als blutstillende Heilpflanze Verwendung fand.

Über den asphaltierten Apfelbaumweg erreichen wir die Talsohle. Rechts oben, eingebettet in saftige Wiesen, liegt die Schwarzwaldklinik. Beim Verwaltungsgebäude der Reha-Klinik schließt sich der Kreis. Die Wanderung hat uns hoch in die Berge des oberen Glottertales geführt. Der Abstieg war zwar teilweise recht steil, doch in seiner Gesamtheit war es ein wunderschöner Weg. Fast immer waren wir im Wald. Außer einiger weniger Wintermonate ist dieser Weg das ganze Jahr über zu empfehlen. Einen ganz nachhaltigen Eindruck hinterläßt er am zeitigen Morgen. Dann spielt das Licht der aufsteigenden Sonne in den Zweigen der verschiedensten Baumarten und wirft groteske Schatten auf den Waldboden.

Echtes Johanniskraut
(Hypericum perforatum)

Blutweiderich
(Lythrum salicaria)

Ruhe finden auf dem Kandelwaldrundweg
Villa Gschwander –Kandelbächle – Bernen Hansenhof – Birklehof – Hartererhof – Gullerbühl – Tannbühl – Lautackerweg – Talstraße

Markierung:	Weißes K im roten Rechteck
Länge:	11 Kilometer; Steigung mäßig
Hinfahrt:	Mit SBG-Bus oder mit Pkw bis Glottertal Gschwandersäge

Wie schön das Glottertal ist, das kann man auf vielerlei Arten erfahren. Eine Möglichkeit z. B. ist, daß man das Tal mit dem Bus oder dem Pkw durchfährt. Dann fallen uns die vielen Blumen auf, mit denen sich jedes Haus schmückt. In der Hauptsache sind es Geranien und Petunien. Sie blühen schon im Mai und erhalten ihre Pracht bis in den Oktober hinein. Eine zweite Möglichkeit besteht darin, daß man die vielen Nebentäler und die ausgedehnten Wälder erwandert. Wer sich das vornimmt, dem erschließen sich die kleinen Schönheiten, die oft im Verborgenen ihr Dasein fristen. Wir wollen uns heute eine Wanderung aussuchen, die in die absolute Stille dieses in der Hochsaison betriebsamen Tales führt.

Ausgangspunkt unserer Wanderung ist das Oberglottertal. Ob wir mit dem SBG-Bus oder mit dem Pkw anreisen, wir orientieren uns an der Haltestelle „Gschwander-Säge“. Den Pkw können wir etwa 30 Meter oberhalb der Busstation auf dem nach rechts abbiegenden Waldweg abstellen. Auf der gegenüberliegenden Straßenseite steigt gleich bei der Villa Gschwander die Straße „Kandelbächle“ an. Sie ist für uns der Einstieg. Da ein Weg von elf Kilometer Länge vor uns liegt, der uns in die einsamen Hänge des Kandelwaldes führen wird, sollten wir uns mit guten Schuhen und mit regenfester Wanderkleidung ausrüsten. Für etwa 400 Meter steigen wir die asphaltierte Straße bergwärts. Beim Bernen Hansenhof biegen wir für ein kurzes Stück auf den Feldweg nach links ab. Kirschbäume säumen ihn. Schon nach 200 Metern stehen wir vor „s’ Birkles Kreuz“. Dort biegen wir rechts ab und wandern bergwärts, vorbei am schönen Birklehof. Wir können den Weg nicht verfehlen, denn das weiße K im roten Feld führt uns sicher. Für kurze Augenblicke sollten wir nach links schauen. Dort draußen liegt das landschaftlich so reizvolle Unterglottertal. Gleich nach dem Birklehof können wir unseren ersten Rastpunkt ausmachen. Er liegt weit vor uns in dem dreieckigen Wiesendobel. Dorthin müssen wir zunächst ansteigen. Noch bevor der Wald beginnt, lädt uns ein Bänkchen zur Rast ein. Wir tun gut daran, diese Station voll zu genießen, denn ab jetzt geht es »zäh« bergan. Bei gemütlichem Wanderschritt haben wir eine gute Stunde zu steigen. Es ist jedoch nie beschwerlich. Der Weg ist breit, abwechslungsreich und sehr gut zu gehen. Nur selten öffnen sich Ausblicke ins Tal. Wenn sich jedoch die Gelegenheit bietet, dann sind wir erstaunt darüber, wie hoch wir schon gestiegen sind. Nachdem wir etwas mehr als eine Stunde unterwegs sind, erkennen wir hoch

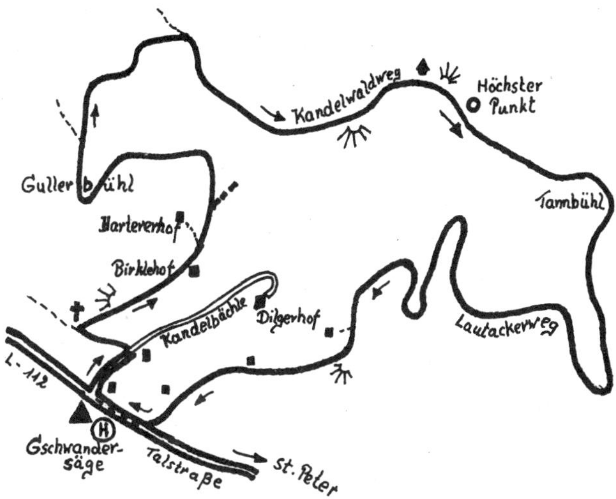

Nr. 14
Oberglottertal Gschwander Säge
Der Kandelwaldweg
Weißes K im roten Rechteck
11 Kilometer

über uns den kleinen Kandelfels. Wer gute Augen hat, der erblickt auf seinem äußersten Sporn die Thomashütte. Das ist eine Schutzhütte unterhalb des Kandelgipfels. Dort, wo die Quellgründe aus den steilsten Flanken des Kandelwaldes drängen, haben wir den höchsten Punkt unseres Weges erreicht. Von nun an geht es nur noch bergab. Auf dem – selbst im Hochsommer feuchten Weg – blüht das gelbe Pfennigkraut. Einmal öffnet sich rechts eine Lichtung, und wir schauen weit in die Breisgauer Bucht bis nach Freiburg hinaus. In langen Schleifen zieht sich der Weg talwärts.

An einigen Wegbuchten wächst der Riesen-Bärenklau (Heracléum-mantegazziánum). Seine ursprüngliche Heimat ist der Kaukasus. Da er viele Samen bildet, die von den Vögeln z. T. unverdaut im Kot wieder ausgeschieden werden, verbreitet er sich bei uns immer mehr. Er kann bis zu fünf Meter hoch wachsen, und das Rad der Doldenblüte erreicht nicht selten einen Durchmesser von bis zu fünfzig Zentimeter. Es ist ratsam ihn nicht zu berühren, denn man kann einen Hautausschlag davontragen. Sein kleinerer Bruder ist der Wiesen-Bärenklau, der sogar als Futterpflanze Verwendung findet.

Im unteren Teil des schnell abwärts führenden Weges begleitet uns ein Bach, der nach starken Gewitterregen kräftig anschwellen kann und dann tosend zu Tal stürzt. In weiten Serpentinen kommen wir dem Tal immer näher. Unser Wanderweg heißt jetzt „Lautackerweg“. Beim Lautackerhof verlassen wir die Waldzone. Vor uns liegen lichtüberflutete Wiesen. Hier wächst im Hochsommer die „Wilde Möhre“. Sie ist die Urform unserer Gartenmöhre, der Gelberübe. Wir sollten uns die vogelnestartig zusammengeneigte Blüte ganz genau anschauen. Im Zentrum der Doldenblüte sitzt ein schwarzpurpurner Mohr. Er ist ganz klein. Daher der Name „Möhre“. Sie braucht zwei Jahre bis sie blüht. Der Weg durch diese Hangwiese ist sehr kurzweilig, denn es gibt botanisch viel zu schauen. Deshalb sind wir auch bald unten an der vielbefahrenen Landstraße L-112. Wir folgen ihr für 300 Meter talwärts, und schon sind wir am Ausgangspunkt unserer Wanderung angelangt.

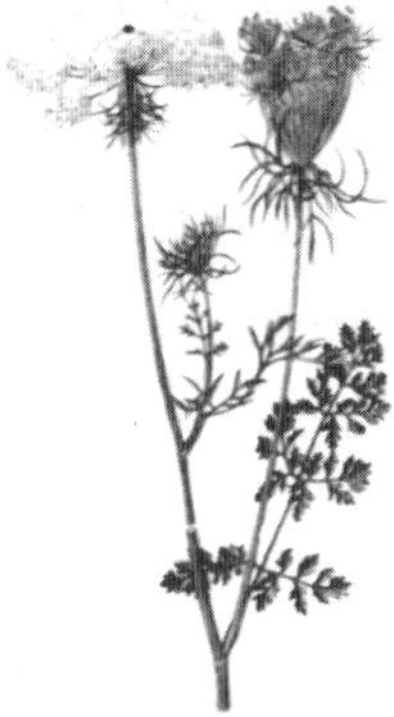

Wilde Möhre
– Mohrrübe –
(Daucus carota)

Wie schon eingangs gesagt: Es war eine Wanderung, die uns in die Stille dieses wunderschönen Glottertales geführt hat. Sehen wir von den Menschen ab, die in der Nähe ihres Hofes gearbeitet haben, dann sind wir niemandem begegnet. Waren wir zu zweit oder in einer Gruppe, dann hatten wir viel Zeit zum ausgiebigen Gespräch. Waren wir jedoch alleine, dann hat uns die allgegenwärtige Natur des Glottertales eingefangen. Bei normalem Wanderschritt waren wir drei bis dreieinhalb Stunden unterwegs gewesen.

Das versunkene Tal
Hotel Suggenbad – Talstraße – Sandweg – Spielplatz – Wissereck – Schloßwaldeck – Adamshof – Friedhof – Bürleadamshof; evtl. Abzweigung über Vogesenblick
Markierung: Nr. 5 - blaue Raute - gelber Punkt - evtl. Nr. 4
Länge: 7 Kilometer; Steigung mäßig, kurz steil
Hinfahrt: Mit SBG-Bus Nr. 7206, oder mit Pkw bis Hotel Suggenbad

Wer von Freiburg kommend auf der Bundesstraße 294 an Denzlingen vorbei in Richtung Waldkirch ins Elztal fährt, der wird mit großer Wahrscheinlichkeit – ohne es zu merken – an unserem heutigen Ausflugsziel, dem Suggental, vorbeifahren. Es sei denn, der Fahrer liest jedes Straßenschild aufmerksam. Dann wird er etwa zwei Kilometer vor Waldkirch auf den Namen Suggental stoßen. Nur etwa 50 Meter abseits der so schnell gewordenen Straße öffnet sich fast unscheinbar ein Talkessel zum Gebirge hin, dessen Geschichte viel älter ist, als alles das, was wir an der Hauptstraße kennenlernen. Von der Schnellstraße biegen wir zwischen Denzlingen und Waldkirch nach rechts ab. Schon sind wir am Gasthof und Hotel Suggenbad. Dort können wir auch unser Auto abstellen. Selbstverständlich können wir den Ausgangspunkt auch mit dem SBG-Bus Nr. 7206 erreichen. Direkt vor dem Hotel ist die Haltestelle. Da eine Wanderung vor uns liegt, bei der es wenig Schutzmöglichkeiten gegen ein plötzlich auftretendes Gewitter gibt, sollten wir sicherheitshalber an einen Regenschutz denken. Stabile Wanderschuhe sind sowieso erforderlich, denn die meisten Fußverletzungen kommen durch unpassendes Schuhwerk zustande.

Unser Wanderweg beginnt direkt am Hotel Suggenbad, und bis zum Wissereck folgen wir der Bezeichnung Nr. 5. Für etwa fünf Minuten geht es auf der asphaltierten Talstraße sanft bergauf, dann biegen wir nach rechts auf den etwas steileren „Sandweg" ab. An dieser Straßenkreuzung steht eine Panoramatafel mit einer örtlichen Landkarte, auf der fünf unterschiedlich lange Rundwege eingezeichnet sind. Wir kombinieren bei unserer heutigen Tour die Nr. 5 mit der blauen Raute, dem gelben Punkt, und wenn wir noch Puste haben, mit der Nr. 4. Zunächst befinden wir uns noch zwischen schmucken Häusern, doch im Nu kommen wir am Feuerwehrhaus vorbei zu einem wunderbar gepflegten Spiel- und Grillplatz.

Hier hat man sich wirklich viel Mühe gegeben. Während die Kleinen sich an den vielen Geräten austoben, können die Feinschmecker an der Grillstelle, die sich auf dem obersten Plateau befindet, ihren mitgebrachten Bollen Fleisch braten. So ganz nebenbei hat man auch noch eine schöne Aussicht. Gleich nach dieser Freizeitanlage wird unser Weg etwas steiler und schmaler. Über einige Serpentinen wandern wir, meistens von Wald geschützt, weiter bis zum Wissereck

Nr. 15
Hotel Suggenbad
Das versunkene Tal
Nr. 5, blaue Raute, gelber Punkt, Nr. 4
7 Kilometer

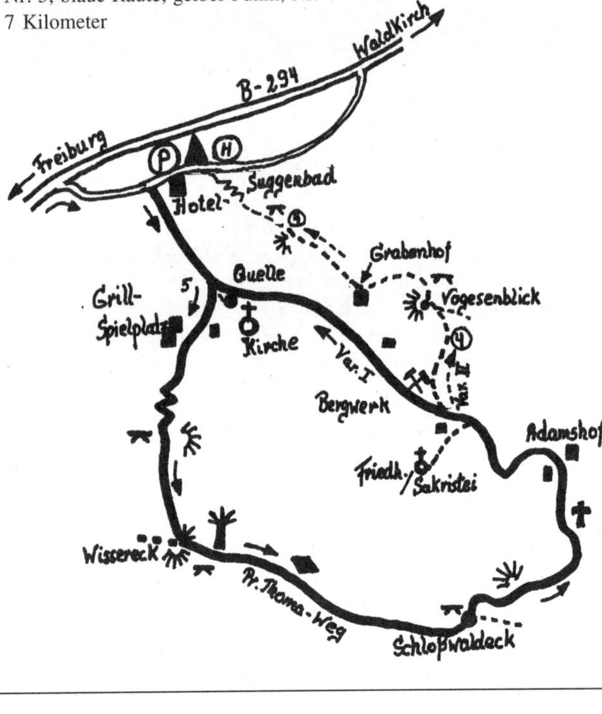

(403 m). Umgab uns wenige Meter vorher noch finsterer Wald, so befinden wir uns plötzlich an einem herrlichen Aussichtsplatz. Wenn wir ganz still sind, dann meinen wir das Geräusch der Autos aus dem unter uns liegenden Glottertal zu vernehmen. Genau uns gegenüber zieht sich wannenartig das so harmonisch durch Wiesen, Felder und Waldstücke geprägte Föhrental hinauf zum Streckereck. Rechts draußen, dort wo die Schwarzwaldberge in die Breisgauer Bucht einmünden, erkennen wir die Zähringer Burg.

Am Wissereck treffen wir auf den Präsident-Thoma-Weg, der von Denzlingen aus zum Kandel führt. Er wird durch die blaue Raute gekennzeichnet. Diesem Weg folgen wir, vorbei an dem glänzenden Mast eines Fernsehumsetzers, wechselnd bergauf und bergab bis zum 1,5 Kilometer entfernten Schloßwaldeck. Jetzt sind wir 519 Meter hoch. Fünf Wege treffen da aufeinander. Im Schatten dreier mächtiger Rotbuchen können wir auf den Bänkle rasten. Ab jetzt wird unser breiter Weg vom gelben Punkt markiert. Er führt uns hinab zum Adamshof. Das ist das oberste Gehöft im Suggental. Bald tauchen die Gebäude unter uns auf. Doch bevor wir in die letzte Linkskurve einbiegen, sollten wir oberhalb des Hofes am Wegrand das Kreuz beachten. Es wird von einem weit ausladenden Rhododendronbusch fast verdeckt, und es erinnert mit lieben Worten an Wilhelm Reichenbach, der an dieser Stelle am 7. August 1926 tödlich verunglückt war. Mitten durch den Adamshof führt unser Weg in einer großen Schleife talwärts. Immer noch ist es der gelbe Punkt, der uns den Weg weist.

Zehn Minuten unterhalb des Adamshofes zeigt uns eine Tafel an, daß links oben, ganz verdeckt von einer Kuppe, der Friedhof mit einer Sakristei aus dem Jahre 1298 liegt. Das macht uns natürlich neugierig, und den Abstecher von nur zwei Minuten nehmen wir mit. Hier auf dem Friedhof haben wir Gelegenheit uns über die Geschichte dieses Tales Gedanken zu machen. Durch eine schwere Holztüre treten wir in die an Jahren ehrwürdige Kapelle ein, an deren linker Wandseite uns einige Zahlen und Texte Aufschluß über das frühere Schicksal der Menschen und der Landschaft geben.

Bergwerke im Suggental

Schon vor über 700 Jahren gab es im Suggental die Bergwerksindustrie. Es wurde nach Silber, Kupfer, Eisen und Blei gegraben. Wie aus einer alten Aufzeichnung hervorgeht, waren 92 Stollen und Schächte vorhanden. Bis zu 500 Meter weit grub man ins Berginnere, bis zu 200 Meter tief wagte man sich hinunter. Besonders ergiebig waren die St. Josephs- und die Annagrube. Diese beiden Patrone werden bis zum heutigen Tag im Tal ganz besonders verehrt. Im Jahre 1284 erteilte Graf Egon III von Freiburg den Benediktinern von St. Peter die Erlaubnis, vom Plattenbühl hinter dem Kandel bis ins heutige Suggental einen 18 Kilometer langen Wasserkanal zu bauen. Man nannte ihn den „Urgraben“, und an manchen Stellen ist er noch heute zu sehen. In jener Zeit sollen im Tal bis zu 3 000 Menschen gewohnt haben. Die Silberfunde waren so üppig, daß man das Tal damals „Reichenbach“ oder „Paradiestal“ nannte. Doch reich waren nur die Grubenbesitzer. Die Taglöhner waren arm. Außer den kostbaren Mineralien, die hier vorkommen, entspringt auch schon seit Urzeiten im Unterdorf beim Schwefelbauernhof eine Quelle. Ihr Wasser enthält neben Spuren von Chlorsäure hauptsächlich schwefelsaure Salze. Schon 1469 spricht man von einem Heilbad im Suggental. Im ersten Viertel des 19. Jahrhunderts faßte man die Quelle neu. Das zog viel prominente Gäste an. Am 30. September 1880 fuhr das Kaiserpaar in Begleitung des Großherzogspaares in Kutschen vor. Sie speisten kaiserlich, und selbst der 83-jährige Kaiser machte einen Spaziergang, bevor er nach Waldkirch weiterfuhr. Auch die Sage hat sich dieses Tales bemächtigt Es geht um den Untergang des Tales im Jahre 1298. »Eine junge Gräfin wollte nur denjenigen Mann heiraten, der ihr im Schloß einen gläsernen Weiher bauen würde, damit sie mit den Fischen spielen könnte. Da im Tal Wassernot herrschte, legte ein Berghauptmann vom Kandel herab eine Leitung. Jetzt hatte die Edelfrau ihren Willen. Vom Bett aus konnte sie dem Spiel der Goldfische zusehen. Unter den Leuten ging das Gerücht, daß der Böse, also der Teufel, beim Bau geholfen habe. Als die Braut am Tage der Hochzeit, an einem Sonntag im Mai, auch noch Gott lästerte und das Läuten der Kirchenglocken lächerlich machte, brach ein Unwetter herauf. Ein Gewitter, begleitet von tagelangen sintflutartigen Regenfällen, überschwemmte das Tal. Häuser und Stollen wurden zerstört. Die Gruben stürzten ein. Nur die Kirche, der oberste Hof und drei Menschen wurden verschont. Seit diesem 15. Mai 1298 spricht man vom Sunckental, dem versunkenen Tal, aus dem später Suggental geworden ist.«

Wenn wir vom Friedhof wieder zur Talstraße zurückkehren, sind wir direkt bei einem Wanderparkplatz. Auch hier steht eine schön gestaltete Infotafel. Wenige Meter unterhalb ist der Bürleadamshof. Über der Straße am Hang haben Bergwerksfreunde einen ehemaligen Stollen wieder begehbar gemacht. Jetzt haben wir zwei Möglichkeiten, um unsere Wanderung fortzusetzen. Der kürzeste Weg ist die Talstraße, die uns in zwanzig Minuten wieder zum Ausgangspunkt ans Hotel Suggenbad zurückführt. Doch es gibt noch eine zweite Variante, die sehr zu empfehlen ist, obwohl wir dafür nochmal ansteigen müssen.

Variante I: Wir bleiben auf der Talstraße, und nach zehn Minuten sind wir an der Kirche. Sie heißt „Maria Heimsuchung". Ihr Patronat ist am 2. Juli. Das Lukas-Evangelium beschreibt die Begegnung von Maria und Elisabeth, was man Heimsuchung nennt. In Lukas 1, 40-42 heißt es: „Maria trat in das Haus des Zacharias und begrüßte Elisabeth. Und es geschah, als Elisabeth den Gruß Marias hörte, hüpfte das Kind in ihrem Schoße und Elisabeth war erfüllt vom Heiligen Geiste und rief mit lauter Stimme: „Du bist gebenedeit unter den Frauen, und gebenedeit ist die Frucht deines Leibes“. In der Kirche ist ein schöner Stationenweg, wovon besonders das Bild der Station VI – Veronika reicht Jesus das Schweißtuch – eindrucksvoll dargestellt ist. Im dunklen Vorraum der Kirche hat man zur Linken und zur Rechten die beiden Grubenpatrone Joseph und Anna aufgestellt.

Ab der Kirche verläuft neben der Straße ein Gehweg. Nach wenigen Schritten sind wir bei der Schwefelquelle. Wir sollten mal die Hand in das Wasser halten und dann daran riechen. Vielleicht diente diese Quelle schon den Bergleuten im 13. Jahrhundert als Bad, in welchem sie sich nach schwerer Arbeit labten. Von da aus sind es nur noch fünf Minuten bis zum Ausgangspunkt unserer Wanderung beim Hotel Suggenbad. Dort kann man sich im Sommer in der wunderschönen Gartenwirtschaft bei einem Getränk oder einem Vesper von der Wanderung erholen.

Variante II: Noch vor dem Stollen beim Bürleadamshof zweigt nach rechts der Rundweg Nr. 4 ab. Zusätzlich begleitet uns der grüne Punkt hinauf zum Vogesenblick. Es geht zügig bergauf. Bald kommen wir in die Waldzone. Wir wandern immer bergauf geradeaus bis wir auf eine breite Waldfahrstraße treffen. Dort biegen wir nach links ab und sind nach fünf Minuten beim Vogesenblick. Da bietet sich einer der schönsten Ausblicke dieser heutigen Wanderung. Tief unter uns liegt das flache Land des unteren Breisgaus, und ganz weit draußen im Dunst bilden die Vogesen den Horizont.

An dieser Stelle kann man auch gut rasten. Die Tafel mit der Scheibe Nr. 4 weist uns auf den schmalen Wiesenweg vorne links bergab. Er bringt uns schnell hinab bis oberhalb vom Grabenhof. Dort müssen wir bei dem grün gestrichenen Wasserreservoir auf den ebenen Weg einschwenken, der uns immer am Hang entlang oberhalb der Häuser vom Suggental geradeaus führt. Jeder Meter dieses Hangweges ist schön. Bei gutem Wetter sehen wir alle Dörfer am Osthang des Kaiserstuhles. Hoch über dem Hotel Suggenbad bietet uns nochmal eine Bank die Möglichkeit in Ruhe die herrliche Landschaft zu genießen. Dann wandern wir ,auf einem Serpentinenweg hinab zum Ausgangspunkt, wo uns der Lärm der B-294 in Empfang nimmt.

Haben wir uns mit der Variante I begnügt, dann waren wir 2,5 Stunden unterwegs. Da wir aber die Variante II unbedingt einplanen sollten, werden wir mit 3,5 Stunden Wanderzeit rechnen müssen. Diese Wanderung ist besonders im Herbst zu empfehlen. Die vielen Eßkastanien, die in dieser Gegend heimisch sind, werfen in den ersten Oktobertagen ihre Früchte ab. Aber auch im Frühjahr, wenn auf den weiten Wiesenhängen die Obstbäume blühen, verzaubert uns diese herrliche Landschaft.

Einst stand im Tal der Kienzlehof

Bahnhof – Adenauerstraße – Freie Straße – Kirchstraße – Kandelstraße – Dettenbachstraße – Eichbergweg – Unterer Dettenbachweg

Markierung: Grüner Punkt
Länge: 11 Kilometer; Steigung mäßig, kurz sehr steil
Hinfahrt: Mit Zug oder Pkw bis Bahnhof Waldkirch, oder mit Bus bis WA-Post

Wo in den Jahren vor dem 2. Weltkrieg nur wenige Bauernhöfe ihr einsames Dasein fristeten, da hat man heute die Landschaft erschlossen und ganze Siedlungen moderner Bungalows ziehen sich am Hang hin. Ein gutes Beispiel für eine solche Anlage finden wir im Dettenbachtal, einem versteckten Nebental südlich Waldkirch. Dorthin soll uns heute die Wanderung führen. Trotz Neubaugebiete werden wir in eine Gegend mit großer Ruhe und höchsten landschaftlichen Schönheiten kommen. Einsame Wanderwege werden uns kaum bekannte Regionen erschließen.

Wenn wir mit dem Pkw anreisen, dann verlassen wir die B-294 an der Ausfahrt Waldkirch-West. Nach einem Kilometer biegen wir – schon fast in der Innenstadt – bei der Post links ab und stellen das Auto am Bahnhof ab. Da eine Wanderung von drei bis vier Stunden vor uns liegt, nehmen wir selbstverständlich den Rucksack mit, in dem wir ein Vesper und für alle Fälle auch Regenkleidung verstauen. Im September kann zur Ausrüstung auch ein Kännchen gehören, denn sicher finden wir unterwegs Brombeeren. Der Wanderweg beginnt am Bahnhof in Waldkirch. Über die Elzbrücke und durch die Adenauerstraße kommen wir vor an die Ampel bei der vielbefahrenen Hauptstraße. Wir überqueren die Straße und setzen unseren weg leicht bergauf über die Freie Straße, Kirchstraße, Kandelstraße bis zur Dettenbachstraße fort. Schon nach zehn Minuten haben wir den richtigen Weg ins Dettenbachtal gefunden. Immer weniger Häuser stehen am Wegrand. Einmal unterqueren wir das Viadukt der B-294, welche den Verkehr um Waldkirch herumführt. Dann stehen nur noch links von der Straße Häuser. Wir bleiben solange auf der Talsohle, bis nach rechts der Eichbergweg abzweigt. Der grüne Punkt zeigt uns das an. Nachdem wir das Brückle des Dettenbachs überschritten haben, steigt unser Weg leicht an. Wir sind jetzt in der Forstsiedlung. Nach dem letzten Haus sperrt eine Schranke jeglichen Verkehr ab, und 50 Meter nach der Schranke teilt sich unser Waldweg. Wir halten uns nach links und bleiben noch für etwa 60 Meter auf dem Eichbergweg. Dann biegen wir halblinks auf den zunächst ebenen Kienzlehofweg ein. Bei dem grünen Punkt hängt eine Tafel. Auf ihr steht: „Kienzlehof-Grillstelle". Schon nach der nächsten Kurve steigt der Weg leicht an. Linkerhand öffnet sich eine Lichtung, auf deren steiler Wiese knorrige Apfelbäume stehen. Wer mag diese Früchte wohl ernten? Nach einer weiteren Kurve hören

Nr. 16
Waldkirch Bahnhof
Einst stand im Tal der Kienzlehof
Grüner Punkt
11 Kilometer

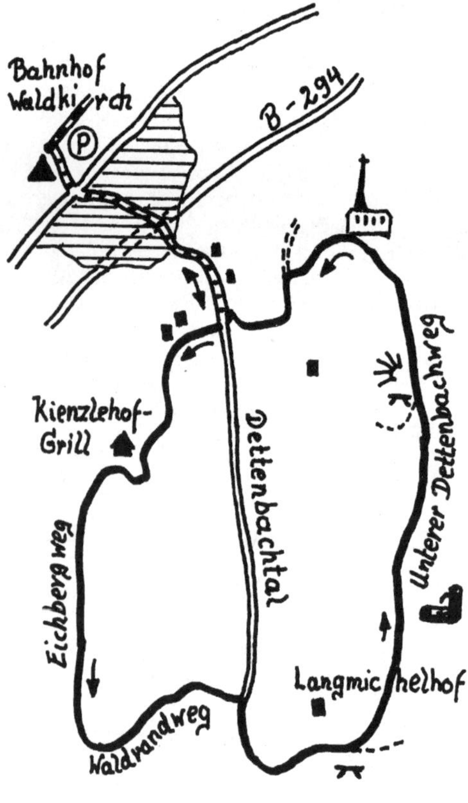

wir das rhythmische Plätschern von Wasser. Wir sind am „Kienzlehofbrunnen". Daneben steht ein schöner überdachter Grillpavillon, und neben dem Weg laden viele Tische und Bänke zum Vespern und Verweilen ein. Von einem Bauernhof ist nichts zu sehen. Auf einer Lattenwand klärt sich das große Geheimnis auf.

Hier stand tatsächlich einmal ein stattlicher Bauernhof. Er gehörte dem Georg Kienzle. Dieser verkaufte sein Anwesen im Jahre 1889 an die Stadt Waldkirch. Es waren immerhin 33 Hektar Wald- und Nutzfläche zusammen. Die Stadt Waldkirch verpachtete das Areal an die Familien Schultis, die dann 1929 einen Teil der großen Fläche aufforsteten. Nach dem 2. Weltkrieg wurde es immer schwieriger, in der abgelegenen Gegend ein landwirtschaftliches Anwesen von dieser Größe zu führen. Im Jahre 1958 war es dann nicht mehr zu umgehen, daß die Bewirtschaftung aufgegeben wurde. Fünf Jahre später, also 1963, wurde der traditionsreiche Hof abgerissen und die freigewordene Fläche aufgeforstet. Schnell wuchs der Wald und machte vergessen, was sich hier über mehrere Jahrhunderte befunden hatte. Im Jahre 1976 erschloß man eine kleine Waldlichtung für den Wanderer. Die Quelle des ehemaligen Bauernhofes wurde neu gefaßt und das Wasser einem bizarren Holzbrunnen zugeleitet. Er heißt heute Kienzlehofbrunnen.

Der Platz des ehemaligen Kienzlehofes liegt richtig verwinkelt in einem düsteren Dobel. Unser Wanderweg führt uns geradeaus weiter, dem grünen Punkt folgend. Den nach rechts abzweigenden Weg ignorieren wir. Aber Achtung! In den 15 Minuten geht es ganz schön bergauf. Einige Male bleiben wir stehen und pusten kräftig durch. Dabei fällt uns auf, daß man in diesem Waldstück sehr viele Douglasien gepflanzt hat. Das war so in den Jahren um 1930 herum. Heute sind das stattliche Bäume, die schon über 35 Meter hoch sind.

Die Nadeln der Douglasie stechen nicht

Die Douglasie ist ein prächtiger Nadelbaum, der aus Nordamerika bei uns eingeführt wurde. Während seine Rinde in jungen Jahren glatt und olivgrün ist, wird daraus später eine dicke, dunkle und tiefrissige Borke. Die Nadeln sind flach und stechen nicht. Wenn wir eine Nadel zwischen Zeigefinger und Daumen zerquetschen, dann riecht sie fein nach Harz. Jede einzelne Nadel hat auf der Unterseite zwei bläulichweiße Streifen Im Alter von etwa 18 Jahren wird die Douglasie geschlechtsreif. Dann blüht sie alle drei bis vier Jahre im Mai. Der Samen reift im September/Oktober in wunderschönen, hängenden zimtbraunen Zapfen Sie purzeln als Ganzes auf den Waldboden, weshalb man auch von der Douglasfichte spricht. Die Zapfen fallen uns durch ihre dreigespitzten Deckschuppen auf, welche die Fruchtschuppen überragen. Noch bevor der Winter richtig beginnt, fallen die Samen aus, um dann im Frühjahr zu keimen. Finden sie keine günstigen Bodenverhältnisse, dann bleibt der Same bis zu vier Jahren keimfähig. In ihrer angestammten Heimat Nordamerika wird die Douglasie mehrere hundert Jahre alt. Man findet dort Bäume, die hundert Meter hoch sind und am Fuß einen Durchmesser von vier Metern haben. Bei uns ist sie ein beliebter Christbaum, denn sie behält auch im geheizten Zimmer sehr lange ihre Nadeln.

Nachdem wir das steile Stück Weg überwunden haben, treffen wir wieder auf den breiten Eichbergweg. Hier verlassen wir den grünen Punkt und biegen scharf nach links ab. Nach wenigen Metern haben wir die höchste Stelle unserer Wanderung erreicht. Jetzt geht es zunächst leicht, später etwas steiler bergab. Unser Weg nennt sich hier Waldrandweg. Ab und zu öffnen sich nach links kleine Durchblikke. Dann sehen wir weit drunten Teile der Stadt Waldkirch. Ganz hinten im Tal erreichen wir das Ende der Dettenbachstraße. Etwa 300 Meter über dem Tal drüben liegt der schöne Langmichelhof mit seinem großen Weiher. Wir folgen bergauf dem Dettenbachweg, der bald eine große Linksschleife beschreibt. Hoch über dem Langmichelhof, dort wo sich die Wege teilen, rasten wir auf dem Bänkle. Dann wandern wir weiter auf dem „Unteren Dettenbachweg". Der steigt in weiten Schleifen leicht an. An der höchsten Stelle sprudelt aus einem Brunnen, dessen Fassade ein Eberkopf ziert, ein kräftiger Wasserstrahl. Diesen Brunnen hat man 1992 aufgestellt. Wir sitzen auf der Bank daneben und genießen die Stille im lichten Hasel- und Erlenwald. Sind wir dann etwa zehn Minuten abwärts gewandert, breitet sich vor uns eine breite Lichtung aus. Tief unter uns schmiegen sich die Häuser von Waldkirch wie ein riesiger Halbmond in das enge Elztal. Dahinter ragt der steile Bergfried der Kastelburg zwischen den Bäumen empor. Gleich links daneben schmiegt sich der mächtige Bau des Bruder-Klaus-Krankenhauses in eine Bergmulde hinein. Hoch über die Dächer von Waldkirch erhebt sich die Kirche St. Margarethe. Da sie direkt an unserem Rückweg liegt, sollten wir ihr nachher noch einen Besuch abstatten. Soviel Zeit muß einfach noch sein.

Von dieser Lichtung aus haben wir mehrere Möglichkeiten, um wieder nach Waldkirch zu kommen. Entweder benützen wir den am unteren Ende der Wiese nach links abzweigenden Wiesenweg mit dem blauen Punkt. Dann kommen wir zwischen dem Spenglerhof und dem Wisserhof hindurch zum Talgrund. Oder aber, wir wandern noch einen Kilometer weiter auf dem breiten weg in Richtung auf den nadelspitzen Turm von St. Michael zu. Dort drüben ist eine Sehbehindertenschule, die von den Schwestern „Zum guten Hirten" versorgt wird. Dann müssen wir allerdings am Gegenhang ganz gut aufpassen, damit wir den scharf nach links abzweigenden schmalen Weg bergab nicht verpassen. Er wird auch von einem blauen Punkt markiert. Direkt unterhalb des Schulgebäudes schlängelt er sich talwärts und mündet auf die Wisserswandstraße. Ihr folgen wir abwärts und erreichen in etwa 15 Minuten Waldkirch. Dort sollten wir uns der Absicht erinnern, noch in die Kirche St. Margaretha zu schauen.

Peter Thumb und Christian Wentzinger in Waldkirch
Die Kirche St. Margaretha in Waldkirch ist ein Juwel des Barock. Es war der Vorarlberger Baumeister „Peter Thumb“, der am 12. April 1732 den Auftrag bekam, an Stelle des ehrwürdigen aber sehr baufälligen Margarethenmünsters eine neue Kirche zu bauen. Er hatte mehrere Pläne eingereicht. Um diese zu besprechen, war er oft in Waldkirch anwesend. Schließlich konnte er die kritischen Kommissionen von der Güte seiner Pläne überzeugen, und man vertraute ihm den Neubau an. Eine weitere glückliche Hand bewiesen die Auftraggeber, als sie auch den großen Meister seines Faches, den aus Ehrenstetten stammenden „Christian Wentzinger“ verpflichteten. Viel Arbeit kam auf ihn und seine Werkstatt zu. Seine Werke können wir schon in den Nischen der Westfassade bewundern. Die Figuren dort sind von ihm. Über dem Hauptportal steht Maria, rechts davon der zweite Kirchenpatron Nepomuk und links die St. Margaretha. Letztere wird Wentzinger als eigenhändige Arbeit zugeschrieben. Eine ganz große Kostbarkeit im Innern des Gotteshauses ist die Rokokokanzel. Ein weiterer einheimischer Künstler konnte sich hier Ruhm erwerben. Es war Michael Winterhalter aus Vöhrenbach im Schwarzwald, der die Figuren der zwölf Apostel schuf, die zwischen den Fenstern an den Balustraden stehen. Da wir sicher noch mehr erfahren wollen, sollten wir uns den kleinen Führer Nr. 1117 in der Kirche kaufen. Er ist aus dem Verlag Schnell und Steiner.

Von der Kirche St. Margaretha bis zum Bahnhof sind es nur noch acht Minuten. Dort ist ja unser Ausgangspunkt gewesen. Hinter uns liegt eine wunderschöne Wanderung in ein ganz stilles Seitental der Elz. Die meiste Zeit verlief unser Weg im Wald. Waren wir im Frühjahr da, dann sollten wir diese Wanderung unbedingt im Herbst wiederholen. Dann bietet sich die Landschaft in einem völlig anderen Kleid an. Aber auch an schneefreien Wintertagen ist dieser Weg lohnenswert. Beziehen wir das Rasten und das Schauen mit ein, dann waren wir vier Stunden unterwegs.

Schönheiten am Stadtrundweg
I Bahnhof – Elzdamm – Galgenbrücke – Kuranlagen – Stadtrainsee – Wildgehege – Heldenkreuz – Pavillon –Dettenbachtal – Kreislaufklinik – Neungeschwister Kapelle – Papiergäßle – Landstraße – Stadtsäge – Jungfernsteg

Markierung: Gelber Punkt im blauen Ring
Länge: 11 Kilometer für Teil I; Steigung mäßig
Hinfahrt: Mit Zug oder mit Pkw bis Bahnhof Waldkirch; mit Bus bis WA-Post.

Waldkirch ist das Tor zum Elztal. So können wir es auf einem Prospekt nachlesen. Waldkirch ist jedoch viel mehr. Waldkirch ist für den Feriengast und für den Wanderer ein Ausgangspunkt für eine große Zahl kürzerer oder längerer Wanderungen. Wenn in Waldkirch schon die Obstbäume blühen, dann liegt auf dem Hausberg, dem 1243 Meter hohen Kandel, noch viel Schnee. Von Waldkirch aus ist man in wenigen Minuten in Freiburg, im Schwarzwald oder am Kaiserstuhl. Wer Waldkirch sagt, der meint Ruhe. Erholung und landschaftliche Schönheiten. Nicht umsonst hat man in Waldkirch das Modell der „Sanften Ferien“ erfunden.

Wir wollen heute den Stadtrundweg kennenlernen. Er ist lückenlos mit dem gelben Punkt im blauen Ring markiert. Da seine gesamte Länge von etwas mehr als 15 Kilometern für manche Wanderer zu weit ist, läßt er sich bequem in kleinere Abschnitte zerlegen. Wie seine Bezeichnung „Stadtrundweg“ schon aussagt, bewegen wir uns immer in der Nähe der Stadt. Wir können beliebig abbrechen oder neu einsteigen. Unser Ausgangspunkt soll am Bahnhof sein. Hinter dem Bahnhof sind genügend Parkplätze für die Gäste, die mit dem Pkw kommen.

Gleich vor dem Bahnhof überqueren wir die Elzbrücke und wandern auf dem Dammweg flußabwärts. Uns begleitet das Plätschern des Wassers im tief liegenden Flußbett. Doch wir sollten uns nicht täuschen lassen. Nach einem heftigen Sommergewitter kann der Wasserspiegel innerhalb weniger Minuten bis zu einem Meter ansteigen. Dann verwandelt sich die so friedlich scheinende Elz in einen tobenden und alles mitreißenden Gebirgsbach.

Schon nach 800 Metern sind wir an der Galgenbrücke. Das ist eine breite Straßenbrücke, die den Weg nach Batzenhäusle und nach Buchholz öffnet. Hier biegen wir nach links in die Emmendinger Straße ein. Nach 150 Metern überqueren wir bei der Ampel die vielbefahrene alte B-294 und treffen drüben auf die Sebastian-Kneipp-Straße. Die Tafel auf der Kreuzung weist uns in Richtung Kuranlagen. Wenn wir genau hinschauen, dann finden wir auch das kleine Schildchen mit unserem Wanderzeichen, dem gelben Punkt im blauen Ring. Jetzt sind es nur noch fünf Minuten, dann sind wir im Kurgebiet der Stadt Waldkirch. Da hat man sich viel Mühe gegeben, und es sind nicht nur die Waldkircher, welche die Anlagen in

Anspruch nehmen. Beim Minigolfplatz überqueren wir den Bach. Ab jetzt begleitet uns ganz zuverlässig unser Wanderzeichen. Zunächst bleiben wir auf der Talsohle. Links von uns ist der romantisch gelegene Stadtrainsee. Man sollte hier den frühen Morgen genießen. Aus vielen hundert Vogelkehlen klingt bunter Gesang. Alles übertönend, singt die Amsel ihre abwechslungsreichen Strophen. Dazwischen klingt – besonders im Frühjahr – das trommelnde Klopfen und das hektische „kik-kik-kik" des Buntspechtes. Mittags, so zwischen zwölf und vierzehn Uhr, zeigt uns aus den höchsten Wipfeln der Waldbäume das wispernde „sisisi" an, daß das Goldhähnchen sich mit seiner Partnerin unterhält. Es ist der kleinste Vogel Europas. Schwalben sind es, die dann abends ganz nieder über der Wasserfläche nach Insekten jagen. Am oberen Ende des Stadtrainsees, noch bevor wir zu den ersten Häusern gelangen, und wo linkerhand in einem kleinen Ententeich ein schönes Taubenhaus steht, biegt unser Wanderweg scharf nach rechts ab. Hier werden auf einer Tafel die vielen Stationen aufgezeigt, an denen wir heute vorbeikommen werden.

Nun wird der Weg schmaler. Über mehrere Serpentinen gewinnen wir schnell an Höhe. Doch anstrengend ist es nicht, zumal wir bald eine breite Waldstraße erreichen. Auf ihr geht es nach links leicht bergab. Schon nach wenigen Metern sollten wir links hangabwärts schauen. Dort unten ist das Wildgehege. Neugierig beäugen uns Rehe und Hirsche, und dicht beieinander stehend beobachtet uns einen Gruppe von Steinböcken. Tafeln weisen uns darauf hin, daß wir im Interesse der Tiere das Füttern unterlassen sollten. Nach dem Tiergehege schwenken wir auf den leicht ansteigenden Pavillonweg ein, auf dem wir schon nach 200 Metern das Heldenkreuz erreichen. Hier hat die Stadt Waldkirch ihren in den beiden schrecklichen Kriegen in der ersten Hälfte des 20. Jahrhunderts gefallenen und vermißten Söhnen und Vätern ein Ehrenkreuz errichtet. Es steht an der schönsten Aussichtsstelle über der Stadt. Wir verweilen stumm, und dabei wünschen wir uns, daß sich so etwas nie mehr wiederholen möge. Nur 50 Meter weiter bergauf steht ein Pavillon. Obwohl wir vom Kreuz aus nur wenige Meter weit angestiegen sind, präsentiert sich ein völlig neuer Ausblick. Wir schauen über Kollnau hinweg weit in das sich talaufwärts windende Elztal hinein. Rechts unter uns schlängelt sich das schmale Dettenbachtal hinaus ins breite Elztal. Wir sind jetzt hoch über dem Hugenwaldtunnel, durch den man die vielen Autos schnell und geräuschlos um die Stadt Waldkirch herumführt. Meist eben, ab und zu leicht abfallend, wandern wir weiter. Am Wiesenrand wuchern Brombeeren, und am Waldrand stehen Pilze. An einer lichten Waldböschung können wir in der richtigen Jahreszeit den Fliegenpilz finden. Ja, ja: „Ein Männlein steht im Walde, ganz still und stumm, es hat aus lauter Purpur, ein Mäntlein um …" Ganz hinten im Dobel kommen wir auf eine Waldfahrstraße, der wir durch eine Schranke nach links abwärts folgen. Hier,

Nr. 17
Waldkirch Bahnhof oder Stadtrain
Stadtrundweg Teil I
Gelber Punkt im blauen Ring
11 Kilometer

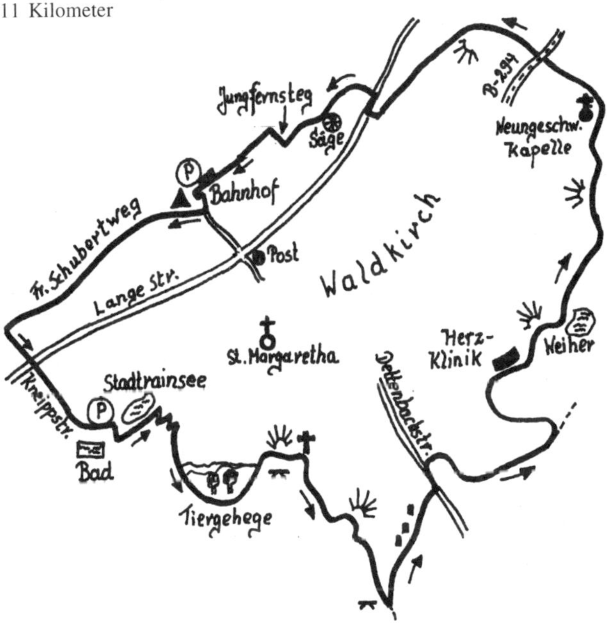

in der Forstsiedlung, stehen schmucke neue Häuser. Einige wurden erst 1997 gebaut. Diese Straße führt uns hinunter ins Dettenbachtal. Dort treffen wir auf die Dettenbachstraße, der wir etwa hundert Meter talabwärts folgen. Schon bei der nächsten Kreuzung biegen wir spitzwinklig nach rechts auf die ansteigende Wisserswandstraße ein. Sie mündet weiter oben in eine Sackgasse. Deshalb herrscht hier auch fast kein Verkehr. Zehn Minuten steigen wir bergan, und gleich nach der ersten großen Linkskurve biegen wir nach links in den schmalen Wanderweg ein. Da müssen wir gut aufpassen, damit wir die Abzweigung nicht verpassen. Obwohl sie ist ja gut markiert. Der anfänglich schmale Weg wird bald breiter und sehr bequem. Tief unter uns liegt das Dettenbachtal. Dort, wo wir den „Alten Kandelweg“ überqueren, schauen wir durch eine Lichtung auf das mächtige Gebäude der Herz- und Kreislaufklinik. An dieser Stelle ist ein idealer Einstieg in den Stadtrundweg für die hier weilenden Patienten, sofern es der Arzt befürwortet oder erlaubt. Immer noch oberhalb der Klinik überqueren wir die Kandelstraße und gelangen gleich darauf in die wunderschön gepflegten und landschaftlich liebevoll gestalteten Anlagen der Klinik. Unser Weg führt talaufwärts weiter. Rechterhand liegt der Bruchwaldweiher. Im Volksmund nennt man ihn auch Seerosenteich. Er ist gesäumt von einem herrlichen Baumbestand. Neben unserem Wanderzeichen finden wir auch den Hinweis „Heimeck“. An dieser Stelle verlassen wir die Waldzone. Zwischen Wiesen und Äckern wandern wir sanft bergab. Drüben über dem Elztal liegt die Gemeinde Kollnau, deren Häuser sich weit hinauf ins Kohlenbachtal ziehen. Schon fast am unteren Ende der Felder erreichen wir ein schmales Sträßchen. Wir folgen ihm nach rechts, und schon nach 150 Metern sehen wir vor uns in einem feuchten Wiesengrund ein grün angestrichenes Wasserhäuschen. Kurz vorher biegen wir jedoch spitz nach links über die Böschung ab. Plötzlich stehen wir vor einer unscheinbaren Kapelle. Das ist die Neungeschwister-Kapelle. Als wollte sie Schutz suchen vor den Urgewalten der Natur, schmiegt sie sich eng an den Berghang hin. Kastanien, Eschen und Eichen strecken schützend ihre Zweige über das Kirchlein. Auf einem Bänkle können wir uns die Geschichte zu Gemüte führen:

Die Neungeschwister-Kapelle

Der Name „Neungeschwister-Kapelle“ geht auf die „Heilige Notburga von Bühl“ zurück. Gemeint ist „Bühl im Klettgau“. Sie ist die Ortsheilige von Bühl und die Schutzpatronin des Klettgaues. Sie soll um das Jahr 800 n. Chr. mit König Alboin von Schottland vermählt gewesen sein. Der König starb schon in jungen Jahren. Als man nach seinem Tod feststellte, daß Notburga schwanger war, bezichtigte man sie der Untreue und verjagte sie aus dem Land. Ihr Fluchtweg führte rheinaufwärts bis nach Bühl in den Klettgau. Dort brachte sie in den folgenden Jahren neun Kinder zur Welt. Das letzte Kind war eine Totgeburt. Sie selbst starb im Jahre 840. Noch heute verehrt man in der Kirche von Bühl die Notburga. Ihr Grab befindet sich im Mittelgang vor dem Chor. Den rechten Seitenaltar schmückt ein Gemälde von ihr aus dem Jahr 1716. Eine holzgeschnitzte Statue zeigt die sitzende Notburga, auf jedem Arm vier Kinder, und zu ihren Füßen das tote neunte Kind. Bei Wallfahrten wird Notburga von schwangeren Frauen für eine gute Geburt angerufen. Da in einer alten Schrift nachzulesen ist, daß die Notburga auf ihrem Fluchtweg von Schottland in den Klettgau auch durch den Schwarzwald gekommen sei, nimmt man an, daß sie im Elztal bei Siensbach eine längere Rast eingelegt haben könnte. Zum Gedenken daran errichtete man hier ihr zu Ehren dann die Kapelle. Noch bis ins 20. Jahrhundert fanden da regelmäßig Notburga-Wallfahrten statt. Jetzt ist noch jeden Samstag um 15 Uhr eine Rosenkranz-Andacht.

Wir wandern weiter durch Wiesen bergab. Bald unterqueren wir die Bundesstraße 294 und gelangen, vorbei am Hundeplatz, auf die Siensbacherstraße, der wir auf dem Gehweg abwärts bis zur Straßenkreuzung folgen. Dort überqueren wir nach rechts die Straße und erreichen bald die ersten Häuser von Waldkirch. Schon nach hundert Metern biegen wir nach rechts ins Papiergäßle ab. Gleich nach der im Jahre 1997 erbauten Senioren-Wohnanlage sind wir beim Elzkanal und an der alten Landstraße. Da biegen wir nach rechts ab. Nur hundert Meter weiter weist uns eine Tafel nach links unter der niedrigen und schmalen Eisenbahnbrücke hindurch zur Stadtsäge. Ein schöner Weg führt uns entlang der Elz bis zum Jungfernsteg. Von hier aus sind es noch 350 Meter bis zum Bahnhof.

Eigentlich könnte sich jetzt unser Kreis schließen. Wir haben bis jetzt elf Kilometer zurückgelegt, und wir waren drei Stunden auf einem sehr bequemen Weg unterwegs gewesen. Wer jedoch den kompletten Stadtrundweg an einem Stück machen will, der muß noch die gut fünf Kilometer lange Schleife über die Kastelburg dranhängen. Diese Etappe ist mit einem steilen Anstieg verbunden. Der Weg ist wunderschön, und er bietet herrliche Ausblicke. Ihm soll die Beschreibung im nachfolgenden Teil II gewidmet sein.

Zur Kastelburg auf dem Stadtrundweg

II Bahnhof – Jungfernstieg – Max-Barthweg – Burghalde – Kastelburg – Bruder-Klaus-Krankenhaus – St. Carolus – Galgenbrücke – Elzdamm – Franz-Schubert-Weg – Bahnhof

Markierung: Gelber Punkt im blauen Ring

Länge: 5 Kilometer; Steigung mäßig, kurz steil

Hinfahrt: Mit Zug oder Pkw bis Bahnhof Waldkirch; mit Bus bis WA-Post

Haben wir den Teil 1 des Stadtrundweges hinter uns und sind wieder am Bahnhof angelangt, dann bieten sich uns zwei Möglichkeiten: Entweder wir beenden für heute die Wanderung, oder wir hängen noch die 5 Kilometer lange Schleife über die Kastelburg dran. War der Teil I sehr bequem, so sollten wir uns beim Teil II auf einen etwa 15-minütigen steileren Aufstieg bei der Burghalde einstellen. Der Rest wird dann wieder ohne Mühe zu wandern sein. Auch den Teil II können wir am Bahnhof beginnen. Etwa hundert Meter unterhalb des Bahnhofes überqueren wir bei der Schranke die Geleise und kommen auf den Max-Barth-Weg. Ihm folgen wir talaufwärts, zunächst parallel zu den Schienen. Links von uns ist die steile Burghalde. Den Anstieg, der gleich hinter dem Bahnhof zur Kastelburg führt, lassen wir aus. Wir bleiben für etwa 600 Meter am Fuße der Burghalde auf dem Max-Barth-Weg. Dann zweigt nach links ein schmales Wegle ab. Unser Wanderzeichen, der gelbe Punkt im blauen Ring, weist uns jetzt bergwärts. Schnell geht es über einige Serpentinen steil bergauf. Das dichte Blätterdach des Eichenmischwaldes gibt uns im Sommer Schutz vor der Sonne. Der Weg scheint nicht viel begangen zu sein, denn zwischen dem lockeren Geröll wächst reichlich Gras und Moos. Nachdem wir etwa 15 Minuten angestiegen sind, teilt sich unser Weg. Wir wählen den Weg nach links. Das ist die direkte Route zur Kastelburg. Ab hier läßt die starke Steigung nach, und es geht sich bequem. Ab und zu raschelt es in unmittelbarer Nähe. Das können Amseln sein, die unter dem Laub nach Futter suchen. Oft sind es auch Eidechsen, die sich auf den angewärmten Steinen am steilen Hang wohl fühlen. Das ganze Jahr über liegt dieser Hang in der direkten Morgensonne. Urplötzlich taucht vor uns der 28 Meter hohe Turm der Kastelburg auf. Wir sind ganz überrascht, denn bis auf die letzten Meter verdecken Bäume das Gemäuer.

Die Kastelburg

Die Kastelburg beherrschte im Mittelalter den viel benutzten Verkehrsweg von der Rheinebene hinauf in den Schwarzwald führte. Über eine Holzbrücke gelangen wir ebenerdig in die Unterburg. Diesen Teil einer mittelalterlichen Burganlage nennt man auch den »Zwinger«. Es ist ein geräumiger Umgang zwischen innerer und äußerer Mauer, in welchem ritterliche Kampfspiele stattfanden. Unser erster Eindruck konzentriert sich auf den Bergfried, also den Turm. Er mißt im Quadrat 12 x 12 Meter und ist 28 Meter hoch. Bis zu vier Meter dicke Mauern sollten den Menschen, die im Verteidigungsfalle hier Zuflucht suchten, Schutz und Sicherheit bieten. Um zum Eingang in den Wohnbau zu gelangen, müssen wir die Anlage ein großes Stück umrunden. Das ist gut so, denn auf diese Art und Weise bekommen wir einen umfassenden Eindruck von diesem einstmals mächtigen Bauwerk. Wie ein Finger ragt an der Westfront ein ausgebrochenes Mauerstück in die Höhe. Von der Ostseite betreten wir den oberen Burghof. Um ihn herum gliederten sich die Wohnräume. Wir schauen heute durch die hohlen Fensternischen hinaus in die herrliche Landschaft. Tief unter uns verläuft das Elztal, und gegenüber erhebt sich der Kandel mit seiner steilen Nordflanke. Im Westen öffnet sich das Tal. Die Industrieanlagen von Freiburg sind noch zum Teil sichtbar. Weit draußen im dunstigen Blau der Ferne erahnen wir die Burgunder Pforte. Wie mag die Landschaft ausgesehen haben,als man im Jahre 1250 mit dem Bau begann? Oder was mögen die kaiserlichen Truppen gedacht haben, als sie am 14. März 1634 alle Räume mit Reisig und Holz füllten, um hernach die gesamte Burganlage abzubrennen, damit sie nicht in die Hände der heranrükkenden Schweden fiel? Alles wird Geschichte und damit Geheimnis bleiben. Seit dem 27. November 1970 ist die Kastelburg im Besitz der Stadt Waldkirch.

Noch ganz in Gedanken über das mittelalterliche Leben auf einer solchen Burg, verlassen wir die Anlage wieder über die Holzbrücke und folgen dem breiten Waldweg in Richtung Bruder-Klaus-Krankenhaus. Dieser Weg ist zu jeder Jahreszeit schön, denn die mächtigen Bäume schützen uns sowohl vor Wind und Regen, als auch vor der Sonne im Sommer. Für etwa zehn Minuten steigen wir leicht an. Bei der großen Wegkreuzung folgen wir nach links der Tafel, die uns zum Krankenhaus weist.

Ab jetzt geht es nur noch bergab. Wir wandern durch das Gelände des Krankenhauses, und bevor wir am unteren Block nach rechts abbiegen, müssen wir unbedingt noch einmal zurückschauen. Von da aus haben wir einen schönen Blick auf die Burgruine. Dann geht es auf dem Galgenbruckweg zügig bergab. Links unten glitzert zwischen den Bäumen das silberne Band der Elz, der wir uns immer mehr nähern. Einmal sollten wir noch einen kurzen Halt einlegen. Schon fast an der Talsohle angelangt, steht links am Weg ein altes Holzkreuz. Auf dem Querbalken lesen wir die drei Inschriften:

CHRISTUS VINCIT	CHRISTUS REGNAT	CHRISTUS IMPERAT
siegt	regiert	befiehlt

Nr. 18
Waldkirch Bahnhof
Stadtrundweg Teil II
Gelber Punkt im blauen Ring
5 Kilometer

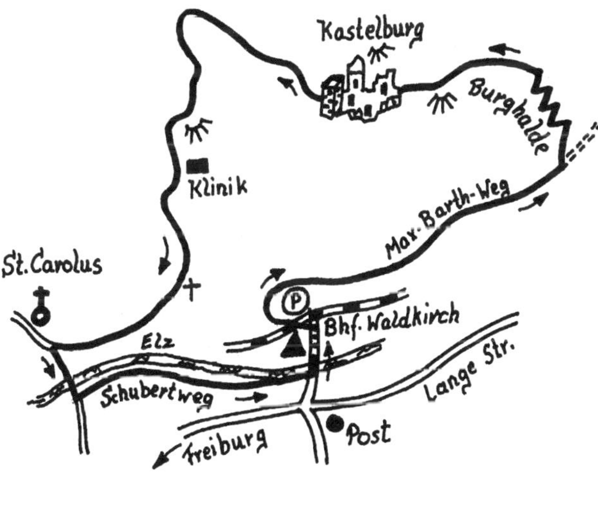

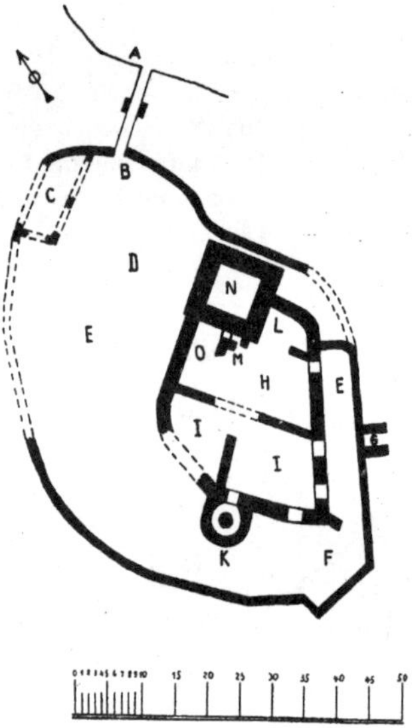

Grundriß der Kastelburg
A Brücke
B Burgtor
C Torhaus
D Mutmaßlicher Standort der Scheune und Ställe
E Zwinger
F Bastion
G Danziger (Abortbau)
H Burghof
I Palas (Wohnbau)
K Rondell
L Gesindehaus
M Treppenturm
N Burgfrid (Turm)
O Verbindungsbau

Aus: „Burgen im südlichen Baden“, Verlag Schillinger, Freiburg

Maßstab 1:500

Bei der Galgenbrücke erreichen wir die Sohle des Elztales. Als Waldkirch noch eine eigene Gerichtsbarkeit besaß, stand hier am Waldrand der Galgen.

Dort, wo wir auf dem Stadtrundweg vom Krankenhaus herabkommen, liegt auf der anderen Straßenseite die kleine St.Caroluskirche. Ihr angegliedert ist ein Kindergarten und ein Wohnhaus. Der Glockenturm steht neben der Kirche. Als Patron der Kirche gilt „Karl Borromäus“, der 1560 vom Papst Pius IV als Kardinal nach Rom berufen worden war. Er gilt als der Vater des Konzils von Trient. Borromäus starb im Jahre 1584, und im Jahre 1610 wurde er vom Papst Paul V heiliggesprochen. Das Innere dieses in den Jahren 1967/68 erbauten Kirchleins ist sehenswert. Hier wurde den Waldkirchern ein wunderschönes Kleinod geschenkt. Schon beim Betreten des Gotteshauses fallen uns die großen und bunten Glasfenster auf. Sie wurden von dem Freiburger Graphiker und Maler Rainer Dorwarth entworfen. Die Ausführung lag in den Händen des Glaskünstlers Karl Isele aus Freiburg-St.Georgen. Die Fenster geben dem durch niedrige Apsiden gelöst gestalteten Innenraum etwas Heimeliges. In den figürlich gehaltenen Scheiben ist das Leben des Carolus dargestellt. Der Freiburger Mosaikgestalter und Kunsterzieher Benedikt Schaufelberger schuf das beeindruckende Kreuz über dem Altar. Von ihm ist auch die große runde Scheibe droben in der Kuppel, die den Schlußstein bildet. Sie stellt den sitzenden Jesus in der Mandorla dar. Vor der Orgel steht eine holzgeschnitzte Schutzmantelmadonna. Da sie oft nur auf hohen Sockeln in den Kirchen steht, ist sie dem Besucher kaum bekannt. Hier in St. Carolus haben wir sie in voller Schönheit vor uns. Die Kirche St. Carolus feiert ihr Patrozinium am 4. November.

Nach diesem besinnlichen Abstecher begeben wir uns auf das letzte Stück unserer Wanderung. Auf der Galgenbrücke überqueren wir die Elz. Dann biegen wir nach links in die Merklinstraße ab und wandern flußaufwärts. Nach etwa 400 Metern treffen wir auf den Franz Schubertweg, dem wir immer am Elzdamm entlang folgen. Drunten im Wasser schwimmen Enten, und ihr forscher Blick zeigt uns an, daß sie auf Futter warten. Sie sind das von den Spaziergängern so gewöhnt. In Höhe des Bahnhofes überqueren wir die Elz nach links, und schon sind wir wieder am Ausgangspunkt zurück. Ketten wir Teil I und Teil II nun zusammen, dann haben wir den gesamten Stadtrundweg der Stadt Waldkirch zurückgelegt. Alles in allem ein wunderschöner Ausflug. Der Feriengast, der länger im Elztal bleibt, wird sich evtl. diesen Stadtrundweg in drei Etappen einteilen. Auf jeden Fall wird er bei dieser Wanderung eine Landschaft von außergewöhnlicher Schönheit und Vielfalt kennenlernen, die man auch mehrmals besuchen kann.

Anmerkung: Sollten wir noch etwas Zeit haben, dann bietet sich von der Merklinstraße aus ein Abstecher zur Waldkircher Orgelbaufirma **Jäger und Brommer** an. Es ist nur ein unwesentlicher Umweg von fünf Minuten, dann sind wir in der Straße „Am Gewerbekanal 5". Dort werden wir Zeuge, wie in unserer hochtechnisierten Welt noch in Handarbeit hochwertige Musikinstrumente gefertigt werden.

Waldkirch, die Stadt der Orgelbauer

Die Firma Jäger & Brommer erweckt eine alte Tradition zu neuem Leben

Als 1799 der Orgelbauer Mathias Martin nach Waldkirch übersiedelte, begründete er die lange, erfolgreiche Tradition des Orgelbaus in Waldkirch. Im Jahre 1834 kam der Orgelmacher Ignazius Blasius Bruder hinzu. Er ist der Urvater der weltbekannten Bruder-Familien. Ignaz Blasius Bruder beschäftigte sich zuerst mit dem Bau von Schwarzwälder Flötenuhren. Aus diesen Instrumenten entstanden später eigenständige Musikwerke, von der kleinen Drehorgel bis hin zur größten Jahrmarktsorgel der Welt. Waldkirch war um 1900 die bekannteste Orgelbauerstadt weltweit. In der Blüte der Orgelbauerzeit arbeiteten hier neun eigenständige Werkstätten. Sie stellten Drehorgeln, Karussellorgeln, Konzertorgeln, Kirchenorgeln und die weltbekannten Orchestrione (der Firma Gebr. Weber) her. Selbst in wirtschaftlich schwierigen Zeiten konnten sich die sehr gut gearbeiteten Waldkircher Orgeln behaupten. Mit dem Aufkommen anderer Tonträger wurde es für die einzelnen Werkstätten schwieriger Orgeln zu verkaufen. Trotz der Weltkriege und verschiedener Rezessionen, konnte in Waldkirch eine ununterbrochene Orgelbautradition bewahrt werden. Die fast 200jährige Orgelbaugeschichte Waldkirchs wird durch die Firma Jäger und Brommer weitergeführt. Heute erfreuen sich deren mechanische und pneumatische Orgelwerke größter Beliebtheit, und der Kreis der Waldkircher Orgelfreunde wächst weiter.

Heinz Jäger und Wolfgang Brommer über sich selbst

Orgelklänge, auf scheinbar geheimnisvolle Weise erzeugt, verborgen hinter prunkvollen Fassaden mit Figuren, die sich im Takt bewegen, faszinieren die Menschen nach wie vor. Von der kleinen Bauchorgel mit zartem Flötenklang bis hin zur großen Karussellorgel mit ihrem Klangreichtum, alle diese Instrumente haben ihren ganz besonderen Reiz.

Die Musik für solche Werke ist äußerst vielfältig. Volkslieder, Ouvertüren, Opern- und Operettenpotpourris, Songs, Schlager und geistliche Musik ringen um die Gunst des Publikums und ihrer Besitzer. Unsere Werkstatt hat sich darauf spezialisiert, ganz individuell Instrumente nach den Vorstellungen unserer Kunden anzufertigen. Wir Orgelbaumeister, Heinz Jäger und Wolfgang Brommer, haben unser Kunsthandwerk von Grund auf gelernt und verfügen über eine langjährige Berufserfahrung.

Heinz Jäger ist der Urenkel des weltbekannten Waldkircher Orchestrionfabrikanten Weber. Entsprechend seiner familiären Tradition und jahrelanger Praxis ist er u. a. für den Bereich Konstruktion und Intonation verantwortlich. Wolfgang Brommer hat unter seinen Vorfahren zwei Kapellmeister und einen Drechslermeister. Seit früher Kindheit begeistern ihn selbstspielende Musikinstrumente. Über die Kirchenorgel auch zur Drehorgel gekommen, ist er u.a. für den Bereich Werkstattorganisation und Management verantwortlich. Zusammen mit den angestellten Orgelbauern werden in den Werkräumen in Waldkirch, Am Gewerbekanal 5, die **Jäger & Brommer-Orgeln** hergestellt. Selbstverständlich kann man diese Orgelbauwerkstatt besuchen und besichtigen. Das wird für jeden Gast der schönen Stadt Waldkirch zu einem einmaligen Erlebnis. Auch Gruppen, die sich bitte vorher anmelden mögen, sind herzlich willkommen.

Über die Kastelburg zum Waldkircher Haseneckle
Bahnhof – Kastelburg – Fernsehumsetzer – Waldkircher Haseneckle – Burghalde – Max-Barth-Weg – Bahnhof
Markierung: Grüner und blauer Punkt
Länge: 6 Kilometer; Steigung kurz steil, sonst mäßig
Hinfahrt: Mit Zug oder Pkw bis Waldkirch Bahnhof; mit Bus bis WA-Post

Ganz egal, ob man jung oder alt ist, immer wenn von einer »Burg« die Rede ist, dann wird unsere Phantasie besonders blühend. Zu gerne möchte man – wenigstens für einen Tag – sich in jene Zeit zurückversetzen, in der mit derben Rittern und schüchternen Burgfäuleins in großen Sälen tagelang ein Fest gefeiert wurde. War das denn alles so, wie es uns in Büchern erzählt wird, oder macht man uns lediglich was vor? Auch wir werden bei unserer heutigen Wanderung dieses Rätsel nicht lösen können, doch eines werden wir mit Sicherheit feststellen: Die Erbauer der Kastelburg haben sich vor fast 750 Jahren ein herrliches Fleckchen Erde ausgesucht, als sie 90 Meter hoch über der Elz den Bergvorsprung als Standort für ihre Burg wählten.

Ausgangspunkt für diese Wanderung ist am Bahnhof in Waldkirch. Sind wir mit dem SBG-Bus angereist, dann müssen wir von der Haltestelle bei der Post noch vier Minuten durch die Adenauer-Straße bis zum Bahnhof gehen. Haben wir die Anfahrt mit dem Pkw gewählt, dann finden wir hinter dem Bahnhof bei der „Arche" genügend Parkplatz. Dort – direkt am Fuße des Burgberges – beginnt unsere Wanderung. Für den ersten Abschnitt wird uns der grüne Punkt führen. Gleich geht es zügig bergauf. Schon nach wenigen Metern schauen wir von oben auf die Dächer der Häuser links unter uns. Doch mehr Aufmerksamkeit werden wir sicher den bizarren Wurzeln schenken, die sich wie Schlangen an dem ausgewaschenen Berghang dahinwinden. Unsere Gedanken wandern zurück in die Märchenwelt der Kindheit. Wohnen hier vielleicht Wurzelzwerge, welche wir aus der Geschichte mit Schneewittchen kennen? Ja, das muß wohl der Platz sein, zumal tiefe Höhlengänge im Berg verschwinden. Was spielt sich hier in der Nacht ab, wenn die Kobolde tatig werden? Wir sind so versunken, daß wir richtiggehend aufpassen müssen, um wenig weiter die Spitzkehre nach rechts nicht zu verpassen. Der Weg führt uns zunächst zu einem herrlich gelegenen Aussichtspavillon. Ihn hat man im Jahre 1907 aufgestellt, als man den Schloßweg zur Kastelburg gebaut hat. In den Brettern des Daches kann man seine Geschichte lesen. Faszinierend ist der Ausblick auf die malerisch gelegene Stadt Waldkirch. Beherrschender Mittelpunkt ist die Kirche St. Margaretha. Dahinter zieht sich in einer sanften Mulde das Dettenbachtal hin. Auch dort läßt es sich herrlich wandern. (Siehe Beschreibung Nr. 16). Über allem thront der sagenumwobene 1243 Meter hohe Kandel. Weiter geht es zügig bergauf. Der Weg ist breit und gut zu begehen. An der Böschung fällt uns ein etwa 30 Zentimeter hoher Farn auf. Es handelt sich um den Tüpfelfarn (Polypodium vulgare). Er ist das ganze Jahr über grün. Selbst im strengsten Winter finden wir ihn. Dieser Hang ist wie für ihn geschaffen. Er liebt ein feuchtwarmes Klima, wächst gerne in halbschattigen Wäldern an Felsen und Abhängen, ja besonders wohl fühlt er sich auf bemoosten Baumstümpfen. Betrachten wir die Fieder von der Unterseite, dann finden wir kreisrunde Sporenhäufchen, die wie Tüpfelchen aussehen. Nach einem alten Volksglauben haben Engel den Menschen die süß schmeckende Wurzel gezeigt, deren Extrakt gegen Husten und Heiserkeit Verwendung findet. Deshalb heißt dieser Farn im Volksmund auch „Engelsüß".

Und dann sehen wir die Burg vor uns. Über eine breite Holzbrücke, die wohl eine frühere Zugbrücke ersetzt, betreten wir beim 28 Meter hohen Bergfried (Turm) das Innere. Gleich rechts stand einst das Torhaus. Um eine schöne Aussicht zu haben, steigen wir in die Oberburg. Vom dortigen ehemaligen Wohnhaus aus präsentiert sich tief unter uns das Elztal. Auf der gegenüberliegenden Bergseite dominiert der Kandel. Wir werden sicher längere Zeit da oben verweilen, denn zu schön ist die Landschaft ringsum.

Über die Holzbrücke verlassen wir wieder die Burg. Der grüne Punkt und das weiße „K" in roter Raute (Kandel-Höhenweg) zeigen uns das ganz schmale Wegchen bergauf. Nach etwa zehn Minuten Anstieg treffen wir auf einen breiten Weg, auf dem wir scharf nach links zum Fernsehumsetzer hin abbiegen. Dort geht es gleich rechts weiter, wobei wir wieder den schmalen Hangweg benützen. Er bringt uns nach 15 Minuten zum Waldkircher Haseneckle. Das ist ein kleiner 460 Meter hoher Bergsattel, den wir bis zur anderen Seite durchqueren. Dort öffnet sich der Blick ins obere Kohlenbachtal. Wie Perlen liegen die Häuser und die einzelstehenden Obstbäume in der weiten Landschaft. Auf einer Bank am Waldrand können wir alles in Ruhe anschauen. Links drüben, am Waldrand droben, steht malerisch schön und von Birken harmonisch eingerahmt das Wanderheim des Touristenvereins die Naturfreunde, Sektion Kollnau. Von nun an ist der blaue Punkt unser Wegweiser. Er soll uns nach Waldkirch zurückführen. Also biegen wir am Haseneckle rechts ab auf den breiten Weg zwischen Wald und Wiesenhang. Wenn wir am Ende der Wiese wieder den Wald erreichen, müssen wir gut aufpassen, denn nach hundert Metern zweigt unser Weg nach links ab. Für ein kurzes Stück geht es kräftig bergab. Dann schauen wir linkerhand über Wiesen und Äcker hinweg ins Kohlenbachtal. Auf der Talsohle hat man den Friedhof angelegt. Der gesamte Gegenhang wurde um 1970 baulich erschlossen. In der Zeit der großen Wohnungsnot fanden dort viele Menschen ein landschaftlich schönes Zuhause. Ein Stück weit verläuft jetzt unser Weg fast eben am Waldrand entlang.

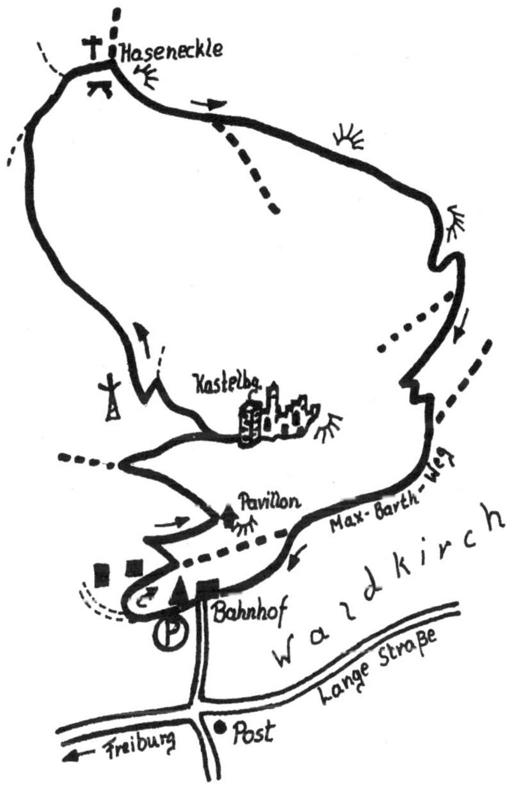

Nr. 19
Waldkirch Bahnhof
Zum Waldkircher Haseneckle
Grüner und blauer Punkt
6 Kilometer

Die hohen Bäume breiten ihre weit ausladenden Äste wie ein Baldachin über uns aus. Dann geht es über einige Serpentinen zügig bergab. Das letzte Stück bis zur Talsohle wandern wir auf dem schmalen Stadtrundweg, der vom gelben Punkt im blauen Kreis markiert ist. Zwischen Kollnau und Waldkirch erreichen wir den zunächst noch autofreien Max Barthweg, auf dem wir in wenigen Minuten wieder am Bahnhof sind.

Bezieht man die Zeit mit ein, welche für die Besichtigung der Burg notwendig ist, dann waren wir zwei Stunden unterwegs. Hinter uns liegt ein Weg, auf dem wir uns mit Pflanzen, Zwergen und Ritterfräuleins beschäftigen konnten.

Wer weiß genau wie es war?

Stadtrain – Wegelbachtal – Heuweg – Schwarzenburg – Schwarzenbergweg – Fohrenbühl

Markierung: Blaue Raute und grüner Punkt
Länge: 9 Kilometer, vom Bahnhof aus drei Kilometer weiter
Hinfahrt: Mit Pkw bis WA-Stadtrain; mit Zug bis WA-Bahnhof; mit Bus bis WA-Kastelberghalle

Wenn wir von der Breisgauer Bucht in das Elztal fahren, dann schieben sich plötzlich von beiden Seiten die Berge weit zur Talsohle vor. An dieser engen Stelle, welche zugleich die Pforte zum Elztal darstellt, breitet sich die Stadt Waldkirch aus. Von Berg zu Berg – quer durchs Tal – stehen Häuser. Nicht einmal mehr für eine Straße war ein Platz frei, und so mußte man sie, sehr zum Wohle der Anwohner, in einem Tunnel durch den Berg um die Stadt herumführen. Wir wollen von Waldkirch aus eine Rundwanderung unternehmen, die uns 800 Jahre weit in die Geschichte zurückversetzen wird. Vielleicht sind es noch einige hundert Jahre mehr; doch wer weiß genau wie es war?

Reisen wir mit dem Zug an, dann fahren wir bis zum Bahnhof Waldkirch. Dort beginnen wir mit der Wanderung über die Elz. Gleich nach der Brücke biegen wir rechts ab. Am Elzdamm entlang kommen wir zur Galgenbrücke, wo wir nach links halten. Bei der Ampelkreuzung erreichen wir auf der drüberen Straßenseite die Sebastian-Kneippstraße. Eine auffällige Tafel weist uns zu den Kuranlagen, und in fünf Minuten sind wir am Stadtrain. Kommen wir mit dem SBG-Bus, dann steigen wir an der Haltestelle Waldkirch-Kastelberghalle aus. Wir gehen 80 Meter weit zurück und biegen nach links zum Stadtrain ab. Die Autofahrer verlassen die B-294 bei der Abfahrt Waldkirch-West und fahren dann bis zur zweiten Ampel. Dort sind die beiden Firmen Göppert und Sick. Ab hier folgen wir dem weißen Schild nach rechts mit dem Hinweis „Sport- und Kuranlagen", und schon nach 500 Metern sind wir auf dem großen Parkplatz am Stadtrain.

Zwischen Schwimmbad und Minigolfplatz, am unteren Ende des Stadtrainsees, beginnt unser Weg ins Wegelbachtal. Auf einem romantischen Steg überqueren wir den Bach, um gleich danach rechts abzubiegen. Von der schnell an Höhe gewinnenden schmalen Straße aus sehen wir rechts unter uns auf das landschaftlich herrlich gelegene Schwimmbad. Schon nach fünf Minuten stehen wir hoch über der Einfahrt zum Hugenwaldtunnel. Durch ihn werden die vielen Autos umweltfreundlich um die Stadt Waldkirch herumgeleitet. Einige Meter weiter steht links am Wegrand ein Kreuz, das an die Gefallenen des 1. Weltkrieges erinnert. Es wurde im Jahre 1919 deshalb an diesen Platz gestellt, weil man von hier aus einen direkten Blick zu den Vogesen hat, auf deren Höhen schwere Kämpfe stattfanden.

Wie eine Treppe baut sich draußen im Westen der Kaiserstuhl auf. Fast greifbar nahe, einem Maulwurfshügel gleich, erhebt sich aus der Ebene des auslaufenden Elztales das Mauracher Bergle. Zu unseren Füßen liegen eingebettet zwischen Wiesen, Obstbäumen und Äckern die Petershöfe. Sie stehen auf einer leicht erhöhten Löß-Lehmterrasse, was ihnen den Vorteil verschaffte, daß sie nie von den furchtbaren Überschwemmungen heimgesucht wurden, die dem Tal in früheren Jahrhunderten großen Schaden zufügten. Ihren Namen haben sie nach einer dem Heiligen Petrus geweihten Kirche, die allerdings schon im Jahr 1822 abgebrannt ist. Unser Weg wird von großen Bäumen zur Linken gesäumt, die ihre Äste schattenspendend über uns ausbreiten. Meist sind es Eichen, und in ihrem Schutz hat man in Abständen kleine Rastplätze mit Bänkle angelegt. Um den Zugang zu den wenigen Einzelhöfen im Wegelbachtal angenehmer zu machen, hat man den einstigen Sandweg heute asphaltiert. Doch keine Angst, Autoverkehr gibt es so gut wie nicht.

Dann wird das Tal enger und die Steigung stärker. Unser Weg folgt streng dem Bachlauf. Kurze Waldstücke wechseln ab mit lichtüberfluteten Wiesenhängen. In einer solchen Lichtung biegt nach rechts ein Weg ab. Er führt hinauf zum Totenberghof.

Doch dorthin wollen wir nicht. Wir bleiben dem Hauptweg am Bach entlang treu. Links drüben bellt ein Hund. Er will uns sicher sagen, daß wir nicht zu dem Hof dorthin abbiegen sollen. Immer steiler wird unsere Wanderstraße. Was man nicht für möglich hält, das wird wahr. Dort oben steht noch ein Haus. Es ist der Hof des Schneiderbauern. Diese Kinder haben einen weiten Schulweg. Wenn wir nun meinen, daß damit die bewohnbare Grenze erreicht sei, dann täuschen wir uns. Am Fuße des Lusers, an einem steilen Wiesenhang, treffen wir eine Viertelstunde später auf den „Hinterbauernhof". Ein kleiner Weg zweigt zu ihm ab. An der Kreuzung steht ein Kruzifix, behütet von einer riesigen Stechpalme (Ilex). Hier hört der asphaltierte Weg auf. Die Waldstraße, begrenzt durch eine Schranke, zwängt sich ins „Obere Wegelbachtal". Etwa 300 Meter oberhalb der Schranke biegen wir nach rechts über den Bach hinweg ab. Der nach links wegführende Schloßwaldweg ist nichts für uns. Nun liegt der Hinterbauernhof rechts unter uns. Bei der nächsten Weggabelung biegen wir scharf nach links auf den Heuweg ab. Jetzt zeigt uns der gelbe Punkt den weniger steilen Weg zur Schwarzenberghütte an, die wir nach 15 Minuten erreichen. An dieser Waldhütte kreuzen sich viele Routen. Wir wollen hinauf zu der 45 Höhenmeter über uns liegenden Ruine. Es sind nur fünf Minuten, aber der Weg ist steil und holprig. Oben angelangt, werden wir für die kurze Mühe belohnt.

Umgeben von markanten Mauerresten treten wir ein in den Burghof. Auf den ersten Blick erkennen wir, daß große Idealisten sich die Erhaltung der noch vor-

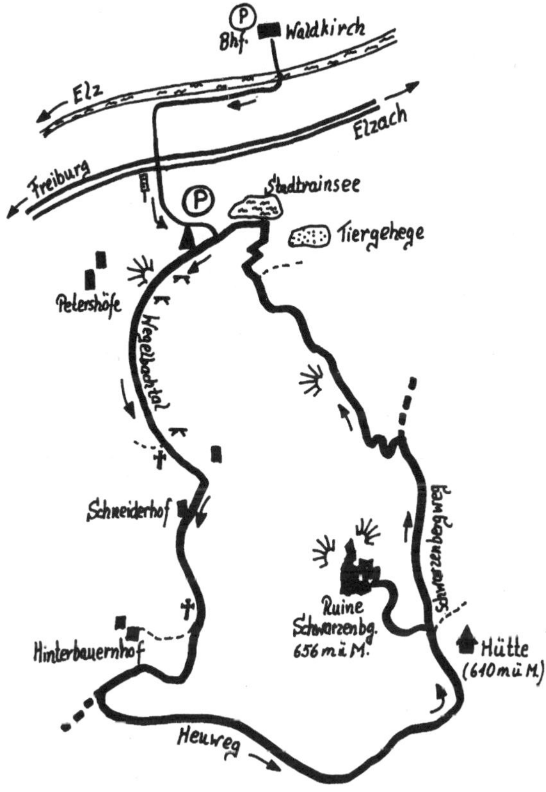

Nr. 20
Waldkirch Bahnhof oder Stadtrain
Wer weiß genau wie es war?
Blaue Raute, grüner Punkt
9 Kilometer

handenen Burgreste zur Aufgabe gemacht haben. Ihnen sei ein großes Kompliment ausgesprochen. Sie sanieren und restaurieren die noch existierenden Gebäudeteile. Dabei verfallen sie aber nicht, wie leider an anderen Burgen zum Teil geschehen, in fragwürdige Nachbildungen. So erhöhen sie für den Besucher die Spannung und das unbändige Verlangen, sich einmal für wenige Minuten von der Illusion des Ritterlebens im Mittelalter einfangen lassen zu können. Die Aussicht von da oben ist herrlich. Ganz links, von den Bäumen fast verdeckt, liegt die Freiburger Bucht. Hinter dem Turm mit der Informationstafel erhebt sich der 630 Meter hohe Luser. Rechts davon, wo der Blick frei hinausgleiten kann, da erkennen wir den Kaiserstuhl. An dessen nördlichem Ende ist bei klarem Wetter deutlich das markante Gebäude der Riegeler Brauerei erkennbar. Dahinter begrenzen die Vogesen unseren Blick nach Westen. Mehr nach Norden zu liegt der „Untere Breisgau" mit der sich immer mehr ausdehnenden Stadt Emmendingen. Und schauen wir weiter nach rechts, dann sehen wir auf die noch gut erhaltenen Ruinen der Hochburg. Daran schließen sich die flachen Höhenzüge des Freiamtes an. Doch der ganze schöne Ausblick wird immer wieder unterbrochen von dem Gedanken, mehr über die Geschichte der Burg zu erfahren.

Die Schwarzenberger bauten zwei Burgen

Die Mauerreste der einstigen Burg Schwarzenberg sind es, die uns neugierig machen, und die uns veranlassen, mit schwärmerischer Phantasie in Gedanken ins Mittelalter zurückzufliegen. Alles begann um das Jahr 1120. Als es den Freivögten des Reichsklosters St. Margaretha drunten in Waldkirch zu hektisch wurde, beschlossen sie, droben auf dem Schwarzenberg eine Burg zu bauen, in welche sie sich je nach Laune und Gefallen zurückziehen konnten. Natürlich wollten sie gleichzeitig die Fülle ihrer Macht zum Ausdruck bringen. Um einen geschichtlichen Vergleich herzustellen sei daran erinnert, daß im selben Jahr die Herzöge von Zähringen die Stadt Freiburg gründeten. Schnell wechselten die Bewohner auf der Schwarzenberg. Um die Stadt Waldkirch und den lebhaften Verkehrsweg entlang der Elz im Griff zu haben, begannen die Schwarzenberger um 1250 mit dem Bau einer zweiten Burg, der Kastelburg. Sie wird 1289 erstmals urkundlich erwähnt. Am 8. August des Jahres 1300 verliehen die Herren Johann und Wilhelm von Schwarzenberg den Waldkirchern sogar das Stadtrecht. Im Jahre 1459 zogen sich die Besitzer der Burg nach Elzach in ihr Stadtschloß zurück. Sicher war ihnen das Klima in der Höhe zu unwirtlich geworden. Die Schwarzenburg ließen sie durch einen Vogt verwalten. Diese nachfolgenden Vögte waren beim Volk sehr unbeliebt. Das rührte daher, daß sie recht willkürlich regierten und viel zu hohe Abgaben forderten. Nachdem einer der letzten Ritter von seinem eigenen Sohn erdolcht worden war, ging es bergab mit der Burg. Man verkaufte sie zwar noch an den Erzherzog Ferdinand von Österreich, der fand an der Anlage kein Gefallen. Ab 1580 stand sie leer, und der Zerfall begann. Wenn wir heute in das dritte Jahrtausend eintreten und noch immer nicht alle Geheimnisse gelüftet haben, dann ist das gut so. Unter den meterhohen Erdhügeln schlummern sie fernen Entdeckungen entgegen. Wer weiß genau, wie es einmal gewesen war?

Mit den Gedanken noch im Mittelalter, steigen wir wieder hinunter zur Schwarzenberghütte. Dort zeigt uns die blaue Raute den Rückweg über den Schwarzenbergweg an. Wir folgen ihm abwärts, dabei werfen wir noch einmal nach links oben einen wehmütigen Blick. Dort oben, über der steilen Burghalde waren wir eben noch. Nach 1,5 Kilometern kommen wir an einen ehemaligen Holzplatz, an dem sich viele Wege treffen. Hier verlassen wir die blaue Raute. Der Wegweiser mit dem grünen Punkt sagt uns, daß wir auf dem ganz schmalen Pfad links ab noch drei Kilometer bis zum Stadtrain haben. Schnell geht es bergab, und beim Fohrenbühl treffen wir auf den breiten „Oberen Wegelbachweg". Oberhalb des Tiergeheges, also schon ganz nahe bei Waldkirch, biegen wir nach links auf einen schmalen Zick-Zack-Weg ab. Am oberen Ende des Stadtrainsees erreichen wir die Talsohle. Die Wanderer, die mit dem Pkw angereist waren, zweigen links ab und sind in fünf Minuten am Parkplatz. Die Bus- oder Zugreisenden halten sich nach rechts, vorbei am Restaurant Stadtrain. Dabei sollte man das etwas sich im Hintergrund verbergende schöne Haus mit dem Türmchen beachten. Es gehört zur Hirschenbrauerei. Dann kommen wir in die Goethestraße. In wenigen Minuten sind wir an der Busstation bei der Post. Wenige Meter weiter ist auch der Bahnhof. Rechnen wir den ausgiebigen Aufenthalt auf der Burg mit ein, dann waren wir gut vier Stunden unterwegs. Das ist ganz bestimmt ein Grund, sich im Rucksack ein Vesper einzupacken.

Die Bingen des mittelalterlichen Bergbaus auf dem Hornbühl
Stadtrain – Wegelbach – Eiserner Steg – Martinsbühlhütte – Hornbühlweg – Hornbühlkopf – Vogesenblick – Suggental – Herrenwegle

Markierung: Blaue Raute, blaues und rotes Dreieck, Scheibe Nr. 4
Länge: 12 Kilometer; Steigung mäßig
Hinfahrt: Mit Zug bis Waldkirch Bahnhof; mit SBG-Bus bis Waldkirch Kastelberghalle; mit Pkw bis Waldkirch Stadtrain.

Schon über 800 Jahre sind vergangen, da herrschte in einigen Seitentälern des Elztales reges Leben. Viele Menschen waren mit ganz einfachen Werkzeugen damit beschäftigt nach Eisen, Blei, Zink und nach Silber zu graben. Es muß eine körperlich unglaublich schwere Arbeit gewesen sein. Viele Spuren des damaligen Abbaues haben sich bis in die heutige Zeit erhalten. So wollen wir heute zum 519 Meter hohen Hornbühlkopf wandern, um dort rund um den Gipfel herum in die ehemaligen Abbaulöcher (Bingen) der Eisenerzgewinnung zu schauen.

Reisen wir mit dem Zug an, dann fahren wir bis Waldkirch Bahnhof. Dort überqueren wir die Elz und biegen gleich nach der Brücke rechts ab. Am Elzdamm entlang abwärts kommen wir zur Galgenbrücke. Dort wenden wir uns nach links. Bei der Ampelkreuzung erreichen wir auf der anderen Straßenseite die Sebastian-Kneippstraße. Eine große Tafel weist uns zu den Kuranlagen, und in fünf Minuten sind wir am Stadtrain. Kommen wir mit dem SBG-Bus, dann steigen wir an der Station Waldkirch Kastelberghalle aus. Wir gehen 80 Meter zurück und biegen nach links zum Stadtrain ab. Die Autofahrer verlassen die B-294 bei der Abfahrt Waldkirch-West und fahren dann in Richtung Waldkirch bis zur zweiten Ampel. Dort sind die beiden Firmen Göppert und Sick. Ab hier folgen wir nach rechts dem weißen Schild „Sport- und Kuranlagen". Dann sind wir nach 500 Metern am Parkplatz beim Stadtrain.

Am Stadtrain erwartet uns ein großzügiger Parkplatz, der im Hochsommer bei schönem Wetter gut belegt sein kann, denn dort ist auch das Schwimmbad. Ganz am hinteren Ende der Parkfläche überqueren wir am Golfplatz den Bach und biegen gleich darauf nach rechts auf das zügig ansteigende Wegelbachsträßle ab. Rechts unter uns schauen wir direkt ins Badgelände. Schon nach wenigen Metern Anstieg verschwindet unter uns die Bundesstraße 294 im Hugenwaldtunnel. Nachdem wir fünf Minuten angestiegen sind, eröffnet sich vor uns ein herrlicher Weitblick. Hinter den bunten Wiesen und Feldern erhebt sich das langgestreckte Mauracher Bergle. Es ist dafür verantwortlich, daß die Elz auf ihrem Lauf nach Emmendingen einen großen Umweg machen muß. Dort gibt es übrigens einen hochinteressanten Wanderweg, der in diesem Führer ebenfalls beschrieben ist. Links von unserem Wanderweg, der jetzt weniger ansteigt, hat man am Berghang

Nr. 21
Waldkirch Bahnhof oder Stadtrain
Die Bingen auf dem Hornbühl
Blaue Raute, blaues und rotes Dreieck, Nr. 4
12 Kilometer

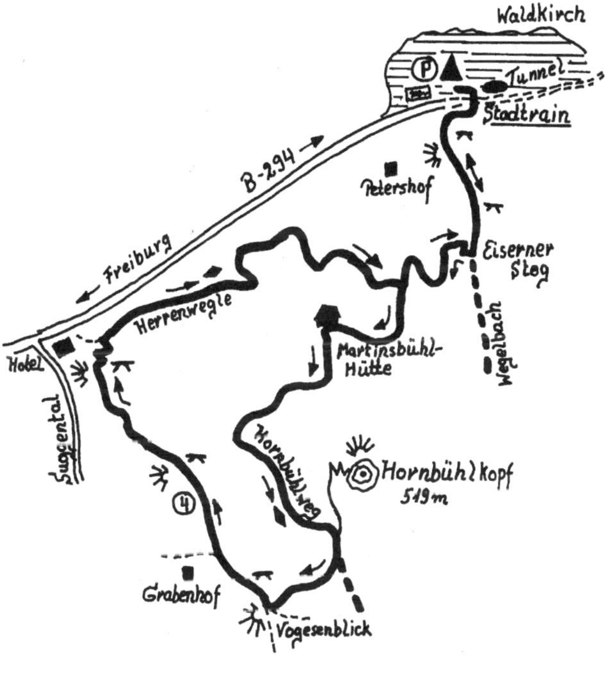

viele Nischen mit Bänkchen angelegt. Die mächtigen Bäume strecken ihre Äste weit über den Weg hinaus. Von da aus schauen wir hinunter auf die in der Talmulde liegenden Petershöfe. Ihre lange Geschichte wird uns sicherlich interessieren:

Die Petershöfe im Wegelbachtal
Vom untersten Beginn des Elztales bis hinauf ins Prechtal erstreckt sich auf der südlichen Talseite eine Löß-Lehmterrasse. Der Boden ist äußerst fruchtbar, und auf der einige Meter höher über dem Talgrund liegenden Stufe war man vor den verheerenden Hochwässern der Elz geschützt. Das war auch der Grund dafür, daß man sich da sein Haus hinbaute. Die an der westlichen Grenze zur Stadt Waldkirch im unteren Wegelbach gelegenen Petershöfe haben zumindest dem Namen nach eine weit über tausendjährige Tradition. An dieser Stelle stand um das Jahr 600 n. Chr. ein Hofgut mit einer Kirche, die dem Hlg. Petrus geweiht war. Sie war von so großer Bedeutung, daß sie sogar die Mutterkirche für weitere Gotteshäuser im Elztal wurde. Als sich im 8. Jahrhundert bei uns die Franken ansiedelten, bauten diese in unmittelbarer Nähe ebenfalls ein Gut mit einer Kirche. Diese weihten sie dem Frankenheiligen St. Martin. Später wurden beide Kirchen dem Chorherrenstift in Waldkirch einverleibt. Die kranken Stiftsbewohner brachte man zur Heilung – oder zum Sterben – in das Pfarrhaus von St. Martin. Heute ist von beiden Pfarreien nichts mehr zu sehen. St. Martin brach man 1809 ab, und St. Peter wurde 1822 ein Raub der Flammen. Doch die Erinnerung an die geschichtsträchtige Stelle halten die heutigen Petershöfe drunten im Wegelbachtal aufrecht.

Sind wir vom Ausgangspunkt etwa einen Kilometer weit das Wegelbachtal aufwärts gewandert, kommen wir zu einer Abzweigung. Nach rechts führt der „Eiserne Steg“ über den Bach auf die andere Talseite. Nur vierzig Meter talwärts weist uns die blaue Raute links haltend auf ein schmales und verschlungenes Hangwegchen. Von der steilen Halde kommen kleine Rinnsale herunter, die jedoch im Sommer oft mehrere Wochen trocken liegen. Unser erstes Ziel ist die Martinsbühlhütte, die wir nach einer Weggabelung über den breiten Kreuzwaldweg (roter Balken) erreichen. Hier fließt aus einem Brunnen frisches Wasser, und an einem riesigen Tisch können mindestens zwanzig Personen Platz nehmen und ihr Vesper auspacken. Hohe Bäume spenden selbst an heißen Tagen Schatten. Der rote Balken weist uns weiterhin den Weg in Richtung Hornbühlkopf. In vielen Windungen steigt der Hornbühlweg an. Einmal zweigt nach rechts der breite Hohlebühlweg ab, doch wir wandern weiter bergauf mit dem roten Rechteck. Hoch über dem rechts unter uns liegenden Suggental stehen wir dann vor einer Wegkreuzung. Jetzt müssen wir gut aufpassen, denn ganz spitz nach links weist uns eine Tafel auf den etwas steileren Weg hinauf zum Hornbühlkopf. Es sind nur 500

Meter, dann erreichen wir den Gipfel, der mit einer Höhe von 519 Metern seine Umgebung überragt. Einst hatte man von hier aus eine herrliche Aussicht, doch mittlerweile sind die Bäume so hoch gewachsen, daß ihr Laub im Sommer alles verdeckt. Trotzdem hat sich der Anstieg gelohnt. Ja, es wird sogar berichtet, daß Johann Wolfgang von Goethe schon da oben gestanden wäre. Er hatte sich diesen Ausflug von Emmendingen aus gegönnt, als er im Mai des Jahres 1775 seine Schwester Cornelia besuchte, die dort mit dem Oberamtmann J. G. Schlosser verheiratet war. Sicher hat er auch über die vielen kleinen und größeren Bingen (Vertiefungen im Boden) gestaunt, die an den Eisenerzbau aus dem Mittelalter erinnern. Vielleicht hat er sich auch – genau wie wir – ein Andenken von den rostroten Erzbrocken mitgenommen, die überall verstreut herumliegen. Dieser Erzabbau war sicher auch der Hinderungsgrund dafür, daß die Schwarzenberger ihre Burg nicht auf diesen Gipfel bauten, sondern sich weiter ins Gebirge zurückziehen mußten.

Vom Hornbühl aus steigen wir in fünf Minuten wieder hinunter zu der Waldstraße. Dort führt nach rechts steil bergab ein Weg, der die Bezeichnungen „Denzlingen und Suggenbad“ führt. Ihm folgen wir. Wo der Hochwald aufhört, kommen wir nach einer kurzen und steilen Rechtskurve zum Vogesenblick. Direkt unter uns liegt das Suggental, und weit draußen erstreckt sich die Ebene des „Unteren Breisgaus“. Eine Tafel mit der Nummer 4 zeigt uns an, daß es auf dem

Weg- oder Stacheldistel
(Carduus acanthoides)

Wiesenweg weiter geht. Links unten in der Mulde, das ist der Grabenhof. Doch zu ihm kommen wir nicht. Wenig oberhalb des Hofes hat man rechterhand ein Wasserreservoir gebaut. Genau da geht unser Wanderweg mit der Nummer 4 eben am Hang entlang weiter. Immer schöner wird der Ausblick in die Ebene, in der sich die Elz in vielen Bogen ihren Weg nach Norden in Richtung Emmendingen sucht. Der alles begrenzende Bergrücken am westlichen Horizont ist der Kaiserstuhl. Wer gute Augen hat, der erkennt an seinem nördlichen Ende das mächtige Gebäude der Riegeler Brauerei. Ab und zu verhuddelt sich unser Weg regelrecht, indem er zwischen Büschen und hochgewachsenen Pflanzen fast unsichtbar wird. Vom Sommer bis in den frühen Herbst wächst hier die „Weg- oder Stacheldistel". Sie kann bis zu einem Meter hoch werden, und wer nur kurze Hosen anhat, dem zeigt sie anschaulich woher sie ihren Namen hat.

Unser nächstes Ziel ist der Bergsporn hoch über dem Hotel Suggenbad am Talausgang. Dort steht eine Bank, von der aus wir hinunter auf die Brückenschnecke schauen können, über welche die Fußgänger die vielbefahrene B-294 überqueren können. Dann geht unser Weg im Zick-zack schmal durch den Wald bergab. Doch noch bevor wir die Talsohle erreichen, schwenken wir nach rechts auf den Querweg in Richtung Waldkirch ein. Die blaue Raute kennzeichnet ihn. Jetzt sind wir auf dem „Herrenwegle", und wir haben noch genau fünf Kilometer Rückweg vor uns. Aber woher kommt denn der Name „Herrenwegle?"

In den Fußstapfen von Kaiser Wilhelm I

In den zwanziger und dreißiger Jahren des 19. Jahrhunderts faßte man an vielen Stellen im Elztal die Quellen, um für die Kurgäste Badeanstalten einzurichten. Messungen hatten ergeben, daß das Quellwasser eine heilsame Wirkung hat. In der Nähe dieser Bäder entstanden auch Speiselokale, die man liebevoll „Freßbädle" nannte. Nach dem Essen war dann ein Verdauungsspaziergang fällig. So auch im Suggental, wo die Herrschaften von weither kamen. Im Jahre 1880 hatte der Großherzog Friedrich I von Baden die Idee, seine Schwiegermutter, die Kaiserin, mit ihrem Gatten „Kaiser Wilhelm I", mit Prinzen und Prinzessinnen nebst Gefolge zu einem köstlichen Mahl ins Suggenbad einzuladen. Am 30. September 1880 fuhren die Kutschen vor. Man tafelte über zwei Stunden, und nebenher machte man große Politik. Nach dem kaiserlichen Essen geruhte seine Majestät noch etwa einen Kilometer weit in Richtung Waldkirch zu Fuß durch den Wald zu gehen. Diesen Weg, den er mit seiner Verwandtschaft beschritt, nennt man noch heute „s' Herrenwegle"

Auch wir wandern auf dem Herrenwegle, immer der blauen Raute folgend, nach Waldkirch zurück, Unterwegs treffen wir dann auf die Route, auf welcher wir die Wanderung begonnen haben. Nachdem wir wieder den „Eisernen Steg“ passiert haben, sind es noch zehn Minuten bis zum Stadtrain in Waldkirch. Mit Vesperpause, und mit so manchem Aufenthalt an schönen Stellen, waren wir rund vier Stunden unterwegs. Uns hat sich ein schönes Stückchen Heimat erschlossen.

Auf einem Klassiker zum Kandel

Waldkirch – Marktplatz – Kandelstraße – Almendweg – Wasserwerk – Alter Kandelweg – Altersbach.

Altersbach – Damenpfad – Langeckhütte – Großer Kandelfels –Kandel – Kandelserpentine – Albinhütte – Rotwasserweg – Rotwasserhütte – Altersbach – Waldkirch

Markierung:	Rote Raute mit „K" und blaue Raute
Länge:	Ab Waldkirch 21 Kilometer; ab Altersbach 14 Kilometer
Steigung:	Anstieg mäßig bis steil; Abstieg steil
Hinfahrt:	Mit Zug, Bus oder Pkw bis Waldkirch; mit Pkw bis Altersbach

Was der Belchen für den südlichen Schwarzwald, das ist der Kandel für den mittleren Schwarzwald, nämlich ein hoch aufragender Gebirgsstock, dessen Flanken steil zur Oberrheinischen Ebene abfallen. Dabei hat der Kandel eine Besonderheit zu verzeichnen. Er wird von vier tief unter ihm liegenden Tälern umfangen. Im Osten ist es das Simonswäldertal mit der Wildgutach, im Süden das als Erholungsgebiet weitbekannte Glottertal, im Westen der Oberrheingraben und im Norden schließlich das Elztal mit seinen Handelswegen schon aus der frühen Vorzeit. Heinrich Hansjakob, der katholische Pfarrer und Schriftsteller aus Haslach im Kinzigtal, nennt den Kandel den »Keltenberg«. Er bezieht sich dabei sicherlich auf das keltische Wort »cant«, das »weiß« bedeutet. Wer den leuchtenden schneebedeckten Gipfel je gesehen hat, der kann diese Bezeichnung nur unterstützen. Auch der indogermanische Sprachstamm spricht von »skand«, was in der Übersetzung »leuchten« heißt So spricht man schon im Jahre 1111 vom »Monte Skanden«. Der Name »Kandel« wird auch noch von einem anderen Gebirge in Frankreich beansprucht. In der Auvergne befindet sich das »Cantal«*. Viele Sagen umwogen den Kandel. Das ist klar, denn auf solchen Höhen lebten für unsere Vorfahren die Götter. Die Kelten und Alemannen räumten dem Gott Wotan seinen Göttersitz auf dem Kandel ein.

Ja, es ist schon ein Klassiker unter den Wanderwegen im Schwarzwald, der hier nicht nur beschrieben, sondern jedem zünftigen Wanderer wärmstens empfohlen werden soll. Und wie es sich bei solchen Touren gehört, muß auch die Ausrüstung stimmen. Stabile Schuhe, wetterfeste Kleidung und ein Rucksack sind Voraussetzung. Zwei Möglichkeiten sollen zur Auswahl stehen:

a. Wir beginnen die Wanderung in Waldkirch am Marktplatz im Zentrum der Stadt, dort wo wir in der autofreien Zone zugleich das schöne Rathaus inmitten eines herrlichen Ortskernes bewundern können, oder

* Siehe „Waldkirch", Verlag Schillinger, Freiburg, 2. Auflage 1980

Nr. 22
Waldkirch oder Altersbach
Ein Klassiker zum Kandel
Blaue Raute
21 bzw. 14 Kilometer

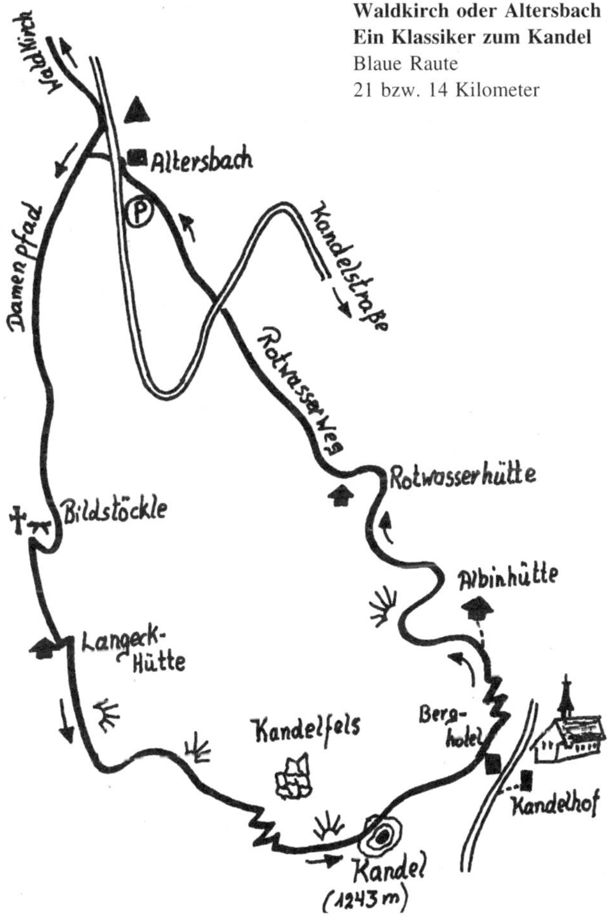

b. Wir fahren mit dem Pkw – evtl. auch mit dem SBG-Bus – bis zum Gasthaus Altersbach und steigen dort direkt in den Damenpfad ein.

Die Variante a bietet uns einen zwar längeren, jedoch landschaftlich sehr schönen Einstieg; die Variante b führt uns gleich mitten hinein in die urwüchsige Landschaft des Kandelmassivs.

Von Waldkirch nach Altersbach

Schon am Bahnhof in Waldkirch bekommen wir den Hinweis auf den „Kandel-Höhenweg". Es ist eine rote Raute im weißen Feld, in der ein deutlich sichtbares „K" steht. Wir wandern durch die Adenauerstraße über die Elzbrücke zur Stadt hin und erreichen an der Ecke Langestraße das schöne Postgebäude. Auf seinem Treppenturm sitzt ein markanter Helm (SBG-Busstation). Schon nach 200 Metern sind wir am Marktplatz im Stadtzentrum. Wenige Schritte nach dem Rathaus sollten wir stehenbleiben und über die malerischen Hausdächer hinweg einen Blick zur Kastelburg werfen. Auch dorthin führen uns in diesem Büchle Wanderungen. Oberhalb des Marktplatzes treffen wir auf die Kandelstraße. Sollten wir noch Fragen über Waldkirch haben, oder besteht gar Bedarf an Karten oder Literatur, ist hier in einem sehr schönen und historischen Gebäude die Stadtinformation zu erreichen. Allzeit freundliche Menschen empfangen uns, und jedem erfüllbaren Wunsch wird selbstverständlich sofort nachgekommen. Auf dem Gehweg neben der Kandelstraße steigen wir an. Es ist sehr kurzweilig, und bald unterqueren wir die neue Bundesstraße B-294, welche durch den 1,1 Kilometer langen Hugenwaldtunnel die historische Innenstadt von Waldkirch vom Durchgangsverkehr entlastet. Bald danach zeigt uns das weiße K in der roten Raute an, daß wir halbrechts abzweigen sollen. Als Orientierungshilfe dient uns das grüne Gebäude des Wasserwerks.

Nach den letzten Häusern fängt der unbefestigte breite „Alte Kandelweg" an. Jetzt liegt Waldkirch nicht nur hinter uns, sondern auch unter uns. Ein hochgewachsener Mischwald begleitet uns schattenspendend. Im Mai blüht weiß der Waldmeister auf dem Waldboden. Er wird im Juni und Juli abgelöst vom gelben Springkraut. Hier riecht es richtig natürlich. Sollten wir das Glück haben, daß Holzfäller einen frischen „Ster" aufgesetzt haben, dann kommen wir in den einmaligen Genuß frisch gesägtes Holz riechen zu dürfen. Plötzlich hört linkerhand der Hochwald auf. Eine Schranke begrenzt den Weg. Nun sind wir im Altersbachtal. Hier beginnt der „Damenpfad". Wir haben ihn uns zur Besteigung des Kandels ausgesucht. Er wird von der blauen Raute geführt, das heißt, wir verlassen jetzt die rote Raute mit dem K. Für die Pkw-Fahrer, welche bis zum Wanderparkplatz am Gasthaus Altersbach gefahren sind, ist da ebenfalls ein Einstieg in den Damenpfad.

Auf dem Damenpfad zum Kandel

Alle Aufstiege zum Kandel, zumindest diejenigen, welche über die Nordseite führen, sind recht steil. Eine Ausnahme dabei macht der „Damenpfad“. Er ist bis zum großen Kandelfels, also auf drei Viertel seiner Wegstrecke, als bequem zu bezeichnen. Heißt er deshalb Damenpfad? Der Damenpfad beginnt 300 Meter unterhalb des Gasthauses Altersbach. Allerdings gibt es auch einen Zugang vom Wirtshaus aus. Er wird von der blauen Raute markiert. Zügig – aber bequem – steigen wir auf schmalem Pfad bergan. Oft meinen wir auf Watte zu gehen, so weich ist der Waldboden. Viele Generationen von abgefallenen Fichtennadeln haben ihn gepolstert. Dort, wo durch Holzeinschlag eine kleine Lichtung entstanden ist, reifen im Juni und Juli köstliche Waldhimbeeren. Doch kaum ist der nachwachsende Jungwald über einen Meter hoch, verschwinden sie wieder. Ein langes Stück des Weges führt geradeaus in Richtung Kandel, bis eine einzige Serpentine diesen Teil des Anstiegs unterbricht. Dort treffen wir wenige Meter neben dem Hauptweg auf ein Bildstöckle, aufgestellt 1996, auf dem uns das Geschlecht „Hoch-Neubure“ seit 1620 lückenlos vorgestellt wird. Von der Bank daneben können wir diese Art von Volkskunst in ihrer eigentlichen Form auf uns wirken lassen. Gott Vater schwebt in einer Wolke, während darunter Jesus die Krone über das Haupt der Maria hält. Darunter steht: „Salve Regina“. Jetzt ist es nicht mehr weit bis zur Langeckhütte. Da sind wir 780 Meter hoch. Bis zum Gipfel fehlen uns immerhin noch 450 Höhenmeter, was uns veranlaßt eine Rast einzulegen. Ursprünglich stammte diese Hütte aus dem Jahre 1902, doch im Jahre 1997 ließ sie die Stadt Waldkirch erneuern. Neben einer Feuerstelle ist Platz für etwa 20 Personen.

Nach der Langeckhütte nähern wir uns immer mehr dem Nordhang des Kandels. Der Weg wird schmaler und felsiger. Auf dem lichten Waldboden wächst die Feld-Hainsimse (Luzula campestris). Je höher wir kommen, desto mehr ist der Waldboden von Farn bevölkert. Drei Farnarten herrschen vor: Das sind der Wurmfarn, der Wald-Frauenfarn und der Dornfarn*. Etwa zehn Minuten oberhalb der Langeckhütte präsentiert sich ein wunderschöner Ausblick hinüber zum Kandelgipfel und zum großen Kandelfels. Er soll unser nächstes Ziel sein. Bis zu der Nacht vom 30. April auf den 1. Mai 1981 konnte man zu Recht noch vom großen Kandelfels sprechen. Doch in jener Nacht, der „Walpurgisnacht“, geschah Schreckliches. Um 0.17 Uhr stürzte der Fels ein. Über 2 000 Kubikmeter Gestein rasten den Hang hinunter. Der riesige Felsblock, der früher wie ein Tisch auf einer winzig kleinen Unterlage gelegen war, hatte sich selbständig gemacht und alles mit sich in die Tiefe gerissen. Noch schauerlicher wird die Sache, wenn man die Sagen liest, die

* „Bodenpflanzen des Waldes“ ein Taschenbildbuch von G. Amann, im Verlag Neumann.

sich um den Kandel winden. Schon in grauer Vorzeit spricht man von einer Teufelskanzel, auf der sogar Hexenzusammenkünfte stattgefunden haben sollen. In einer anderen Geschichte wird von einem mächtigen See berichtet, der im Berginnern ruhe. Sein Ausgang würde durch den Kandelfels versperrt. Würde der eines Tages einstürzen, könnten die Wassermassen das ganze untere Elztal und den Breisgau überfluten.

Der ehemalige „Große Kandelfels", auch Teufelskanzel genannt. Der gesamte obere Block stürtzte in der Walpurgisnacht 1981 ab.

Die Geschichte vom Kandelsee

Im Elztal erzählt man sich seit urdenklichen Zeiten folgende Geschichte: „Hoch droben am Kandel steht ein turmhoher Fels. Sein oberster Block ragt gefährlich weit in den Himmel hinaus. In der Walpurgisnacht (30. April zum 1. Mai) tanzen hier alljährlich die Hexen. Unter dem Felsen ruht ein riesengroßer See. Wenn der ausbricht, dann überflutet sein Wasser den gesamten Breisgau. Das hatte sich der Teufel schon lange gewünscht. Doch dazu brauchte er die Mithilfe eines unschuldigen Buben. Den fand er in einem Waisenknaben, der am Kandel Vieh hütete. Er lebte sehr ärmlich, und die meiste Zeit hatte er Hunger. Seine Kleidung war zerschlissen, und in der Nacht fror er. Da näherte sich der Teufel dem Knaben in der Gestalt eines Jägers. Er erzählte dem Buben, daß unter dem Felsen ein riesiger Gold- und Silberschatz liegen würde. Man müßte nur den Felsen wegräumen. Der Knabe war von der Idee begeistert, und er holte sich in der Nacht von seinem Herrn vier Zugstiere. Am anderen Morgen spannte er die Tiere vor den Felsen, in den der Teufel in der Nacht einen großen gelben Ring getrieben hatte. Dann spornte der Knabe die Tiere an und rief laut: „So zieht denn, in Gottes Namen!" Doch dieser Ausspruch war dem Teufel zuviel. Unter dem Getöse von Blitz und Donner verzog er sich. Zurück blieb ein tiefer Riß im Fels, aus dem köstliches Trinkwasser floß. Der See unter dem Kandelfels blieb gefesselt, und der Breisgau wurde nicht überschwemmt. Hätte der Knabe nicht den Namen Gottes genannt, dann wäre der Wunsch des Teufels in Erfüllung gegangen.

Ganz in Gedanken mit der Welt der Sagen verflochten, steigen wir über mehrere Serpentinen entlang der Reste des einstigen Kandelfelsens empor. Ab jetzt ist der Weg für etwa 15 Minuten steil geworden. Das gibt uns Gelegenheit in den Verschnaufpausen den herrlichen Blick ins tief drunten liegende Elztal und in den dahinter sich ausbreitenden „Unteren Breisgau" zu werfen. Schon weit oberhalb des Felsens gabelt sich der Weg. Wir haben die Wahl noch bis zum Kandelgipfel hoch zu steigen, oder auf einem etwas steinigen Hangweg zum Berghotel abzuzweigen. Auf jeden Fall sind wir jetzt oben. Wir haben den Berg bezwungen. Kamen wir von Waldkirch, dann waren wir vier Stunden unterwegs gewesen. Sind wir beim Gasthaus Altersbach eingestiegen, haben wir es in drei Stunden geschafft. Natürlich haben wir eine Pause verdient. Wir können vespern und anschließend noch die Pius-Kapelle unterhalb der Bergwachthütte besichtigen. Ganz sicher wird uns die bunte Vielfalt der Bergflora erfreuen. In den Wiesen blüht Arnika, der gelbe Flügelginster und das weiße, ganz niedrige und polsterbildende Sandlabkraut. Auf den hohen und schwankenden Fruchtständen des Sauerampfers sitzen Vögel und picken die Samen heraus. Ausgangs des Sommers blüht das Weidenröschen. Es löst mit seinem Purpurrot das leuchtende Gelb des Johanniskrautes ab.

Für den Rückweg benützen wir den Abstieg über die Kandelserpentine und über den Rotwasserweg. Der Einstieg ist 30 Meter oberhalb des Berghotels bei der umfangreichen Markierungstafel. Es geht gleich kräftig bergab. Am feuchten Hang unterhalb des Hotels blühen Lupinen, Weidenröschen und blauer Eisenhut. Noch bevor wir unter der Rampe der Drachenflieger durchwandern, genießen wir den traumhaft schönen Fernblick über das Elztal hinweg in den „Unteren Breisgau" und bei gutem Wetter bis zu den Vogesen. Wieder ist es die blaue Raute, die uns den Weg weist. Sehr schnell verlieren wir auf der Kandelserpentine an Höhe. Mehrmals queren wir die Abfahrtsschneise im Kandel-Nordhang. In den sickerfeuchten Gründen blüht im Juli und August üppig der blaue Eisenhut. Diese bis zu 1,50 Meter hoch werdende Pflanze gehört zu den Hahnenfußgewächsen. Sie enthält in größerer Menge Alkaloide und ist deshalb sehr giftig. Auch wenn der blaue Eisenhut im oberen Kandelwald an einigen Stellen zahlreich vorkommt, ist er selten geworden. Deshalb sind alle Eisenhutarten geschützt.

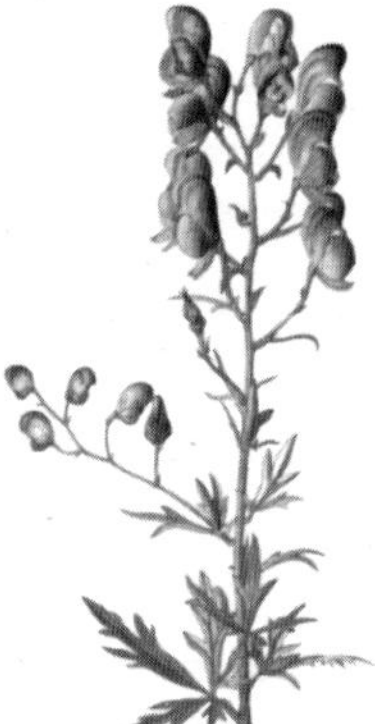

Blauer Eisenhut
(Aconitum napellus)

Nach zwanzig Minuten erreichen wir in 940 Meter Höhe die Albinhütte. Von hier aus folgen wir dem Rotwasserweg. Er ist breit, aber sehr steil. Spätestens jetzt erkennen wir, daß der Aufstieg über den Damenpfad bequemer war. Links, tief unter uns, sammelt das Kandelbächle alle Rinnsale aus den vielen Seitentälern ein. In einer großen Wegschleife kommen wir an der im Sommer 1997 neu aufgebauten Rotwasserhütte vorbei. Dann geht es flugs hinab zum Gasthaus Altersbach. Vorher bietet sich bei reichlichem Wasserstand ein kleiner Abstecher zu den wenige Meter links vom Wege liegenden Wasserfällen an. Die Pkw-Fahrer sind jetzt am Ziel. Wer seinen Ausgangspunkt in Waldkirch hatte, der darf noch 3,5 Kilometer auf bekannten Wegen talwärts wandern. Dabei wird uns der Rückweg sicher völlig neue Ausblicke eröffnen, die uns vorher beim Anstieg nicht aufgefallen sind. Nach der Rückkehr werden wir zwar müde Beine haben, doch wir dürfen mit Stolz behaupten, einen Klassiker unter den Schwarzwaldgipfeln bezwungen zu haben.

Das Dach des Breisgaus

Nicht immer sind es die höchsten Gipfel im Schwarzwald, welche zugleich die schönste Aussicht bieten. Unser heutiges Beispiel wird uns das beweisen. Der Kandel gehört zwar mit seinen 1243 Metern Höhe noch zum erhabenen Kreis der Zwölfhunderter, doch gibt es eine ganze Reihe von Gipfeln, die ihn überragen. Was ihn so imposant und mächtig macht, ist die Tatsache, daß er steil aus der Ebene aufsteigt. Er ist ein sogenannter Randberg. Als solcher genießt er den Vorzug, daß man von seinem Gipfel aus fast unendlich weit ins Land hinausschauen kann. Wir erreichen den Kandel von Waldkirch aus über eine gut ausgebaute Straße. Weitere Zufahrtsmöglichkeiten gibt es durch das Glottertal und durch das Eschbachtal über St. Peter. Wer von Hinterzarten kommt, der benutzt die Höhenstraße über den Thurner, St Märgen und St Peter. Alle Straßen sind im Sommer und im Winter in gutem Zustand. Auf der Paßhöhe finden wir genügend Parkmöglichkeiten, und wir können unser Auto kostenlos über viele Stunden hinweg allei ne lassen.

Ein Spaziergang und zwei Rundwanderungen werden uns das Kandelmassiv erschließen.

1. Kandelgipfel-Rundweg	Holztafel	1,0 Kilometer
2. Rundweg I Adolf-Botz-Weg	Gelber Punkt mit I	1,8 Kilometer
3. Rundweg II Josef-Seger-Weg	Gelber Punkt mit II	9,0 Kilometer

Ein Spaziergang über den 1243 Meter hohen Gipfel

Markierung: Holztafel mit Aufschrift „Kandelgipfel-Rundweg“
Länge: 1,0 Kilometer; Steigung leicht
Hinfahrt: Mit SBG-Bus ab St. Peter oder ab Waldkirch, mit Pkw bis Berghotel Kandel

Eigentlich gehört es zum festen Programm eines Ferienaufenthaltes im Südschwarzwald, daß man einen Tag dem Kandel widmet. Die Auffahrt von Waldkirch aus ist kurvenreich und steil. Wenn wir aus der Richtung St. Peter kommen, dann nähern wir uns auf den beiden letzten Kilometern mehr gemächlich der Paßhöhe. Zum Gipfel kann man nicht fahren. Ihn muß man zu Fuß erobern, und da hat der Kandel etwas Besonderes zu bieten. Seinen Gipfel kann man auch mit ganz normalen Straßenschuhen besteigen. Ausgangspunkt ist das Berghotel Kandel. Von dort aus erreicht man das Höchste bequem in 15 Minuten. Ein breiter Weg führt uns mühelos bergauf. Die Naturschützer haben an alle Besucher eine große Bitte: Sie wünschen sich, daß man diesen breiten Weg nicht verläßt. Jahrelang gingen viele Trampelpfade zum Gipfel hinauf. Nach starken Regenfällen wusch das Wasser diese

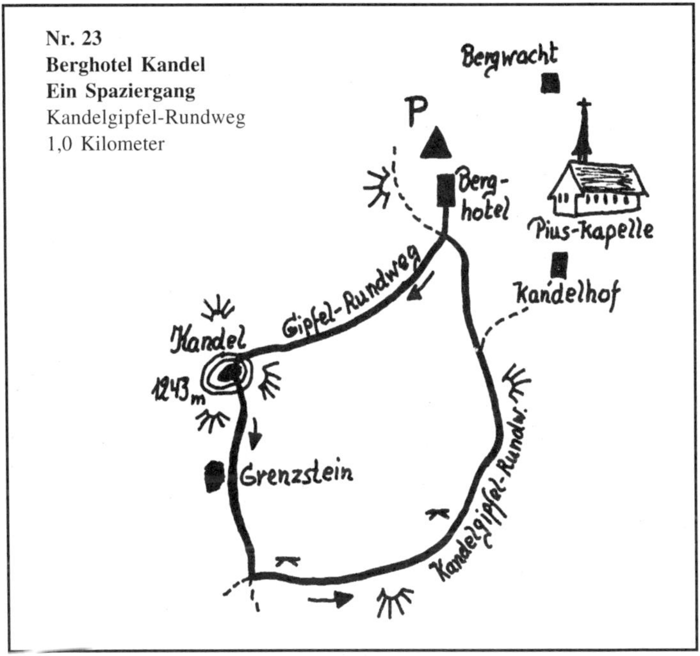

Wege aus, und der wundervolle Berg war drauf und dran seine natürliche Schönheit zu verlieren. Mit viel ehrenamtlicher Arbeit füllte man die Erosionsrinnen mit Erde auf. Heute blüht und grünt es wieder lückenlos auf der üppigen Bergwiese. So soll es auch bleiben.

Der Aufstieg zum Gipfel lohnt sich, denn von da oben aus haben wir den totalen Rundumblick. Wir besteigen den nur drei Meter hohen Aussichtspavillon und studieren anhand einer Orientierungsscheibe das Umland. Von der Burgunder Pforte – draußen im Südwesten – zieht sich wie eine breite Wand die Kette der Vogesen bis hinauf nach Straßburg im Nordwesten. Zwischen uns und dem französischen Gebirgszug liegt die Oberrheinische Ebene. Wenden wir uns weiter nach rechts, dann erkennen wir im blauen Dunst der Ferne die Höhen des Nordschwarzwaldes. Mehr nach Osten gewandt, streifen wir über die sanft geschwungenen Erhebungen des mittleren Schwarzwaldes mit dem Brend und dem Rohrhardsberg. Genau im Süden erhebt sich der höchste Berg des Schwarzwaldes, der Feldberg. Erwähnenswert ist auch, daß auf dem Kandel die Gemarkungsgrenzen von Glottertal, St. Peter, Simonswald, Siensbach und Waldkirch zusammentreffen.

Bei gutem Wetter werden wir lange bleiben und die gute Luft genießen. Spätestens jetzt merken wir, daß es sich selbst an heißen Tagen lohnt eine Jacke mitzunehmen. Um den exponiert stehenden Gipfel weht meistens ein frisches Lüftchen. Für den Rückweg folgen wir dem Holzpfeil mit der Aufschrift „Kandelgipfel-Rundweg". Er zeigt auf den breiten Wiesenweg, der genau in südlicher Richtung abwärts führt. Vorbei an einem Grenzstein aus dem Jahre 1754 lernen wir eine Pflanzengesellschaft kennen, die sich in dem selten gewordenen „Borstgrasrasen" heimisch fühlt.

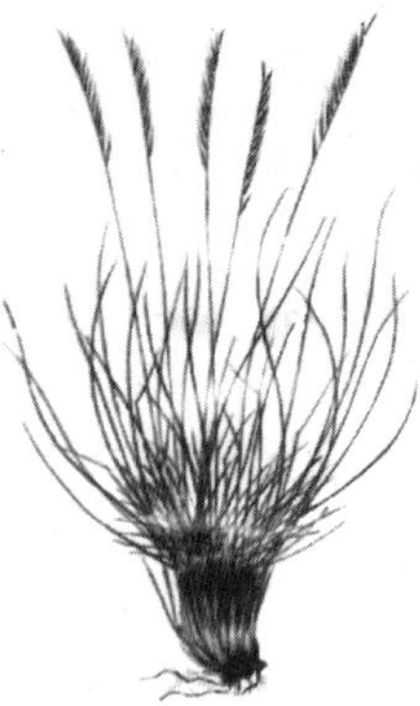

Borstgras (Nardus stricta)

Das Borstgras ist ein Hungergras

Alle Höhenzüge des südlichen Schwarzwaldes waren einmal vom „Borstgras" überzogen. Heute ist das leider nicht mehr so. Zu starke Beweidung, und die damit verbundene Düngung der Wiesen, ließen diese für unsere Gipfelregionen so wichtige Grasart immer seltener werden. Das »Borstgras" ist ein Hungergras, das heißt, es liebt nur magere Böden. Diese Bodenart finden wir zum Beispiel noch hier auf dem Kandel. Das Borstgras wächst in dichten graugrünen Horsten, die von den gelblichen Blättern des Vorjahres umhüllt sind. Es wird nur fünf bis dreißig Zentimeter hoch, bietet also dem Vieh wenig Futter. Trotzdem ist es im ganz jungen Stadium für die Kühe ein Leckerbissen, denn sie lieben seinen aromatischen Duft (Nardos = indisches Duftöl). Der Halm steht steif (stricta) und aufrecht und überragt die Blätter. Die Ähre blüht im Juni in den Farben schieferblau bis violett. Danach vergilben die Spelzen. Dann steht das Gras borstenförmig aufragend für den Rest des Sommers am Berg. Seine wichtigste Aufgabe besteht darin, daß es den Boden festhält. So kann die Erde, selbst von schweren Regenfällen, nicht weggeschwemmt werden. Wir verdanken es also dem Borstgras, daß die baumlosen Höhen des Südschwarzwaldes bis heute grün und blumenreich geblieben sind.

Etwa 300 Meter unterhalb des Gipfels treffen wir auf den Rundweg Nr. 1, den Adolf-Botz-Weg auf den wir nach links abbiegen. Bald sind wir wieder am Ausgangspunkt vorne an der Paßhöhe. Doch bevor wir den Kandel wieder verlassen, sollten wir uns noch etwas umsehen. Außer der Besteigung des 1243 Meter hohen Gipfels, hat dieser Berg noch mehr zu bieten.

Rund um das Dach des Breisgaus

Berghotel – Rundweg I – (Adolf-Botz-Weg) schöne Aussicht – Hochweide

Markierung: Gelber Punkt mit I

Länge: 1,8 Kilometer; Steigung leicht

Hinfahrt: Mit SBG-Bus ab St. Peter oder ab Waldkirch, mit Pkw bis Berghotel Kandel

Abgesehen davon, daß der Kandel unbestritten einer der schönsten Aussichtsberge des südlichen Schwarzwaldes ist, so bietet er auch unterhalb der Gipfelregion auf seinen zwei Rundwegen zauberhafte Wanderungen an. Wir wollen heute den Rundweg Nr. I auswählen. Er wird gekennzeichnet vom gelben Punkt mit der römischen Ziffer I. Gleich oberhalb des Berghotels stehen wir vor einer umfangreichen Informationstafel. Dort erfahren wir alles, was wir über das Wandergebiet Kandel wissen wollen. Etwas steht allerdings nicht da, und trotzdem sollten wir es streng beachten: Auch für unseren verhältnismäßig kurzen Rundweg brauchen wir feste Schuhe. Unser Rundweg Nr. I trägt den Namen „Adolf-Botz-Weg", und er beginnt 60 Meter oberhalb der Hinweise. Dort biegen wir auf den schmalen Pfad nach rechts ein. Eine üppige Krautvegetation hat sich hier angesiedelt. Bis zu 1,50 Meter hoch wächst in dieser sonnenarmen Nordhalde der „Alpen-Milchlattich" (Cicerbita-alpina). Seine leuchtend blaulila Sternblüten beherrschen im Juli und August das Bild. Dazwischen zwängt sich das bis in den September blühende ebenso hohe „Fuchs-Greiskraut" (Senecio-fuchsii). Es ist schon erstaunlich, wie schnell diese Pflanzen wachsen, haben sie doch eine verhältnismäßig kurze Vegetationszeit. Oft liegt hier bis in die zweite Maihälfte hinein noch Schnee. Schon wenige Meter, nachdem wir abgebogen sind, können wir durch eine Baumlücke hindurch hinunter ins Elztal schauen. Dort unten liegen Waldkirch und Kollnau. Dahinter erheben sich die Höhenzüge des Freiamts. Unser weiterer Weg macht deutlich, daß der Hinweis auf feste Schuhe gerechtfertigt war. Es wird felsig, und wir tun gut daran, genau darauf zu achten wo wir hintreten. Nach links zweigt steil ein Stichweg zum Kandelgipfel ab. Doch dorthin wollen wir jetzt nicht. Wir bleiben auf unserem Pfad, der sich in rund 1200 Meter Höhe ohne großes Auf und Ab in einer weiten Linksschleife um den Gipfel herumzieht.

Bei der „Schönen Aussicht“ werden wir ganz bestimmt länger pausieren, zumal eine Bank uns das Schauen erleichtert. Von hier aus haben wir einen tollen Blick zum Hauptkamm des Hochschwarzwaldes. Dazwischen liegt auf der Hochebene links draußen das Klosterdorf St. Peter. Weit hinten, an schönen Tagen ganz im blauen Dunst, zieht sich die Kette vom 1493 Meter hohen Feldberg nach rechts über den Stübenwasen zum Schauinsland, dem Hausberg der Freiburger. Wenn es ganz klar ist, dann haben wir die Chance fern im Südwesten sogar den Belchen zu erkennen. Tief unter uns fließt das „Zartener Becken“ trichterförmig in die „Breisgauer Bucht“, wo es seine gesammelten Schwarzwaldwasser in der Dreisam mitten durch Freiburg hindurchführt.

Nr. 24
Berghotel Kandel
Um das Dach des Breisgaus
Gelber Punkt mit I
1,8 Kilometer

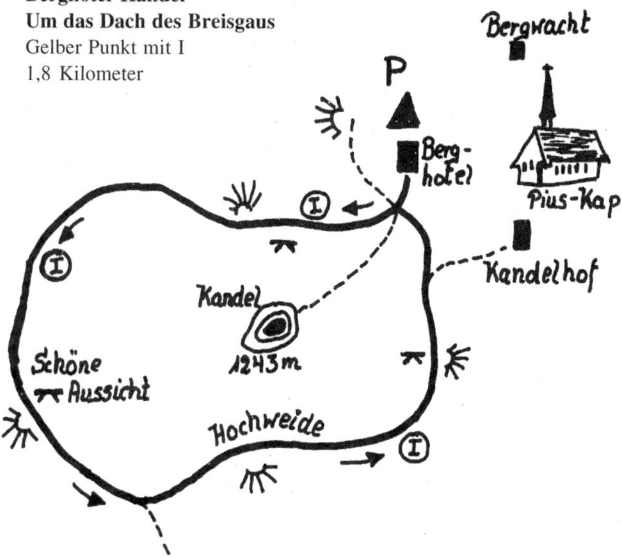

Dann wandern wir weiter. Es ist still auf dieser Seite des Berges. Nur wenige Spaziergänger begegnen uns. Nach etwa 15 Minuten verändert sich das Bild. Der Wald hört auf und wir treten auf ein Weidfeld hinaus. Hier blühen nur wenige Blumen. Sie haben unter dem scharfen Tritt der Rinderhufe keine Möglichkeit sich voll zu entfalten. Den ganzen Sommer über glotzen uns hier die Rindviecher an. Oder meinen diese vielleicht, daß wir Menschen sie anglotzen? Wer mag sich in die Psyche einer Kuh hineinzuversetzen, um diese Frage gültig klären zu können? Eine ganz andere Landschaft erwartet uns, wenn wir die Weidfläche überquert haben. Dort beginnt – abgegrenzt durch vom Wind gebeugte Bergbuchen – die bunte Bergwiese. Kaum ist der Schnee abgeschmolzen, dann sprießt es schnell. Der Sommer in dieser Höhe ist kurz. Er erreicht seinen Höhepunkt im Juli und August. Dann ist die Bergwiese um den Kandelgipfel herum übersät mit Arnika. Diese alte Heilpflanze mit ihren zerzausten orangegelben Blüten, kennen wir auch noch unter dem Namen »Bergwohlverleih«. Leider wird sie sehr stark reduziert, da viele Leute die Blüten sammeln und daraus Tee herstellen oder mit Alkohol eine Tinktur ansetzen. Die ätherischen Öle und die Bitter- und Gerbstoffe wirken anregend auf das Gefäßsystem. Gehen wir diesen Weg nur einen Monat später, also im September, dann herrscht das Lila des Erika vor, das noch etwas später von dem wunderschönen Blütenteppich des Augentrostes abgelöst wird. Und schon ist es Herbst. Jetzt sollte man diesen Kandelrundweg wieder erwandern. Drunten im Tal liegt dichter Nebel. Hier oben erleben wir im November noch eine wärmende Sonne unter einem stahlblauen Himmel.

Nach etwa dreiviertel Stunden kehren wir zum Ausgangspunkt zurück. Hinter uns liegt ein bequemer Weg, der uns – sowohl botanisch als auch landschaftlich – viel geboten hat. Wir sind im wahrsten Sinne des Wortes um das Dach des Breis-

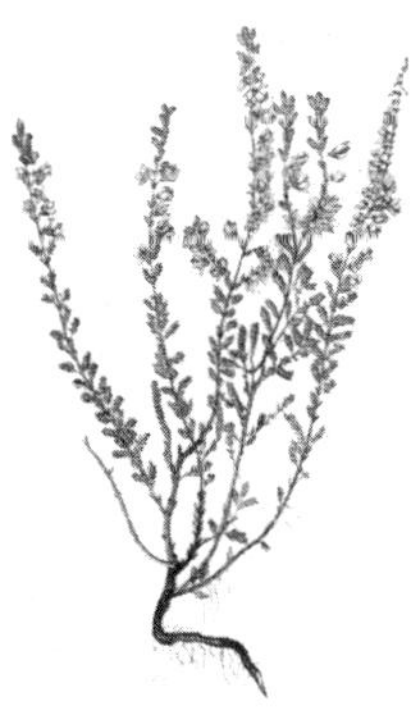

Gemeines Heidekraut (Erika)
Besenheide
(Calluna vulgaris)

gaues herumgewandert. Sollte der zwar kurze, aber so erlebnisreiche Wanderweg die Lust auf eine Tasse Kaffee und ein Stück „Schwarzwälder Kirschtorte" geweckt haben, dann bieten gastronomische Betriebe unterhalb und neben dem Parkplatz auf der Paßhöhe bestimmt etwas Feines an.

Zwischen Heibeerfelsen und Thomashütte

Berghotel – Bergwachthütte – Heibeerfelsen – Kohlplatz – Fahrstraße – Großer Kandelfels – Thomashütte – Hospenkreuz – Gummenhütte – Hochweide

Markierung: Gelber Punkt mit II

Länge: 9,0 Kilometer; Steigung mäßig, kurz steil

Hinfahrt: Mit SBG-Bus ab St. Peter oder ab Waldkirch, mit Pkw bis Berghotel Kandel

Zwei Zufahrtswege sind es., über die wir zum Ausgangspunkt unserer heutigen Rundwanderung auf den 1243 Meter hohen Kandel gelangen können. Einmal haben wir die Möglichkeit von St. Peter her anzufahren, die andere Straße führt uns von Waldkirch aus dem Elztal herauf. Beide Strecken werden von Buslinien angeboten. Kommen wir mit dem Pkw, dann finden wir auf der Paßhöhe am Kandel in 1200 Meter Höhe genügend Parkplätze vor.

Wir haben uns heute einen Weg ausgesucht, der uns in unterschiedliche Höhenlagen rund um den Kandel herumführt. Dabei bekommen wir Gelegenheit von herrlichen Aussichtspunkten in die vielen Täler zu schauen, die von diesem mächtigen und freistehenden Gebirgsblock der Ebene zustreben. Wir werden noch viel mehr sehen, als vom eigentlichen Gipfelpunkt aus; und das will schon etwas heißen, denn die Aussicht vom Höchsten ist phantastisch. Unser Weg beginnt am Kandelhotel. Dort überqueren wir die Straße und wandern an der Bergwachthütte vorbei in Richtung Hochwald. Unser Wegzeichen ist ein gelber Punkt, in den die römische Zahl II eingelassen ist. Der Weg ist benannt nach Josef Seger, einem Forstmeister aus Waldkirch. Sanft geht es bergab bis zu einem breiten Waldweg, den wir jedoch schon nach 300 Metern wieder verlassen. Wir biegen scharf nach links ab auf einen schmalen und felsigen Pfad. Er ist gut zu begehen. Meterlange Farnwedel versuchen uns zu bremsen, als wollten sie uns ermahnen, diesen schönen Weg langsam wandernd zu genießen. Wie alpin hier die Landschaft ist, erkennen wir erst richtig beim Heibeerfelsen. Wenige Meter rechts vom Weg ragt dieser mächtige Felsblock wie eine Kanzel über den steilen Abhang hinaus. Wir steigen vorsichtig bis auf seine vorderste Nase, und schon können wir den Namen deuten.

Nr. 25
Berghotel Kandel
Zwischen Heibeerfelsen und Thomashütte
Gelber Punkt mit II
9 Kilometer

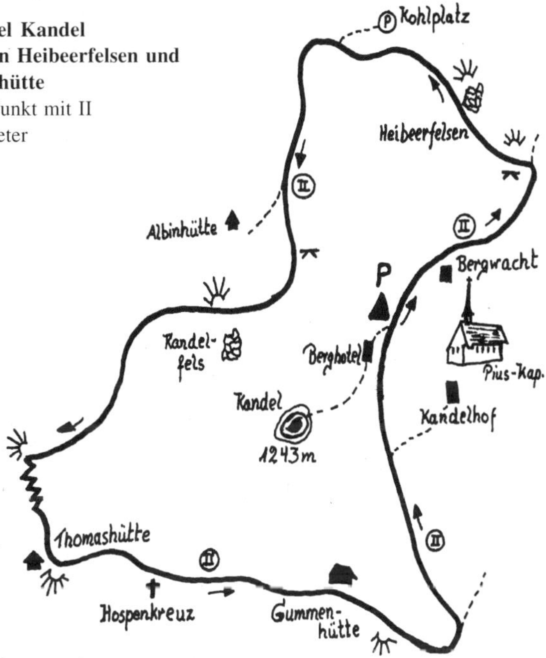

Im Elztal sagt man zur Heidelbeere, die in Norddeutschland Blaubeere heißt: »Heibeere«. Und da der große Felsblock mit »Heibeere« bewachsen ist, gab ihm der Volksmund so seinen Namen. Wir brauchen keine riskanten Kletterpartien zu unternehmen, auch vom sicheren Standort aus erkennen wir tief unter uns das Tal von Siensbach, das zwischen Kollnau und Gutach ins Elztal einmündet. Nach einer kurzen Rast verlassen wir unseren Ausguck und steigen die paar Meter zurück zu unserem Wanderweg. Er bringt uns, meistens durch den schattenspendenden Hochwald, vor zur großen Haarnadelkurve an der oberen Kandelstraße. Bevor wir die Straße überqueren, erkennen wir zwischen den Bäumen rechts unter uns den Wanderparkplatz Kohlplatz. Auch er kann Ausgangspunkt für unseren Rundweg II sein. Für die nächsten 20 Minuten verläuft unser Wanderweg fast parallel oberhalb der Fahrstraße. Das stört uns nicht, denn immer wieder wird unser Blick durch die üppige Vegetation abgelenkt, die hier den Waldboden bedeckt.

Jeder Monat hat seine eigenen Pflanzenbegleiter. Gleich nach der Schneeschmelze im April blühen die milchweißen Kerzen der Pestwurz (Petasites albus). Der dünne Wurzelstock kriecht frostsicher unter der Erdoberfläche. Erst nach der Blüte kommen die Blätter, die für den Laien dem Rhabarber in Größe und Form gleichen. Im Mai blüht an sickerfeuchten Stellen der „Wald-Sauerklee" (Oxalis acetosella). Kaum tritt der Juni in seine zweite Hälfte, entfaltet der bis zu zwei Meter hoch werdende „Waldgeißbart" seine Wedel. Seine Blüten sind eingeschlechtig zweihäusig. Die männlichen Pflanzen blühen gelblich-weiß, die weiblichen weiß. Der Waldgeißbart steht unter Naturschutz. Im Juli sind es die blauen Sterne des Alpen-Milchlattichs, die dann abgelöst werden vom lila Alpendost. An zwei Stellen sind wir Zeuge wie ein Bächlein entsteht. Druckwasser sickert aus dem Berg und sammelt sich schon nach wenigen Metern zu einem Rinnsal. Sofort nützt der blaue Eisenhut diese feuchte Stelle und siedelt sich an. Im August finden wir ihn dann in seiner strahlenden Blütenpracht. In einer steilen Schlucht wächst auch der gelbe Eisenhut, den man auch „Wolfs-Eisenhut" nennt. Beide Arten sind giftig und stehen unter Naturschutz.

Weiße Pestwurz
(Petasites albus)

Wald-Geißbart
(Aruncus sylvestris)

Gelber Eisenhut
Wolfseisenhut
(Aconitum vulparia)

Herrliche Ausblicke ins Elztal veranlassen uns öfters zum Stehenbleiben. Unmittelbar unter dem Kandelgipfel queren wir eine fast baumlose steile Schneise. Dort fahren die Könner unter den Skifahrern in schneereichen Wintern ihre

Rennen. Etwas oberhalb der „Albin-Hütte“ haben wir mit 990 Metern den tiefsten Punkt des Wanderweges erreicht. Jetzt trennen uns 250 Höhenmeter vom Gipfel. Von nun an geht es fast nur noch bergauf. Ganz alpin wird es, wenn wir über die Trümmer des unruhigen Kandelfelsens klettern. Das obere Drittel dieser von Sagen umwobenen Felsbastion stürzte in der Nacht vom 30. 04. zum 01. 05. 1981, also in der „Walpurgisnacht“, donnernd zu Tal. Um 0.17 Uhr rasten über 2000 Kubikmeter Gestein den Hang hinunter. Das Getöse war bis Waldkirch zu hören. Damit hat ein Wahrzeichen des Kandels aufgehört zu existieren.

Kaum haben wir die Felsbrocken überwunden, kreuzen wir den Damenpfad. Das ist der direkte Aufstieg von Waldkirch zum Kandel. Es ist ein echter Klassiker unter den heimischen Wanderwegen. Eine Beschreibung ist in diesem Büchle. An einer Weggabel wird uns eine Abkürzung zur Thomashütte angeboten. Der zünftige Wanderer verschmäht sie jedoch und folgt dem breiten Weg für 300 Meter ganz leicht bergab. An seinem Ende biegt scharf links der Treppenweg zur Thomashütte hinauf ab. Das ist das einzige echte Steilstück unserer Wanderung. Die Felsplatten liegen wie Treppenstufen im Hang. Nach diesem Aufstieg werden wir an der Hütte mit einem zwar luftigen aber einmalig schönen Ausblick ins Glottertal und in die Berge dahinter belohnt. In 1070 Metern Höhe ragt die Thomashütte auf einer Felsenkanzel aus dem Wald heraus. Ihren Namen hat sie nach dem Universitätsprofessor Geheimrat Dr. Thomas, der 1838 in Möchern bei Leipzig geboren worden war. Er war später stellvertretender Präsident des Schwarzwaldvereins und ein Pionier bei der Wegerschließung und Markierung des Schwarzwaldes. An dieser markanten Stelle queren wir den mit der blauen Raute von Denzlingen herauf kommenden »Präsident-Thoma-Weg« Hierbei handelt es sich um den ehemaligen ersten Bürgermeister von Freiburg, Dr. Emil Thoma, der von 1905 – 1920 Präsident des Schwarzwaldvereins und danach sogar Ehrenpräsident war.

Nachdem wir die vielen Eindrücke der unter uns liegenden Landschaft aufgenommen haben, wandern wir auf einem Waldweg weiter bergauf. Mitten im Wald, an einer ebenen Fläche, kommen wir am Hospenkreuz vorbei. Schmal zieht sich unser Pfad bergwärts und mündet schließlich auf einer lichten Weidfläche. Linkerhand steht die Gummenhütte, in der man sich mit einem Getränk erfrischen kann. In einem großen Linksbogen führt uns ein breites und sandiges Sträßle bergauf. Nach einer Gehzeit von gut drei Stunden kommen wir auf einem Weg, den ein federndes Graspolster bedeckt, zum Ausgangspunkt zurück. Eine Überlegung bietet sich anschließend an: Man sollte diesen Weg zu einer anderen Jahreszeit in der entgegengesetzten Richtung ein zweites Mal gehen. Wir werden ihn dann völlig neu erleben. Für heute sind wir jedoch erfüllt von der Schönheit der Landschaft, die wir auf dem großen Kandelrundweg erleben durften.

Mit den vierzehn Nothelfern auf dem Kohlenbachrundweg
Bahnhof Kollnau – Hauptstraße – Friedrich-Ebert-Straße – Waldhaus – Vögelesteinweg – Waldrandweg – Rüttwald – Heiberebühl – Bromhof – Landvorberg – Häuslebauer – Hermann-August-Weg – Wüstdobelweg – Kohlenbacher Hof – Blasius-Kapelle
Markierung: Rotes Dreieck
Länge: 13,5 Kilometer; Steigung leicht/mäßig
Hinfahrt: Mit Zug oder SBG-Bus oder Pkw bis Kollnau

Planen wir für diese Wanderung die Anfahrt mit dem Zug, dann beginnt unser Weg am Bahnhof in Kollnau. Von dort aus überqueren wir die Elz und wandern auf der Hauptstraße bis zur Bäckerei Ambs. Durch die Friedrich Ebertstraße aufwärts kommen wir zu einem Spielplatz. Bevorzugen wir den Pkw zur Anfahrt, dann fahren wir durch Kollnau über die Elzbrücke, sehen links die Kirche, und dann geht es ebenfalls ab der Bäckerei Ambs geradeaus hinauf zum Spielplatz.

Unter der großen Anzahl von Rundwanderwegen, welche sich uns im südlichen Schwarzwald präsentieren, hat der heute ausgesuchte eine ganz bestimmte Besonderheit aufzuweisen: Er führt uns nur wenige Kilometer weit von einem dichtbesiedelten Wohngebiet in eine absolut ruhige und einmalig schöne Landschaft. Kaum haben wir die letzten Wohnhäuser hinter uns gelassen, sind wir mit uns und der Natur alleine. Das heißt, ab und zu treffen wir auf ein Bauernhaus. Es liegt dann so versteckt, daß wir es an dieser Stelle nie vermutet hätten. So betrachtet, müßte eigentlich der Kohlenbacher Rundweg das Thema haben: »Zu den einsamen Höfen«.

Noch vor dem Spielplatz, unterhalb der Gaststätte Waldhaus, beginnt rechts neben der Straße unser breiter Waldweg, der uns schnell bergwärts führt. Bald nach dem Wasserbehälter stoßen wir stumpf auf eine Weggabel. Wir benützen den Weg nach links, der von einem roten Dreieck markiert wird. Das ist der Kohlenbacher-Rundweg. Zunächst heißt er Vögelesteinweg, doch schon nach 200 Metern orientieren wir uns nach halblinks auf den breiten und nahezu ebenen „Waldrandweg“. Bald haben wir nur noch rechts Wald. Auf dem Hang unter uns liegt ein in den Siebzigerjahren neu entstandener Ortsteil von Kollnau. Das ist die Blasiwaldsiedlung. Sie hat ihren Namen nach der St. Blasius-Kapelle, die drunten im Kohlenbachtal an der Straße steht. Mit dieser Kapelle werden wir uns am Ende der Wanderung eingehend beschäftigen. Der Blasius war nämlich einer der „Vierzehn Nothelfer“. Schon jetzt ganz in Gedanken bei den Nothelfern, wandern wir auf dem wunderschönen Waldweg zwischen Häusern und Bäumen bequem talaufwärts. Viele Bänkle laden den Spaziergänger zum Verweilen ein. Eigentlich sollte man diesen Weg morgens gehen. Dann ist das Licht am besten. Fast am Ende der

Nr. 26
Bahnhof Kollnau
Der Kohlenbachrundweg
Rotes Dreieck
13,5 Kilometer

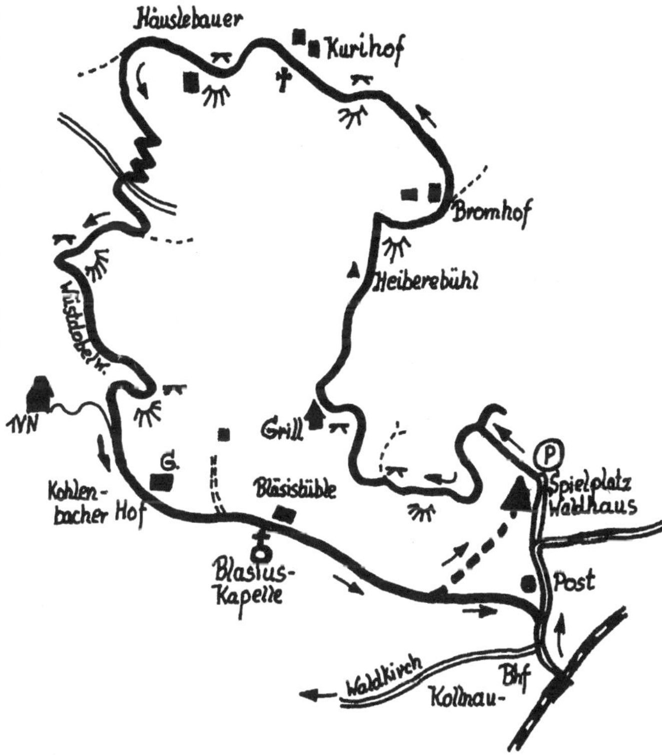

Siedlung verläßt uns nach rechts der Kieslochweg. Wir bleiben unserem breiten Weg, der eine weite Rechtskurve beschreibt, weiterhin treu. Er steigt jetzt leicht an. Dann kommen wir zu der Grillstelle Blasiwald. Das ist ein schön gestalteter Rastplatz mitten im Wald. Eine Hütte mit Feuerstelle, vielen Tischen und Bänken und ein Brunnen laden zum Verweilen ein. Leider halten sich manche Besucher nicht an den Spruch: „Nimm die Erinnerung und den Abfall mit". Ab jetzt geht es konstant, aber bequem bergauf. Im Rüttwald sind wir schon 375 Meter hoch, doch wir wollen noch höher hinaus. Beim Heiberebühl (Heidelbeerbühl) haben wir zunächst den höchsten Punkt mit 495 Metern Höhe erreicht. Am Wegrand blüht im Sommer der rote Fingerhut. Die hier vorherrschenden Föhren und Birken lassen ihm genügend Licht. Wir wandern jetzt bergab bis sich vor uns eine breite Wiese ausbreitet, an deren Ende der Bromhof liegt. Jetzt müssen wir ganz gut auf den Verlauf unseres Weges aufpassen. Am oberen Hofende, bei dem kleinen Spielplatz, biegen wir nach links ab. An der Hocheinfahrt vorbei erreichen wir den Bachdobel. Wenige Meter weiter entdecken wir links drunten im Wiesengrund eine alte Mühle. Etwa 150 Meter nach dem Bromhof biegt unser Weg – ganz schmal werdend – nach rechts in den Wald hinein ab. Stellenweise müssen wir uns regelrecht durch die Büsche schlagen. Das ist ganz nach der Art eines zünftigen Wanderers. Auf dem Waldboden fallen uns die hübschen Moospolster des „Goldenen Frauenhaar" (Polytrichum commune) auf. Daneben wächst besonders auf feuchtem und torfigem Boden das „Wetteranzeigende Drehmoos" (Funaria hygrometrica). Oft finden wir es auch an ehemaligen Feuerstellen.

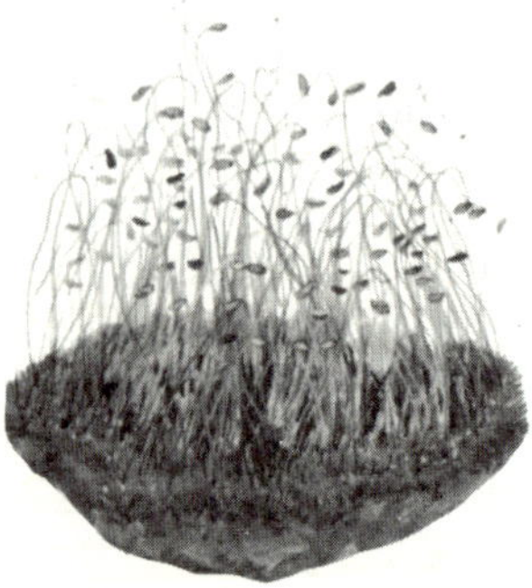

Wetteranzeigendes Drehmoos
(Funaria hygrometrica)

Im nächsten Talgrund sind wir beim Kurihof. Unser Wanderweg führt einige Meter bergab bis zum Kruzifix am Wegrand. Dort biegen wir rechts ab. Über uns liegt jetzt der Kurihof, und links von uns plätschert in der Wiese ein Bach talwärts. Sein Ufer ist gesäumt von Salweiden. Kommen wir hier im März vorbei, dann strahlen die Bäume wie ein silbernes Band. Wir wandern etwa 300 Meter in das Tal hinein. Dann biegen wir scharf links ab. Ein schmaler Pfad führt uns bergauf. Oft müssen wir seinen Verlauf richtiggehend suchen. Doch auf der Höhe werden wir für unseren Pfadfindergeist belohnt. Wir sind jetzt am „Langenvorberg“. Da oben in 448 Metern Höhe können wir unter der Fichten-Buchengruppe von der Bank aus den herrlichen Ausblick genießen. Gegenüber begrenzt der Kandel den Horizont, und rechts draußen öffnet sich im silbrigen Dunst die „Breisgauer Bucht“.

Nun ist es nicht mehr weit bis zum Häuslebauer. Ach, liegt dieser Hof einsam!. Unser Weg führt oberhalb vorbei. Eine Tafel zeigt uns an, daß es der Herrmann August-Weg ist. Auf der Weide wachsen moosverkrustete Kirschbäume, und rechts vom Weg steht eine herrliche Eichengruppe. Nach dem Häuslebauer heißt es wieder gut aufpassen. Dort, wo es geradeaus zum Gasthaus Linde geht, biegt unser Weg scharf nach links in den Wald ab. Jetzt müssen wir über viele Serpentinen auf ganz schmalem Pfad steil bergab, bis wir die Straße erreichen. Wir überqueren sie zwanzig Meter oberhalb und folgen nach links dem wieder ansteigenden Hangweg. Der wird nach 300 Metern zu einem breiten Holzweg. Dieser wiederum mündet in den breiten „Wüstdobelweg“. Bevor wir auf ihm leicht ansteigend nach rechts weiterwandern, sollten wir etwa 30 Meter nach links einen Abstecher machen. Dort steht unter einer riesigen Fichte eine von Adlerfarn umwachsene Bank. Von dieser Stelle aus haben wir einen herrlichen Talblick. Danach machen wir uns auf das nächste Stück unserer Wanderung, das uns für etwa 15 Minuten auf dem breiten Wüstdobelweg bergauf führt. Bei einem alten Holzplatz erreichen wir die Paßhöhe. Ab jetzt geht es nur noch bergab. Schon fünf Minuten später zeigt uns das rote Dreieck eine Abzweigung nach links an. Hier geht es hinunter zum Gasthaus und Hotel „Kohlenbacher Hof“. Dort erreichen wir die asphaltierte Straße. Nur ab und zu begegnet uns ein Auto, und nach fünf Minuten sind wir beim Bläsistüble bei der St. Blasius Kapelle. Wir sollten ihr unbedingt einen Besuch abstatten. Der Eingang ist in einer Nische von der Straße her.

In der St. Blasius Kapelle

Die Kapelle St. Blasius liegt an der Straße, die von Kollnau aus ins Kohlenbachtal führt. Nebendran im Wiesengrund fließt der Kohlenbach. Niemand vermag es genau zu sagen, wann dieses kleine Kirchlein hier zum ersten Mal auftauchte. Heute steht lediglich fest, daß es sich um eine Wallfahrtstätte zu Ehren des St. Blasius handelt. Eine Schrifttafel in der Sakristei beschreibt, daß in der Zeit der Reformation ein Mann die Statue des Blasius von Mußbach nach hierher ins Kohlenbachtal getragen habe. In dieser Kapelle habe er die Figur abgesetzt, damit sie hier als Patron verehrt werde, und jedem Bittsteller seinen Wunsch erfüllen möge. Der Grund für den Umzug lag darin, daß Mußbach unter der hachbergischen Herrschaft den protestantischen Glauben angenommen hatte, der Blasius dort als Heiliger also nichts mehr zu bedeuten hatte. Offenbar war die Kapelle also schon vorhanden. Der St. Blasius ist einer der „Vierzehn Nothelfer". Er wird oft mit zwei gekreuzten Kerzen als sein Attribut dargestellt. Manchmal gibt man ihm auch einen Kamm in die Hand. Sein Namenstag ist der 3. Februar. Als er sich in der Christenverfolgung in einer Höhle verborgen hatte, führte man ihm ein Kind zu, das an einer verschluckten Gräte zu ersticken drohte. Er heilte das Kind, und seither ruft man ihn als Helfer gegen Halsleiden, gegen Zahnweh und gegen Gewissensbisse an. Auch die mit einem Kropf Behafteten erbitten sich Abhilfe von ihm. Als Schutzpatron verehren ihn die Ärzte, die Bauarbeiter und die Schneider.

Den Bauern gilt er auch als Wetterheiliger. In der Kapelle im Kohlenbach hat man den Blasius mehrfach dargestellt. Am schönsten erscheint er uns im rechten Seitenaltar mit Bischofsstab und Kerze. Begleitet wird er von St. Wendelin und von Josef. Auch im Südfenster, das den Nothelfern gewidmet ist, finden wir den Blasius. Und schauen wir uns das Nothelferbild an der Nordwand an, dann sitzt dort Blasius ganz links unten. Zu guter Letzt finden wir seinen Namen im heimischen Dialekt wieder, wenn wir z. B. im gegenüber der Kapelle liegenden „Bläsistüble" nach der Wanderung ein Vesper zu uns nehmen. Dort können wir dann nebenher in dem kleinen Kirchenführer, den es in der Kapelle zu kaufen gibt, alles über die St. Blasius Kapelle nachlesen.

Von der Kapelle aus wandern wir auf dem Gehweg entlang der Straße zurück nach Kollnau. Haben wir vorhin den Pkw beim Spielplatz geparkt, dann biegen wir 200 Meter nach dem Friedhof nach links in den Moosgraben ein und erreichen im Nu unseren Ausgangspunkt. Diese Wanderung ist 13,5 Kilometer lang. Sie beinhaltet so viele Möglichkeiten zum Rasten oder nur zum Verweilen, daß wir uns dafür einen ganzen Tag reservieren sollten. Die reine Gehzeit beträgt etwa 4,5 Stunden, dabei sind keine größeren Aufenthalte einkalkuliert. Da wir je nach Jahreszeit auch mal einen feuchten Wiesengrund durchqueren müssen, ist gutes Schuhwerk empfohlen.

Das sind die „Vierzehn Nothelfer"

Die „Vierzehn Nothelfer" sind Heilige, die seit dem frühen Mittelalter in besonderen Notsituationen angerufen werden. In Not, Krankheit und Unglück gelten sie als oftmals wirksam, und ihr Fürbittegebet verspricht rasche Hilfe und Erhörung. Viele Kirchen und Altäre sind ihnen geweiht. Bekanntester Kultort ist die Wallfahrtskirche „Vierzehnheiligen" bei Bamberg. In der bildlichen Darstellung ordneten ihnen die Künstler ganz bestimmte Attribute zu. Zudem hat jeder Nothelfer seinen eigenen Gedenktag.

Nr. Name	Gedenktag	Attribut	Jahr	Patron/in für:
1. Georg	23. 04.	Ritter-Schwert-Drachen	um 300	Pferde und Haustiere
2. Dionysius	09. 10.	Bischof Kopf i. d. Hand	um 300	Kopfleiden
3. Blasius	03. 02.	Bischof m. zwei Kerzen	um 288	Halsleiden/ Kropfleiden
4. Erasmus	02. 06.	Bischofsstab – Spindel	um 300	Beschützer der Seeleute
5. Cyriacus	08. 08.	Dämon – gefesselt	um 300	gegen Unterdrückung
6. Achatius	08. 05.	Soldat m. Dornenkrone	um 307	Hilft bei Lebensangst
7. Ägidius	01.09.	Einsiedler-Hirschkuh	um 725	Hirten und deren Vieh
8. Eustachius	20. 09.	Hirsch-Kreuz	um 100	Hilft Glaubens-zweiflern
9. Christophorus	24. 07.	Jesus auf Schultern	um 250	Gefahren/Reisende Kinder
10. Vitus	15. 06.	Ölkessel oder Hahn	um 300	Notfälle/Schmiede
11. Pantaleon	27. 07.	Hände auf Kopf genagelt	um 305	Ärzte
12. Margareta	20. 07.	Kreuz u. Drachen	um 307	Bauern/Geburtsnöte
13. Katharina	25. 11.	zerbrochenes Rad	um 307	Philosophen Rechtsanwälte
14. Barbara	04. 12.	Kelch-Turm	um 307	Bergleute/Gefangene

Viele Sprüche haben sich im Volksmund bis heute erhalten. So sagt man z. B. in Bayern: „Die Barbara mit dem Turm, die Margareta mit dem Wurm, die Katharina mit dem Radl, das sind die drei frommen Madl."

Oder die Kinder sollen früher abends so gebetet haben: „Heiliger St. Vitt, weck mich in der Zitt, weck mich jo nit z'spot, damit 's au nit ins Bettli goht."

Generationswechsel bei der Eichengallwespe

Bahnhof Kollnau – Friedrich-Ebert-Straße – Waldhaus – Hauptweg – Oberer Rank – Vögelestein – Vögelesteinweg

Markierung: Blauer Punkt

Länge: 8,5 Kilometer; Steigung mäßig bis steil

Hinfahrt: Mit Zug oder SBG-Bus oder Pkw bis Kollnau

Je nachdem mit welchem Verkehrsmittel wir zu dieser Wanderung anfahren, können wir den Ausgangspunkt wählen. Mit dem Zug fahren wir bis Kollnau und wandern dann über die Elzbrücke auf der Hauptstraße immer geradeaus, vorbei an der Bäckerei Ambs, die Friedrich Ebertstraße hinauf. Bei einem Spielplatz erreichen wir den Waldrand und zugleich den eigentlichen Start für unsere Wanderung. Mit dem Bus fahren wir bis Kollnau-Post. Mit dem Pkw überqueren wir die Elz und fahren geradeaus, an der Bäckerei Ambs vorbei, durch die Friedrich Ebertstraße zum Ausgangspunkt am Spielplatz. Dort am Hang steht die Gaststätte Waldhaus (Dienstag Ruhetag). Wenige Meter oberhalb des Spielplatzes beginnt am rechten Berghang unsere Wanderung.

Es geht gleich zügig bergauf. Wegweiser für den gesamten Rundweg wird der blaue Punkt sein. Bald sind wir an einem Wasserreservoir, und dahinter versperrt eine Schranke eventuellen Kraftfahrern die Durchfahrt. Wir befinden uns also auf einem reinen Wanderweg. Nach zehn Minuten stehen wir vor einer Hinweistafel, die uns zwei Möglichkeiten anbietet. Wir folgen dem breiten Weg nach rechts zum Vögelestein, über den „Oberen Rank“. Diese Route ist für den Anstieg am geeignetsten. Schnell gewinnen wir an Höhe. Vom Tal her vernehmen wir deutlich das Geräusch der vielbefahrenen Elzstraße. Der Weg ist schattig, denn hohe Bäume fassen ihn ein. Mehrmals zweigen Stichwege ab, doch das soll uns nicht kümmern.

Wir folgen dem blauen Punkt geradeaus bergauf. Nach einer Waldhütte gibt eine schmale Waldlichtung den Blick ins Tal frei. Wir schauen direkt auf das große Fabrikgelände der Firma Gütermann. Die Garne und Nähseiden, die dort erzeugt werden, sind in der ganzen Welt bekannt. Lange zieht sich der Weg hin, doch wir beschäftigen uns mit den Pflanzen am Wegrand. Nach einer weit ausholenden Linkskurve, dem „Oberen Rank“, müssen wir gut aufpassen. Nur 80 Meter weiter zweigen wir nach rechts auf den „Erich Hoemannweg“ ab. Das ist ein ganz schmaler Pfad, der serpentinenartig in den Bergwald hinaufklettert. Dort, wo wir den Kammweg erreichen, steht zum Glück eine Bank. Wir brauchen sie dringend, um zu verschnaufen. Jetzt sind es nur noch wenige Minuten bis zum 607 Meter hohen Gipfel des Vögelestein. Auch dort erwarten uns zwei Bänkle, eingebettet in ein bizarres Felsgefüge. Eigentlich besteht der Vögelestein aus einem Doppel-

Nr. 27
Bahnhof Kollnau
Generationswechsel bei der Eichengallwespe
Blauer Punkt
8,5 Kilometer

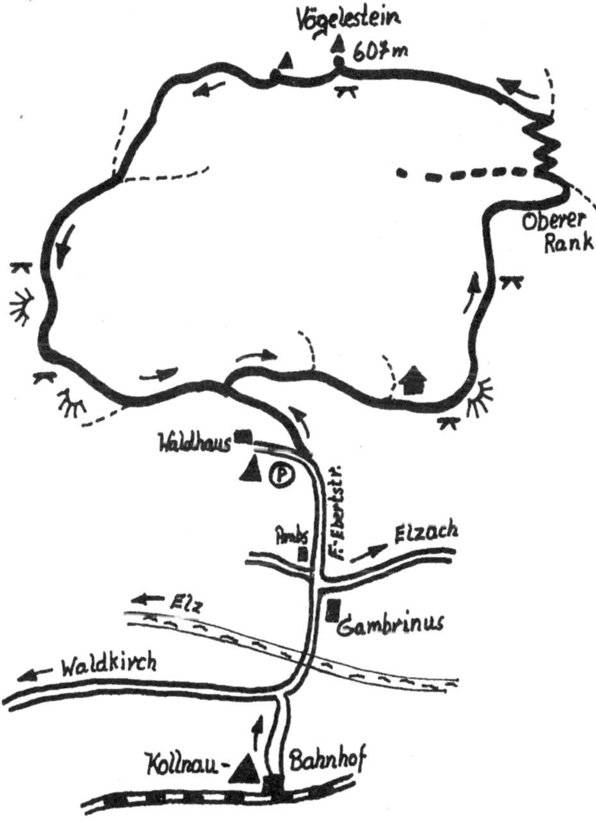

gipfel. Beide Erhebungen sind durch einen nur wenig niedrigeren Sattel verbunden.

Gleich nachdem wir beim Aufstieg den breiten Weg verlassen haben, kommen wir in ein Stück Eichenwald. Hier fallen uns, auch bedingt durch das langsame Steigen, an den Eichenblättern pockenartige Erhebungen auf. Im Frühsommer sind es fleischige und grünliche Kugeln, die im Herbst zunächst gelblich, später rotbackig werden. Diese Gebilde an der Unterseite der Eichenblätter sind die Kinderstuben der Eichengallwespe. Man nennt diese Kugeln Gallen. Im Mai bis Juni legt die unscheinbare Gallwespe zwischen die Rippen junger Eichenblätter ihre Eier ab. Das Blatt wird angestochen und gereizt. Sofort sondert es einen Wirkstoff ab, der das Ei umgibt So bildet sich eine Galle. Sie hat zweierlei Aufgaben: Erstens schützt sie das Ei, aus dem sich schnell eine Made entwickelt, und zweitens schützt sie das Blatt, denn die Made kann nicht aus der Galle heraus und demzufolge auch nicht am Blatt fressen. Im Verlaufe der nächsten 5 Monate wird aus der Made eine weibliche Eichengallwespe. Sie schlüpft im Frühwinter aus, nachdem das Blatt längst dürr vom Ast abgefallen ist Dieses Weibchen legt sofort wieder Eier, und zwar unbefruchtet, an die noch unentwickelten Eichenknospen. Wieder bildet sich eine Galle, doch diese Knospengalle ist eiförmig, rot bis dunkelviolett und samtartig behaart Diese Behaarung schützt sie vor der Winterkälte. Im Mai bis Juni schlüpfen dann daraus männliche und weibliche Eichengallwespen. Jetzt kann eine Paarung stattfinden. Wieder legt das Weibchen seine jetzt befruchteten Eier an die Unterseite junger Eichenblätter, und der Kreislauf beginnt von neuem. Wir finden deshalb die Gallen besonders gut, weil hauptsächlich die Blätter junger oder niedriger Bäume bevorzugt werden.

Gallen der Eichengallwespe

Nachdem wir beide Gipfel passiert haben, fällt unser Weg steil ab. Nach starken Regenfällen bildet sich in der Mitte des Pfades eine regelrechte Wasserrinne. Die hat sich der rote Fingerhut (Digitalis purpurea) als Standort ausgesucht. So schön wie diese bis zu 1,50 Meter hoch werdende Pflanze auch aussieht, es steht fest, daß sie giftig ist. Auch abreißen und mit nach Hause nehmen sollten wir sie nicht. Sie ist geschützt, und auch in der Vase überdauert sie keinen ganzen Tag. Etwa zehn Minuten nach dem Gipfel mündet unser schmaler Pfad in den breiten Vögelesteinweg, dem wir nach rechts abwärts folgen. Auch bei der großen Wegkreuzung, wo vorne links im Wald eine Wild-Futterstelle eingerichtet ist, bleiben wir der Richtung geradeaus treu. Auf der Markierung steht Kollnau. Rechts unter uns liegt das Kohlenbachtal. Das ist eine liebliche und weitläufige Wiesenmulde, in die ganz vereinzelt Höfe eingestreut sind. Schnell verlieren wir an Höhe. Dort, wo der Hochwald etwas lichter wird, haben wir einen wunderschönen Blick auf Kollnau. Einst eine selbständige Gemeinde, ist sie seit 1975 ein Ortsteil von Waldkirch.

Nach etwa zweieinhalb Stunden kommen wir wieder am Ausgangspunkt an. Obwohl der Weg besonders in der Nähe des höchsten Punktes steil und schmal war, hatte er seine ganz besonderen Reize. Mit einer gesteigerten Beobachtungsgabe lernten wir die Wiege der Eichengallwespe kennen, jenes Insekt, das im Generationswechsel zwischen befruchteten und unbefruchteten weiblichen Tieren lebt. Ein kleines Wunder im Bereich der Tierwelt.

Das Gelübde vom Hörnleberg

Bleibach – Hörnlebergweg – Wolfsgrube – August Röschhütte –Hörnleberg – Niederwinden – Silberkönig – Bleibach

Markierung: Blaue Raute, gelber Punkt

Länge: 13 Kilometer; Steigung mäßig, z. T. steil

Hinfahrt Mit Zug, SBG-Bus oder Pkw bis Bahnhof Bleibach

Wo ist der Wanderer, der nur des gewöhnlichen Gehens wegen wandert? Ihn gab es nie, und ihn wird es sicher auch nie geben. Wer wandert, der schaut. Wer wandert, der erlebt und nimmt auf. Der Wanderer, und das ist im Grunde jeder Mensch, verinnerlicht seine Heimat. Dabei können seine Interessen von Person zu Person verschieden sein, doch irgendein Gebiet ist seine Stärke. Mal ist es die Botanik oder die Geologie, mal die Geschichte einer Landschaft und deren Menschen. Unsere heutige Wanderung würde bei genauer Betrachtung alle Motive beinhalten. Doch wir wollen uns einen eigenen Schwerpunkt setzen. Es sind zwei Kirchen, welche Geschichte geschrieben haben, die im Mittelpunkt stehen sollen. Einmal ist es die Kapelle auf dem Hörnleberg und dann noch die neue Kirche in Bleibach. Beide wollen wir einbeziehen in den Kulturkreis einer einmalig schönen Naturlandschaft. So soll der Tag ein Höhepunkt im Wanderjahr werden.

Ausgangspunkt für die heutige Wanderung ist der Bahnhof in Bleibach. Für die Pkw-Fahrer hat man im Jahre 1997 schöne Parkplätze geschaffen. Auch der SBG-Bus hat dort eine Haltestelle. Die Züge der Elztalbahn fahren häufig, und sonntags geht es mit der Regio-Umweltkarte besonders günstig für die ganze Familie.

Bleibach liegt im Herzen des Elztales. Am Ortsrand fließt die aus dem Simonswäldertal kommende „Wilde Gutach“ vorbei, bevor sie bald darauf in die Elz mündet. Der Name Bleibach erinnert an die früheren Bergwerke, in denen man nach Blei und Silber gegraben hat. Sowohl die Hauptstraße nach Elzach, als auch die wichtige Verbindung nach Furtwangen tangieren die Gemeinde nur am Rande. Das hat den Vorteil, daß die Bewohner und die Kurgäste viel Ruhe haben. Lediglich der Schienenstrang der Elztalbahn drängt sich mitten durch die Ortschaft.

Vom Bahnhof aus folgen wir der Straße etwa 50 Meter abwärts. Dort steht eine Orientierungstafel des Schwarzwaldvereins, auf der wir ablesen können, daß uns die blaue Raute zum Hörnleberg führen wird. Beim Gasthaus Sonne, an das wir nach der Rückkehr denken sollten, biegen wir nach links in die Hörnlebergstraße ab. Schon bald geht es bergauf, und noch vor dem Friedhof mit seiner markanten Einsegnungshalle lassen wir die letzten Häuser hinter uns. Über eine freie Fläche, links und rechts von Wiesen und Feldern gesäumt, gewinnen wir schnell an Höhe. Noch bevor wir die Wegschranke am Waldrand erreichen, sollten wir uns umdre-

Nr. 28
Bahnhof Bleibach
Das Gelübde vom Hörnleberg
Blaue Raute, gelber Punkt
13 Kilometer

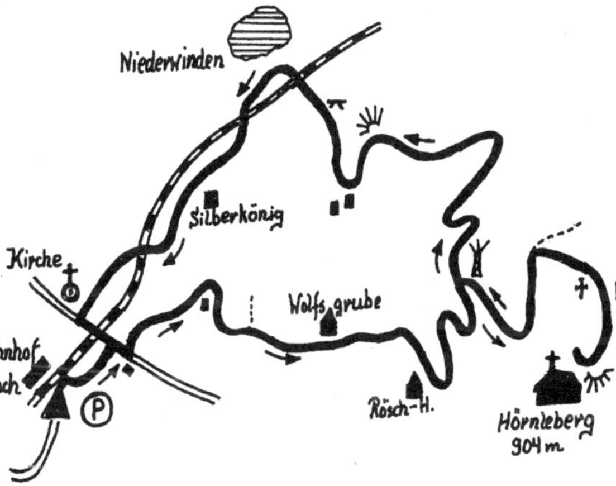

hen und zurückschauen. Wie auf einer Perlenkette aufgereiht ziehen sich die Orte Gutach, Kollnau und Waldkirch dahin. Bei der engsten Stelle im Elztal erkennen wir am rechten Berghang die Kastelburg. Dahinter öffnet sich das Tal in die weite Ebene des Breisgaus. Bei klarem Wetter sehen wir sogar bis zu den Vogesen. Am Waldrand hört die asphaltierte Straße auf. Jetzt säumen hohe Fichten unseren Weg. Im Juni blüht das gelbe Waldspringkraut, auch „Rührmichnichtan" genannt. Es gehört zu den Balsaminengewächsen, mit denen auch unser „Fleißiges Liesele" verwandt ist. An den feuchten Stellen der Böschung finden wir den roten Fingerhut. Nach etwa 500 Metern erreichen wir eine Baumschule. Bei der Hütte biegen wir nach rechts ab. Wir kommen jetzt auf den Stationenweg. Bei der Station zwei verlassen wir den Hörnlebergweg. Eine etwas steilere und auch schmalere Abkürzung führt uns hinauf zur Wolfsgrubenhütte in 540 Meter Höhe. Dort, bei der

Station sechs – Veronika reicht Jesus das Schweißtuch – treffen wir wieder auf den Hörnlebergweg. Ihn werden wir jetzt bis zum Gipfel nicht mehr verlassen. Aber bis dorthin ist es noch weit. Zudem steigt der Weg ständig an. Da kommt uns bei der Station elf des Kreuzweges die August Röschhütte wie gelegen. Dort können wir verschnaufen.

Großes Springkraut
(Impatiens noli tangere)

Weiter geht es bergauf. Rechts unter uns liegt das Simonswäldertal. Der Weg ist breit und gut. Doch das war nicht immer so. Als in früheren Jahrhunderten die Prozessionen heraufzogen, da war das ein schmaler und steiniger Pfad. Wer Buße tun wollte – oder mußte – der schleppte noch ein schweres Kreuz den Berg hinauf. In großen Windungen gewinnen wir an Höhe. In einer weiten Rechtskurve steht am Hang ein Fernsehumsetzer. Bis dahin müssen wir nachher wieder absteigen, denn da zweigt der Weg nach Niederwinden ab. Bei der Station Nr. 14 endet unser Stationenweg. Das weckt bei uns die Hoffnung, daß wir bald am Ziel sein mögen. So ist es auch. Dort, wo vom Tal her ein anderer Stationenweg heraufführt, beginnt unser letzter Anstieg. Der Wegweiser verrät uns, daß es bis zum Gipfel nur noch 600 Meter sind. Dann erreichen wir in 905 Meter Höhe den Gipfel des Hörnleberges. Noch während wir verschnaufen, genießen wir die herrliche Aussicht. Leider muß man die Kapelle an den gottesdienstfreien Tagen abschließen. Das haben wir den Menschen zu verdanken, die das Eigentum ihrer Nächsten – auch im Gotteshaus – nicht achten. Geöffnet ist das Kirchlein vom 1. Mai bis zum Bußtag im November jeden Mittwoch am Nachmittag, sowie jeden Samstag und Sonntag.

Die Kapelle auf dem Hörnleberg

Schweigend betreten wir das geräumige Kirchenschiff. Unser erster Blick fällt auf die künstlerisch bemalte Kassettendecke. Beherrschender Mittelpunkt ist Jesus selbst. Sein quadratisches Bild wird eingerahmt von vier dreieckigen Tafeln mit den Aposteln Markus, Matthäus, Lukas und Johannes. Alles ist so harmonisch. Ergriffen setzen wir uns auf eine Bank. Vor uns hebt sich wie von einem Portal begrenzt der Altarraum ab. Wohltuend schlicht sind die Butzenscheiben zu beiden Seiten des Innenraumes. Und während wir so sitzen, läuft die Geschichte dieser »Kirche auf dem Berge« vor unseren Augen ab.

Der Hörnleberg ist seit alten Zeiten der Hausberg von Oberwinden und Bleibach zusammen. Schon vor der Christianisierung war er eine heidnische Opferstätte. Über die Entstehung der Kapelle gibt es nur unklare Angaben. Wir müssen davon ausgehen, daß es zwischen dem 6. und 8. Jahrhundert eifrige Missionare waren, welche den christlichen Glauben in das Elztal trugen. Die erste Kirche, die sie gründeten, war St. Severin auf dem Mauracher Bergle bei Denzlingen (sh. Wanderung Nr.1). Lediglich eine von vielen Sagen sei erwähnt, die sich auf den Hörnleberg bezieht:

»Im Elsaß lebte ein blinder Mann. Kein Arzt vermochte ihm zu helfen. Deshalb gelobte er, daß er im Falle einer Heilung auf dem Berge, den er zuerst sehen würde, zu Ehren der Mutter Gottes eine Kirche erbauen würde. Er wurde geheilt, und sein erster Blick fiel auf den Hörnleberg. Der Geheilte hielt Wort. Die Heilung eines Blinden machte den Berg zum Wallfahrtsort«. Im 30jährigen Krieg brannten die Schweden das Gotteshaus ab. Es wurde schöner denn je erbaut. Noch zweimal brannte die Kapelle nieder. Das war am 26. Mai 1763 und am 4. September 1826. Beide Male war der Blitzschlag der Übeltäter. Im Jahre 1915 schrieb der Pfarrer Hermann Müßle aus Oberwinden: »Am Silvestertag 1914 las ich in der Kapelle die heilige Messe und konnte feststellen, daß im Jahre 1914 insgesamt 215 heilige Messen von 32 Priestern gefeiert wurden, bei denen 30 Predigten gehalten und 3215 Kommunionen gespendet wurden«. Heute, im Jahre 1997, besuchen jährlich bis zu 20000 Menschen diesen Wallfahrtsort.

Beim Abstieg vom Hörnleberg folgen wir bis zu dem Fernsehumsetzer dem Weg, den wir vom Aufstieg her schon kennen. Dort trennen wir uns von der blauen Raute und lassen uns nur noch vom gelben Punkt führen. Tief unter uns liegt das Elztal. Auf der drüberen Seite erheben sich die Berge des mittleren Schwarzwaldes. Sie sind ohne hervorragende Erhebungen. Das Bild gleicht einer sanft geschwungenen Hochfläche. Schnell verliert der Weg an Höhe. Vom Niederwald gelangen wir in den tieferliegenden Hochwald, der dann jäh endet. Plötzlich liegen vor uns nur noch Wiesen. Vorbei an einem großen Gehöft erreichen wir das Elztal bei Niederwinden.

Gleich nachdem wir unter der Bahnlinie durch sind, biegen wir nach links auf den Elztal-Radrundweg ein. Schon nach 300 Metern wechselt er auf die Bergseite der Bahnlinie. Ein wenig steigen wir noch an, denn unser Wanderweg verläuft auf der Hochterrasse, die sich durch das Elztal auf seiner Südseite hinzieht. Nach einem Waldstück passieren wir links in einer Wiesennische das Hotel „Silberkönig". Da war schon im 12. Jahrhundert der Eingang zu einer Silbergrube. Dann sind es nur noch knapp zehn Minuten bis zu unserem Ausgangspunkt in Bleibach. Jetzt müssen wir uns entscheiden, ob wir gleich die sehenswerte Kirche besuchen, oder ob wir uns im eingangs schon erwähnten Gasthaus Sonne bei einem guten Vesper etwas erholen wollen. Sollte die Kirche abgeschlossen sein, dann erfahren wir hier auch, wie wir zum Schlüssel kommen.

Die Pfarrkirche St. Georg in Bleibach

Zwei kulturelle Höhepunkte sollten uns veranlassen, den Ort Bleibach nicht zu verlassen, ohne der Kirche St. Georg einen Besuch abgestattet zu haben. Erstens ist es das von dem Bildhauer Lutz und dem Architekten Laule im Jahre 1977 völlig umgestaltete Gotteshaus selbst; und zweitens muß man die aus dem Jahre 1720 stammende Beinhauskapelle gesehen haben. In ihr wurde im Jahre 1723 auf das hölzerne Tonnengewölbe ein Totentanz gemalt. Auch in der Kapelle hat Helmut Lutz seine Ideen eingebracht. Hier haben verantwortungsvolle Kunstschaffende zu einer Einheit gefunden, die Zeitgeist und Religiosität in Vollendung vereinen.

Die alte Kirche St. Georg wurde schon vor 1350 erbaut. Heute finden wir nur noch den spätgotischen Chor (1517) vor. Daran schließt sich kontrastvoll ein modernes Kirchenschiff an. Der Künstler Lutz hat insbesonders den Altarraum mit dem Sakramentshaus, den Ambo* und den Zelebrationstisch aus alten Buntsandsteinteilen neu geformt. Sofort fällt unser Blick auch auf die beiden Engel beiderlei Geschlechts, die den Hochaltar tragen. Sie wurden von dem Lutz-Schüler Michael Fischer aus Eichenholz geschnitzt. Harmonisch verband die Glaskunstwerkstatt Isele aus Freiburg-St. Georgen alte und neue Fenster innerhalb des Chores miteinander. Durch eine niedrige Türe unter dem Kreuzweg (1783) betreten wir die Beinhauskapelle mit dem To-

tentanz im Tonnengewölbe. Auch hier hat Lutz (1977) aus Sandstein einen Lebensbaum geschaffen, dessen vier Säulen die Hlg. Margaretha, die St. Agnes, den St. Sebastian und den Erzengel Michael darstellen.
Hermann Trenkle aus Bleibach schrieb den Kunstführer für den Verlag Schnell & Steiner, Nr. 1726, der uns noch viel Wissenswertes vermitteln kann.

* Lesepodest in christlichen Kirchen

Bezieht man den langwierigen Aufstieg und die durch eine hohe künstlerische Qualität bestimmten Aufenthalte in den Gotteshäusern auf dem Hörnleberg und in Bleibach in die Wanderzeit mit ein, dann wird aus unserem Vorhaben ein abgerundeter ganzer Wandertag. Die reine Gehzeit beträgt zwar nur etwa fünf Stunden, doch werden wir auf dem Hörnleberg und in der Kirche in Bleibach längere Zeit verweilen. Rucksackverpflegung ist also angebracht.

Sagen vom »Wilden Heer«

sind in ganz Europa verbreitet. Auch im Schwarzwald wurden die Geschichten vom »Wuedi« (Wotan), dem Anführer eines großen Heeres der Toten aus vergangenen Schlachten und aller armen Seelen, wegen ihrer »Gruseligkeit« gerne heimlich erzählt. Otto Heinrich Klingele hat in seinem Buch »S'Wuedis Heer« drei dieser Sagen in seiner eindringlichen Sprache nacherzählt. Nicht unbedingt für zarte Seelen zu empfehlen.

Jedes Tal hat zwei Seiten

Oberwinden – Elztalweg – Buchwald – Holz Gantert –Elzach Sportplatz – Staude – Oberwinden

Markierung: Blaue Raute, roter Balken
Länge: 8 Kilometer; Steigung mäßig, kurz steil
Hinfahrt: Mit Pkw, Zug, oder SBG-Bus bis Oberwinden

Es sind die zwei völlig verschiedenen Talseiten des mittleren Elztales, die wir heute kennenlernen wollen. Auf der nördlichen Talseite verläuft unser Weg schmal und schattig bergwärts, die Talwanderung auf der Südseite erstreckt sich über offenes Wiesen- und Ackergelände auf einer teilweise besiedelten flachen Hochterrasse. Ausgangspunkt für diese sehr schöne Rundwanderung ist Oberwinden. Vor dem Bahnhof ist genügend Parkmöglichkeit. Der Bahnhof liegt südlich der Ortschaft am Rande der Hochfläche. Um ihn zu erreichen, biegen wir beim Rathaus von der Hauptstraße ab.

Kommen wir mit dem SBG-Bus, dann steigen wir an der Station „Oberwinden-Adler" aus. Sie ist an der Hauptstraße. Auch wenn wir vom Bahnhof kommen, müssen wir hinunter zur Hauptstraße. Dort liegt etwas verborgen neben dem Haus Nr. 42 der Zugangsweg zum „Elztalweg", der von der blauen Raute markiert wird. Gleich hinter den Häusern geht es bergauf. Schon nach sechzig Metern bietet uns ein Bänkle die Möglichkeit in aller Ruhe das herrliche Panorama des mittleren Elztales mit dem Hörnleberg gegenüber zu betrachten. An dieser Bank biegen wir spitz nach links ab. Schon nach wenigen Schritten sind wir hoch über den Häusern von Oberwinden, denn für ein kurzes Stück steigt unser Weg etwas steiler an. Der Hang ist steil, und fast können wir den Leuten in die Kamine schauen. Aus manchem Schlot steigt wohlduftender Rauch auf, was uns vermuten läßt, daß dort noch mit Holz geheizt wird. Bald wird der schmale Weg flacher. Wir befinden uns nach wie vor im Wald. Vom Tal herauf kommen wechselnde Geräusche. Mal sind es die Autos auf der Landstraße, mal ist es das monotone Rauschen der Elz, die in weiten Schleifen talwärts fließt. Unser Wanderweg scheint wenig begangen zu sein, denn plötzlich erkennen wir vor uns Fuchslosung. Wunderfitzig beobachtet uns ein Eichhörnchen. Es verbirgt sich immer hinter einem Stamm, verliert uns jedoch nicht aus den Augen. Ab und zu gibt der Wald schöne Ausblicke auf das Elztal und seine gegenüberliegende Talseite frei. Dort drüben werden wir später zurückwandern. Auch hier zeigen sich die zwei Seiten einer Landschaft. Obwohl die Sonne prall auf unsere Hangseite brennt, sind wir durch den dichten Wald gut geschützt. Später, auf der freien Seite gegenüber, fallen die Strahlen viel flacher ein, zudem geht es bergab, und wir kommen nicht so leicht ins Schwitzen. Auch die Jahreszeit, in welche wir unsere Wanderung legen, spielt eine große Rolle.

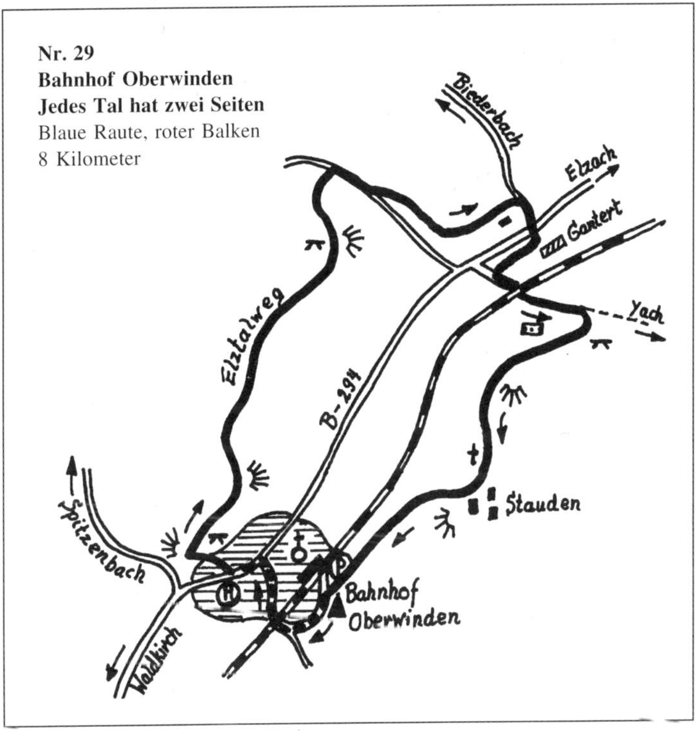

Fast ideal ist der Herbst zu bezeichnen. Der Wald, den wir im ersten Teil der Wanderung erleben, erstrahlt dann von der gegenüberliegenden Talseite in allen Farben.

Unser Wanderweg zieht sich hoch über der Elztalstraße ganz schmal am Hang entlang. Ab und zu sickert von links aus der Böschung etwas Wasser, das dann als schmales Rinnsal hinab zur Elz fließt. Nach etwa 40 Minuten treffen wir auf einen breiten Holzabfuhrweg, der uns durch eine Schranke zu der Straße im Tal führt. Wir sind jetzt im „Breiersbachtal", und der gleichnamige Bach plätschert in vielen Windungen durch den schönen Wiesengrund. Für knapp hundert Meter wandern wir auf der Straße talwärts. Dann zeigt uns die blaue Raute an, daß der

Elztalweg ganz schmal an der linken Hangseite seine Fortsetzung findet. Für die nächsten 600 Meter bleiben wir noch auf diesem Weg. Rechts drunten hat Elzach seine Kläranlage gebaut. Weiter oben erkennen wir durch die Äste der Büsche das große Gebäude der Metzgerei Gustav Winterhalter. Beim Parkplatz „Buchwald", von dem aus in diesem Büchle auch wunderschöne Rundwanderungen beschrieben sind, überqueren wir den Biederbach. Jetzt verlassen wir die blaue Raute. Gleichzeitig haben wir den entferntesten Punkt der Wanderung erreicht. Der Rückweg nach Oberwinden erfolgt auf der südlichen Talseite.

Durch die Albert Burgerstraße und die Telferstraße wandern wir hinab zur B-294. Die erreichen wir bei der Firma Holz-Ganter. Schon aus großer Entfernung können wir das Firmenschild lesen. Dort überqueren wir die stark befahrene Straße. Direkt am Zaun der Sägerei entlang führt uns der Weg zweihundert Meter talwärts, dann biegen wir nach links über die Elzbrücke ab. Die Wegweiser sagen uns, daß es da zum Gewerbegebiet und zum Sportgelände geht. Damit sind wir weg von der hektischen Landstraße. Noch bevor wir unter der recht schmalen Bahnunterführung durchgehen, kommen wir an der zweiten großen Elzacher Metzgerdynastie vorbei. Das ist die Firma Franz Winterhalter. Sie existiert seit 1749. Nach der Bahnunterführung sind wir beim Sportgelände. Links hat man eine große Tennishalle gebaut, und rechts ist der Fußballplatz. Nach dem Sportgelände fällt uns weit voraus die mächtige Fichte auf. Sie steht genau auf der Mitte einer Kreuzung. Ihr Stamm teilt sich wenige Meter über dem Boden. Eine Bank lädt den müden Wanderer zum Verweilen ein.

An dieser Stelle biegen wir rechts ab. Am Ende des Sportplatzes ist am Waldende eine Raststelle mit Tischen und Bänken. Wir steigen hier nicht den breiten Weg bergwärts an, sondern wir bleiben auf dem Talweg. Das ist der Elztalradweg. Er bringt uns vor zur Bahnlinie. Ab und zu bestätigt uns die Tafel mit dem roten Balken, daß wir auf dem richtigen Weg sind. Doch wir können ja nicht fehlgehen, denn es gibt nur diesen einen Weg. Je nach Witterung und Jahreszeit schauen wir neidvoll hinüber auf die andere Talseite. Der Wald dort drüben bot uns vorhin einen kühlenden Schatten. Auf dieser flachen Hochterrasse, auf der wir uns jetzt befinden, haben sich schon vor vielen hundert Jahren Bauern angesiedelt. Auf halbem Weg zwischen Elzach und Oberwinden erreichen wir die Staudenhöfe. Es ist nicht mehr allein die Landwirtschaft, mit der diese Bewohner ihr Geld verdienen. Sie bieten heute auch Ferienwohnungen an. Kurz vor dem ersten Haus verkündet ein auf einem schönen Sandsteinblock aufgebauter Bildstock: »Wanderer, bete für einen Sünder ein Vaterunser«. Zwischen den Häusern biegt unser Weg wieder nach rechts ab und folgt streng der Bahnlinie bis zu unserem Ausgangspunkt beim Bahnhof in Oberwinden. Wie eine Kompaßnadel weist uns der helle Kirchturm den Weg.

Wir waren für diese Wanderung etwa zweieinhalb Stunden unterwegs. Dabei lernten wir sehr schön die zwei Seiten einer Landschaft kennen. Jede Talseite präsentierte ihren eigenen Charakter. Der Weg war ohne Schwierigkeiten zu begehen. Sieht man von wenigen Wochen im Winter ab, dann ist diese Wanderung zu jeder Jahreszeit ein Erlebnis.

Aus der Bulle von Papst Alexander III
Oberwinden – Rüttlersbergstraße – Schwarzbauernhof – Rüttlersberg – Niederwinden – Grillplatz – Oberwinden
Markierung: Blauer Kreis und blaue Raute
Länge: 7 Kilometer; Steigung mäßig, kurz etwas steiler
Hinfahrt: Mit Pkw, Zug oder SBG-Bus nach Oberwinden

Dieser Wanderweg zeichnet sich dadurch aus, daß er uns besonders schöne Ausblicke auf das mittlere und obere Elztal bietet. In der ersten Hälfte wandern wir auf der südlichen Hochterrasse dieses Tales, auf dem zweiten Teil, dem Rückweg, kommen wir uns zeitweise wie in einer alpinen Landschaft vor.

Durch das Elztal führt die Bundesstraße 294. Zwei Kilometer unterhalb Elzach liegt die Teilgemeinde „Oberwinden", in der die Straße von Verkehrsampeln durch einen Engpaß geschleust wird. Oberhalb der Kirche ist der Bahnhof, der als Ausgangspunkt für unsere Wanderung gilt. Kommen wir mit dem Pkw, dann haben wir dort genügend Parkplätze zur Verfügung. Der SBG-Bus hält unten an der Hauptstraße, und unsere Station heißt „Oberwinden-Adler". Bis zum Bahnhof sind es dann fünf Minuten bergauf. Gleich beim Bahnhof sollten wir die Graphik anschauen und die Inschrift am Anbau des Lindenhofes lesen. Dem Besitzer danken wir es, daß wir einen kleinen historischen Einblick in die Geschichte dieser Landschaft bekommen. Als er sein Haus erweiterte, sah er sich vorher in den Urkunden des Gemeindearchives um. Dabei stieß er auf wichtige Hinweise, die er an der Fassade seines Hauses festhielt.

Am 5. August des Jahres 1178 weilte ein Kurier des Papstes Alexander III. in Waldkirch. Er wohnte im Frauenkloster St. Margarethen und hatte den »höchsten« Auftrag die Ländereien und Besitzungen dieses heiligen Hauses zu überprüfen und nach rechtmäßiger Feststellung zu beurkunden. So besiegelte er u.a. die Existenz von Prechtal und Elzach. Für unsere Sache jedoch erscheint es wichtig zu erfahren, daß jener päpstliche Gesandte den Nonnen von St. Margarethen die Orte Oberwinden als »Wineden superius«* und Niederwinden als »Wineden inferius«** urkundlich zum Eigentum überschrieb. Dabei war freilich über die Entstehung des Ortsnamens »Winden« noch nichts ausgesagt. Diese Klärung müssen wir den Historikern überlassen. In Anbetracht der Schwierigkeit eines solchen Forschungsvorhabens konnte man sich bis jetzt noch nicht völlig einigen. Eine erfolgversprechende Spur führt uns jedoch auf den Volksstamm der Wenden. Das ist der deutsche Name für die Slawen, welche im Jahre 534 n. Chr. bis zur Saale

* superlus = hoch gelegen
** inferlus = nieder gelegen

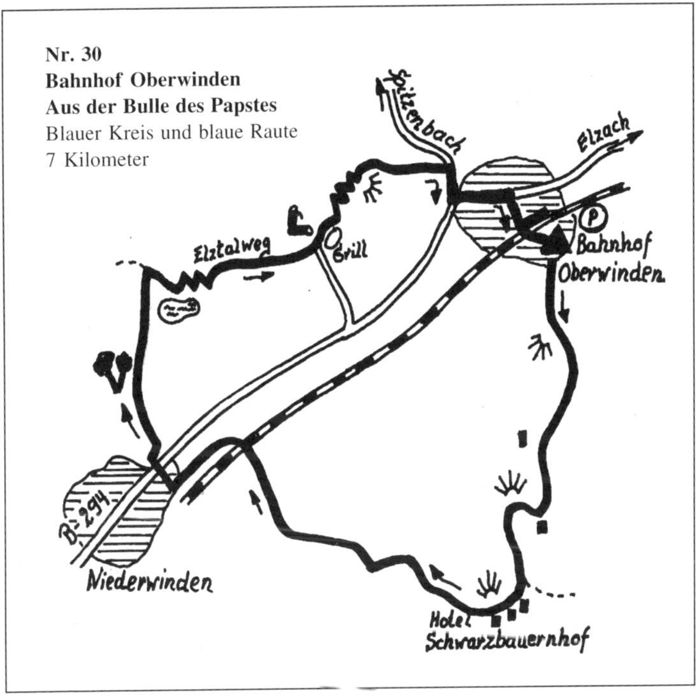

vordrangen. 300 Jahre später, im Jahre 833, gelang ihnen sogar der Vorstoß bis ins heutige Elsaß. Erst Otto dem Großen war es vorbehalten dieses besitzergreifende Volk 955 n. Chr. wieder auf das Gebiet östlich der Elbe zurückzudrängen. Man nimmt nun an, daß sich in der heutigen Gegend von Winden im Elztal Kriegsgefangene aus dem Stamm der »Wenden« ansiedelten und so der Ortsname entstand. In Kärnten spricht man immer noch von den »Windischen« und meint damit die ehemaligen Wenden - oder richtiger Slawen.

Zwei Zeichen werden uns für die Rundwanderung den richtigen Weg zeigen. Auf der ersten Hälfte führt uns der blaue Kreis, auf der zweiten Hälfte ist es die blaue Raute, die den Elztalweg markiert. Vom Bahnhof aus biegen wir um das Hotel Lindenhof herum, und wenige Meter oberhalb treffen wir auf die Rüttlersbergerstraße. Sie wird uns auf dem ersten Teil bis zum „Elztalhotel Schwarzbauernhof" begleiten. In vielen Windungen wandern wir sanft ansteigend bergwärts. Wiesen und Felder umgeben uns, in denen schon recht alte Obstbäume stehen. In ihren Ästen haben sich mächtige Nester von Misteln festgesetzt. Diese Misteln haben einen interessanten botanischen Werdegang.

Die Mistel ist ein Halbschmarotzer

Wenn wir bei unseren Wanderungen aufmerksam in die Kronen alter Apfelbäume schauen, dann sehen wir kleinere Büsche auf den Zweigen, die ausgesprochen frischgrün, fast gelbgrün sind. Sie zeigen eine sperrige Vergabelung und tragen grüne lederartige Blätter. Wir haben die Mistel entdeckt, ein Halbschmarotzer, der mit seinen Saugwurzeln tief unter die Rinde der Äste dringt und sich zusätzlich von den Säften des Baumes ernährt. Die Mistel ist im Winter grün. Sie blüht im Februar und März und trägt im folgenden Dezember und Januar saftige weiße Beeren. Diese Beeren haben einen klebrigen Fruchtsaft. Mit diesem Klebstoff bleibt der Samenkern oft am Schnabel der Amseln und Drosseln hängen und wird von diesen, wenn sie sich von dem klebrigen Anhängsel befreien wollen, oft gleich wieder in eine Rindenspalte gedrückt. Somit ist bereits die neue Mistel gepflanzt. Ein Spezialist für die Verbreitung der Mistel ist die Misteldrossel. Die Mistel befällt außer Apfelbäumen auch Pappel, Kiefern, Linden, Eschen und Eichen. Als Zauberpflanze spielte sie schon im Altertum eine Rolle. In England gilt sie als Glücksbringer für junge Verliebte. Bei uns im Alemannischen wird sie in der Weihnachtszeit auf dem Wochenmarkt verkauft. In der Heilkunde gilt die Mistel als wertvolle Medizin gegen zu hohen Blutdruck und gegen Gelenkentzündungen.

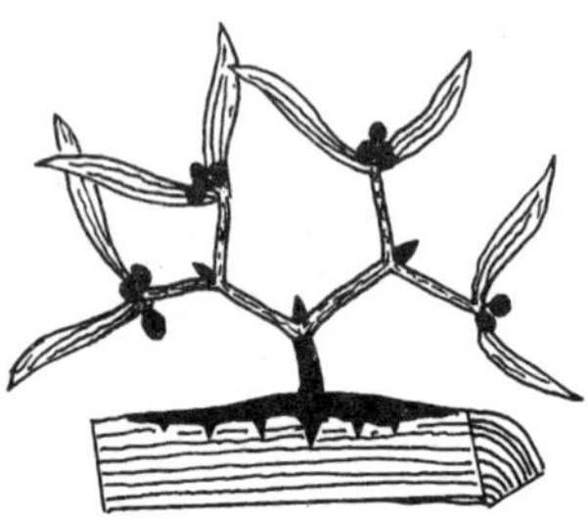

Schnitt durch einen Ast, auf dem eine Mistel schmarotzt.

Unser erstes Ziel ist das Elztalhotel „Schwarzbauernhof". Im Jahre 1997 feierte man das 25jährige Jubiläum. Es ist schon erstaunlich, was in dieser relativ kurzen Zeit alles entstanden ist. Jeder Feriengast wird sich hier wohlfühlen, hat er doch seinen Standort an einem der schönsten Aussichtpunkte des mittleren Elztales.

Noch vor dem Rundbau, in dem sich das Empfangsgebäude befindet, biegen wir rechts ab und umgehen das Hotelgelände in einer weiten Schleife. Dann führt uns der Weg direkt ins Tal. Kommen wir hier im Mai vorbei, dann strahlt die Landschaft im hellen Weiß der vielen blühenden Kirschen- und Birnenbäume. Dazwischen leuchtet das Gelb der sich am Hang hinziehenden Rapsfelder.

Fast auf der Talsohle überqueren wir die Bahnlinie und biegen direkt danach links ab. Schon sind wir bei den ersten Häusern des Gewerbegebietes „Hinterfeld", einem Neubaugebiet von Niederwinden. Durch die Reschhofstraße erreichen wir die Hauptstraße, die wir etwa zwanzig Meter oberhalb überqueren. Dort ist eine kleine Brücke. Sie führt uns zu einem im Sommer fast nicht zu erkennenden Wiesenweg, der sich am Elzufer entlangschlängelt. Unser Zeichen erkennen wir weiter vorne an dem Doppelstamm der Schwarzerle, die mitten in der Wiese steht. Drüben, bei den Häusern treffen wir auf den Berghang. Hinter dem Weiher steigt ein schmaler Pfad serpentinenartig steil an. Jetzt ist unser Wegzeichen die blaue Raute des Elztalweges.

Ab und zu wird es direkt alpin. Geübt überwinden wir felsige Hangpartien, gewinnen schnell einige Meter an Höhe und somit auch einen schönen Standort, von wo aus wir einen Rückblick auf den ersten Teil unseres Rundweges genießen können. Am Klotzrain passieren wir einen Rastplatz. Sollten wir die Absicht haben, zu grillen, dann finden wir hier die Einrichtung dafür vor. Noch einmal müssen wir einige Meter ansteigen, bevor wir über einen Wiesenhang und durch ein Neubaugebiet wieder nach Oberwinden hinabsteigen. Am Rathaus biegen wir rechts ab und überqueren die Elz. An der Brücke sollten wir einen kurzen Blick nach rechts werfen. Zu schön ist die Idylle am Ufer des jungen Flusses. Nun ist es nur noch 300 Meter weit, und wir erreichen unter der Elztalbahn hindurch unseren Ausgangspunkt.

Für den gesamten Rundweg waren wir knapp zwei Stunden unterwegs. Diese Strecke läßt sich fast das ganze Jahr über erwandern. Auszunehmen sind eventuell sehr heiße Sommernachmittage und schneereiche Hochwintertage.

Das Adventsgesteck aus dem Herbstwald
Elzach – Parkplatz Buchwald – Mittlerer Buchwaldweg – Buchwaldhütte – Bolzbergweg
Markierung: Scheibe Nr. 4, z. T. blaue Raute
Länge: 4 Kilometer; Steigung mäßig und bequem
Hinfahrt: Mit Pkw oder SBG—Bus bis Elzach, Abzweigung Biederbach

Jahreszeiten kommen und gehen, und mit ihnen verändert sich die Landschaft. Wem könnte das besser auffallen, als dem zünftigen Wanderer. Er weiß jeder Witterung, ja sogar noch jeder Laune der Natur Schönheiten und Vorteile abzugewinnen. In unserem heutigen Wandergebiet ist es der Spätherbst, der es mir besonders angetan hat. Er läßt den Wald in allen Farben leuchten, ganz zu schweigen davon, daß jetzt die hohe Zeit der Früchte des Waldes angebrochen ist. Von den Bäumen fallen die Bucheckern mit ihren bizarren Hüllen, die Eicheln mit ihren passenden Hütchen oder die beflügelten Nüßchen der Hainbuche. Am Bachrand oder im feuchten Talgrund erkennen wir wie dunkle Schatten die schwarzen Zäpfchen der Erle am blattlosen Zweig. Hoch in den Ästen der Tannen, aber auch der Apfelbäume nahe dem Waldrand, trägt die Mistel ihre weißen Beeren. Sie zwängen sich gruppenweise in die Achseln der ledrigen Blätter. Wandern wir durch Gegenden, in denen die Kiefer wächst, dann finden wir die kleinen Fohrenbobbele auf unserem Wanderweg. An ihren stacheligen und dunkelgrün glänzenden Blättern erkennen wir schon von weitem die Stechpalme. Ihre leuchtend roten Beeren überdauern sogar strenge Frostperioden. Leider ist diesem Baum, besonders in Stadtnähe, sehr geschadet worden. Man hat ihn jedes Jahr in großen Mengen abgeschnitten und die Zweige auf dem Markt verkauft. Deshalb ist es heute verboten, diese Pflanze zu gewerblichen Zwecken abzuschneiden. Für das was wir jedoch vorhaben, nämlich ein schönes Adventsgesteck für unser Wohnzimmer zu basteln, dürfen wir einen kleinen Zweig mitnehmen. Schon lange ist es ja ein schöner Brauch, sich in den letzten vier Sonntagen vor dem Weihnachtsfest auf das große Ereignis des Heiligen Abends vorzubereiten (»Advent« lateinisch Ankunft). Zugleich ist der Advent der Anfang des Kirchenjahres, das am 1. Sonntag nach dem 26. November beginnt. Zur symbolischen Untermalung stellt man einen Adventskranz auf: Auch der Kinderreim hat sich dieses Brauches bemächtigt

Advent, Advent, ein Lichtlein brennt;
Erst eins, dann zwei, dann drei, dann vier,
Dann steht das Christkind vor der Tür.

Wieviel größer ist das persönliche Erlebnis, wenn wir im Schein der Kerzen sitzen und uns über ein selbstgebasteltes Adventsgeschenk freuen. An ihm prangen alle vorhin erwähnten Früchte, die uns der Wald im Spätherbst präsentiert.

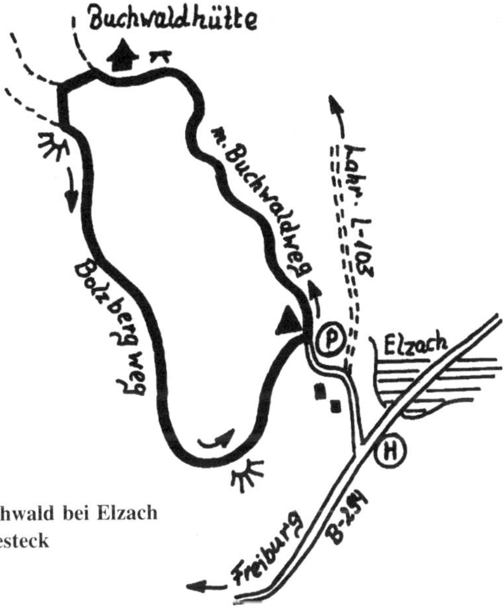

Nr. 31
Parkplatz Buchwald bei Elzach
Das Adventsgesteck
Nr. 4
4 Kilometer

Sammeln können wir die vielen Zutaten auf unserer heutigen Wanderung. Sie ist nicht lang, aber dafür um so schöner.

Wenn wir das Elztal hinauffahren, also aus der Ebene kommen, dann zweigen wir kurz vor Elzach nach links auf die L-103 ins Biederbachtal ab. Das ist die Straße, die über die Berge hinweg nach Lahr führt. Auch der Linienbus hat hier eine Haltestelle. Wir folgen der Straße 200 Meter aufwärts, dann biegen wir nach links in die Telferstraße ein. Schon gleich sind wir an dem Waldeck hinter der Großmetzgerei Gustav Winterhalter. Dort überqueren wir den Biederbach, und schon sind wir auf dem Wanderparkplatz Buchwald. Natürlich können wir auch mit dem Zug bis Elzach fahren. Wir müssen dann lediglich etwa 15 Minuten zu Fuß zum Ausgangspunkt gehen.

Am breiten Weg voraus plätschert Wasser aus einer Quelle direkt in einen steinernen Brunnentrog. Der mittlere Buchwaldweg beginnt gleich neben dem Brunnen. Eigentlich liegt heute nur ein ausgedehnter Spaziergang vor uns, doch es muß ja nicht gleich immer ein langer Rundweg sein. In vielen Windungen gewinnen wir zügig an Höhe.

Rechts unter uns rauscht noch eine Weile der Biederbach, dann wird es ganz still. Wir begegnen selbst an schönen Sommertagen kaum jemandem. Nach zwanzig Minuten stehen wir vor einer Lichtung, an deren oberem Ende die Buchwaldhütte steht. Unser Weg verläuft oberhalb der Hütte. Ganz genau hinter der Hütte verlassen wir den breiten Waldweg und biegen scharf nach links ab. Für die nächsten 300 Meter müssen wir nun etwas kräftiger ansteigen, und dabei verlassen wir auch die blaue Raute nach links. Plötzlich hört der Wald auf. Wir sind am Bergkamm. Bänkchen laden zum gemütlichen Verweilen ein. Hier ist eine Rast wirklich angebracht. Links draußen, weit unter uns, zieht das Elztal von Ost nach West. Dahinter steigen steil die Berge an. Zur Linken wird unser Blick vom Rohrhardsberg begrenzt, und ganz rechts draußen erhebt sich die spitze Kuppe des Hörnlebergs, jenes Wallfahrtsberges, der weit über den Breisgau hinaus bekannt ist (siehe Wanderung Nr. 28). Haben wir Kinder dabei, dann können sie hier völlig ungestört spielen und toben. Nur mit einem Ball muß man aufpassen, denn er würde auf der langen Wiese bis ins Tal rollen. An dieser Stelle trennen sich mehrere Wanderwege. Wir folgen unserem Zeichen Nr. 4 nach links. Es führt uns auf dem herrlichen Bolzbergweg – immer am Waldrand entlang – sanft bergab. Jetzt sammeln wir die eingangs erwähnten Zutaten für unser Adventsgesteck. Und sollten wir das nicht wollen, dann finden wir einfach nur Gefallen an der herrlichen Landschaft. Je weiter wir talwärts kommen, desto mehr bedauern wir, daß dieser Weg so kurz war. Das letzte Stück fällt noch etwas steiler ab, und nach etwas mehr als einer Stunde reiner Wanderzeit sind wir wieder am Ausgangspunkt. Da sich unterwegs so viele schöne Fleckchen zum Rasten und Spielen anbieten, kann diese Wanderung auch zum Ausflug werden, der uns einen ganzen Nachmittag lang beschäftigt.

Zibâde auf der Höhe bei Illenberg

Elzach – Parkplatz Buchwald – Mittlerer Buchwaldweg – Buchwaldhütte – Illenberg – Selbig – Schwarzwaldfrieden – Dischhof – Breienbachtal – Neumaiersmühle – Elztalweg

Markierung: Scheibe Nr. 6, manchmal blaue Raute
Länge: 9 Kilometer; Steigung mäßig, bequem
Hinfahrt: Mit Pkw oder mit SBG-Bus bis Abzweigung Biederbach

Fährt man, von der „Oberrheinischen Ebene" kommend, gleich bei Denzlingen in das Elztal hinein, dann ist der Talgrund zunächst breit und er steigt kaum an. Das ändert sich kurz vor Waldkirch. Da schieben sich die Berge immer mehr zur Talmitte vor, und wir bekommen einen Einblick in die vielen Nebentäler. Bestimmender Flußlauf in dieser Landschaft ist die Elz. Je mehr wir uns Elzach nähern, desto schmaler und kurvenreicher wird sie. Sie sammelt das Wasser aus der großen Anzahl von Bächen, die von den Höhen herunterkommen. Kurz vor Elzach zweigen wir nach links auf die L-103 ins Biederbachtal ab. Auf dem Schild an der Straße ist der Hinweis „Lahr". Auch der Linienbus hat da eine Haltestelle. Wir folgen der Straße 200 Meter aufwärts, dann biegen wir nach links in die Telferstraße ein. Gleich sind wir am Waldeck hinter der Großmetzgerei Gustav Winterhalter.

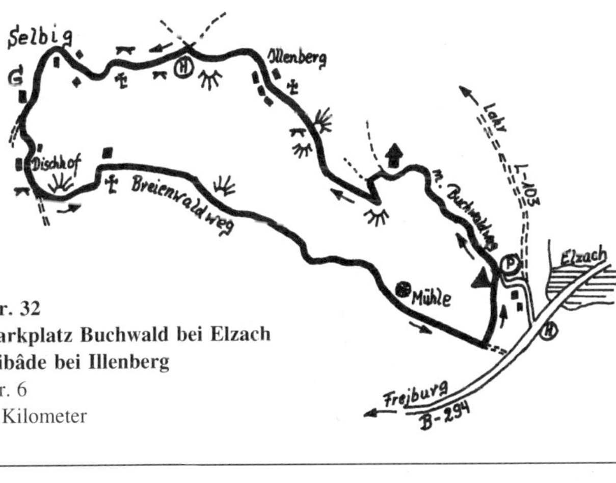

Nr. 32
Parkplatz Buchwald bei Elzach
Zibâde bei Illenberg
Nr. 6
9 Kilometer

Dort überqueren wir den Biederbach, und schon sind wir auf dem Wanderparkplatz Buchwald. Wir können auch mit dem Zug bis Elzach fahren. Dann müssen wir lediglich etwa 15 Minuten zu Fuß zu diesem Ausgangspunkt gehen. Bei dem Brunnen mit dem Natursteintrog an der Böschung beginnt unsere Wanderung.

Wir wollen heute ein Gebiet besuchen, das außer den Einheimischen wenig Leute kennen. Diese Unbekanntheit rührt mit daher, daß niemand hinter den doch steilen Abhängen an der Nordseite des Elztales eine herrliche Hochebene vermutet. Sie ist tatsächlich vorhanden, und dem Wanderer wird das Herz lachen über die vielen Möglichkeiten, die er unvermutet vorfindet. Vom Parkplatz aus folgen wir gleich bergwärts der Markierung Nr. 6. Es ist ein breiter Weg, der in vielen Windungen zügig bergwärts führt. Rechts unter uns ist das Biederbachtal. Der Mischwald läßt wenig Sonne durch. Das führt dazu, daß die steilen Böschungen am Wegrand fast das ganze Jahr über feucht sind. An solchen sickerfeuchten Stellen fühlt sich das Lebermoos wohl. Wie dunkelgrüne Inseln überziehen seine schwammartigen Lappen die Steine und die feste Erde am Hang. Da diese Pflanze ohne viel Licht auskommt, wächst sie auch noch dort, wo lange Farnwedel alle andere Vegetation unterdrücken. Nach etwa 20 Minuten erreichen wir eine Lichtung. Hier treten morgens und abends die Rehe zum Äsen aus dem Wald. Schön ist es an dieser Stelle, und wären wir nicht erst so kurz unterwegs, dann wäre das ein idealer Rastplatz. Ein kleines Stückchen weiter oben, dort wo Wald und Wiese ineinander übergehen, steht eine Hütte. Daneben hält ein Liebhaber in einem winzigen Teich einige Forellen. Frisches Bergwasser führt ihnen den notwendigen Sauerstoff zu.

Hier verlassen wir den breiten Weg. Direkt hinter der Hütte biegen wir nach links ab. Für die nächsten 300 Meter müssen wir etwas steiler ansteigen. Auf diesem Anstieg verläßt uns die blaue Raute nach rechts. Wir halten uns nach links und sind gleich an einem waldfreien Bergkamm. Vor uns liegt ein heller Wiesenhang. Weit geht unser Blick hinaus ins Land. Links unter uns liegt das Elztal. Auf der gegenüberliegenden Seite sticht als markanteste Erhebung der Hörnleberg hervor. Wir stehen hier an einem wirklich schönen Aussichtspunkt. Doch gleich sei gesagt: „Weiter oben wird es noch schöner“. An dieser Stelle teilen sich die Wanderwege. Nach links, am Waldrand abwärts, führt der Weg Nr. 4 zum Ausgangspunkt zurück. Wir wollen uns aber etwas mehr vornehmen und halten nach rechts, dort wo die Nummer sechs uns hinführt. Zunächst ist der leicht ansteigende Weg abwechslungsreich. Nach Waldstücken folgen kleine Lichtungen oder Schonungen. Und dann erreichen wir die Hochebene. Unter einem freistehenden Kirschbaum steht eine rote Bank. Hier sollten wir anhalten und den totalen Rundumblick genießen. Der Weg wird breiter. Gleich nähern wir uns der Streusiedlung „Illenberg“. Das ist ein Ortsteil von Biederbach. Noch bevor wir das erste Haus erreichen, wird uns der Name Illenberg klar. Überall am Wegrand stehen mächtige Büsche von Stechpalmen. Ihr botanischer Name ist „Ilex". Die Menschen, die hier wohnen, nennen die Pflanzen „Illen". Noch eine botanische Rarität begegnet uns da oben. Gemeint sind die Zibâden.

Zibâden sind „Zypernbeeren"
Wandern wir hier so Mitte Mai, dann fallen uns die buschartigen Bäume auf, die über und über im weißen Bluest (Baumblüte) stehen. Es ist dieselbe Blüte wie drunten in der Ebene bei den Mirabellen. Kommen wir im Oktober wieder, dann erkennen wir schon mehr. Jetzt beugen sich die Äste unter der Last der vielen Früchte. Sie sind etwa kirschgroß, gelb und haben eine rote Backe. Das sind die »Zibâden«. Ihr Fleisch ist hellgelb, und sie schmecken wie Pflaumen. Auf zweierlei Art finden sie Verwendung: Einmal kann man aus ihnen einen hervorragenden Schnaps brennen, denn in der langen Periode ihres Wachstums haben sie viel Zucker gespeichert, der bei der Gärung zu Alkohol wird. Man kann die prallen Früchte aber auch trocknen. Das geschah besonders in den früheren Zeiten. Auf großen Dörrbrettern schob man sie auf die »Chunst« oder über den Kachelofen. Sie runzelten völlig ein. In diesem Zustand konnte man viele Stunden auf ihnen kauen. Diese getrockneten Zibâden nannte man »Zibertli«. Ihre Heimat hat diese Frucht auf Zypern, deshalb nennt man sie auch, Zypernpflaume.

Bald nach den letzten Häusern von Illenberg kommen wir an eine Wegkreuzung. Nach rechts führt eine Straße hinab nach Elzach, und geradeaus zeigt die blaue Raute den Weg zum Bäreneckle an. Beides interessiert uns nicht. Wir orientieren uns halblinks an dem Schild „Höhencafé"-Pension Schwarzwaldfrieden, das hinter dem Wartehäuschen für den SBG-Bus steht. Dieses Gasthaus gehört zum Weiler „Selbig". Die nur wenig befahrene Straße schwingt sich in vielen Windungen durch weite Wiesenbuchten. Ab und zu stehen am Wegrand Bänkchen, oder auch einmal ein altes Bildstöckle. Dort, wo sich die Straße weit in eine Wiesenbucht schmiegt, steht das Haus Schwarzwaldfrieden. Der Platz ist ideal gewählt, denn von dem leicht erhöhten Standort aus hat der Gast einen wunderschönen Ausblick auf die Berge des südlichen Schwarzwalds. Hundert Meter nach diesem Gasthaus verlassen wir die Fahrstraße nach links. An der Straße weist eine Tafel auf die Häuser „Selbig 7 bis 10" hin. Wir wandern jetzt in die kleine Talsenke hinab, in der sich der große Dischhof fest verankert an den Hang klammert. Diese Bucht ist das Quellgebiet des Breienbaches. Wenn wir auf der anderen Seite des kleinen

Talgrundes angestiegen sind, dann sollten wir unbedingt zurückschauen. Bevor wir uns von dieser einmalig schönen Hochebene verabschieden, bietet sie sich noch einmal in ihrer ganzen Schönheit und Weite dar. Jetzt haben wir den höchsten und zugleich den entferntesten Punkt unserer Wanderung erreicht. An einer Waldecke biegen wir scharf links ab. Der breite Weg, mal durch Wald, mal durch Wiesen, führt uns ins Breienbachtal hinunter. Je tiefer wir kommen, desto offener wird die Landschaft. Steile Wiesenhänge, die zu jeder Jahreszeit einen eigenen Reiz ausstrahlen, führen uns unterhalb der Häuser von Weinersberg vorbei. An einer engen Talstelle schauen wir uns links von der Straße die Neumaiermühle an. Nur fünf Minuten später sehen wir hinaus ins Elztal. Dort wo unser Tal weiter wird, müssen wir auf den Weg aufpassen, damit wir den nach links abzweigenden schmalen Einstieg in den Elztalweg nicht verpassen. Er wird von der blauen Raute markiert. Über ihn sind wir in wenigen Minuten am Ausgang unserer Wanderung beim Buchwald.

Wenn wir gemütlich gewandert sind, dann waren wir etwa dreieinhalb Stunden unterwegs. Wir dürfen ohne weiteres behaupten, daß wir auf der Hochebene von Illenberg ein Wandergebiet entdeckt haben, das uns bislang verschlossen war. Es ist so schön, daß wir auf jeden Fall wieder einmal hierher kommen werden.

Wozu haben Knospen Schuppen?

Neunlindenkapelle – Goldenerkopfhütte – Bechererseck – Drei Kreuze – Pfaffenkapelle – Freizeitanlage Halde – Elzach

Markierung: Holzpfeil mit der Aufschrift „Rundwanderweg“
Länge: 5 Kilometer; Steigung mäßig/bequem
Hinfahrt: Mit Zug oder SBG-Bus bis Elzach; mit Pkw zum Verkehrsamt

In einer Urkunde bestätigte Papst Alexander III. am 5. August 1178 das Bestehen des Ortes Eltavelt. Damit begann nachweisbar die wechselvolle Geschichte einer heute blühenden Stadt im Mittelpunkt des oberen Elztales. Der Name veränderte sich oft. Als die Herren der Burg Schwarzenberg, die gleichzeitig auch Freivögte von Waldkirch waren, dem Marktflecken im Jahre 1290 das Stadtrecht verliehen, schrieb man von »Alza«. Die noch heute gültige Schreibweise »Elzach« besteht seit 1659. Damals bestätigte Erzherzog Ferdinand Carl die Stadtrechte. Er stiftete gleichzeitig den St-Mathias-Jahrmarkt am 24. Februar eines jeden Jahres. Dieses schöne Städtchen Elzach soll Ausgangspunkt unserer heutigen Rundwanderung sein. Dabei werden wir gleich feststellen, daß wir uns in einem geradezu idealen Wandergebiet befinden. Hier gibt es Wege für alle Schwierigkeitsgrade, und in der Länge der Strecke sind kaum Grenzen gesetzt.

Wenn wir mit dem Zug anreisen, dann führt uns eine Straße vom Bahnhof durch eine Linkskurve hinab in die Stadt zur Post. Benützen wir zur Anfahrt den SBG-Bus, dann steigen wir gleich bei der Haltestelle Post aus. Beim Narrenbrunnen überqueren wir die „Freiburger Straße“ und kommen drüben in die Kreuzstraße. Schon an der nächsten Kreuzung bekommen wir den Hinweis zur Kurverwaltung und zum Haus des Gastes. Auch für die Pkw-Fahrer ist dies der Weg zum Parkplatz vor dem Verkehrsamt.

Hier beginnt unser Wanderweg. Schon vom Ausgangspunkt aus erkennen wir hoch droben die Neunlindenkapelle. Sie soll unser erstes Ziel sein. Wer näher interessiert ist, der bekommt bei der Kurverwaltung im Haus des Gastes einen Führer für die Pfarrkirche St. Nikolaus und für die Wallfahrtskapelle „Unserer lieben Frau zu Neunlinden.“ Links hinter dem Verkehrsamt steigt unser Weg am Hang an. In spitzen Kehren gelangen wir schnell höher. Kurz unterhalb der Kapelle, dort, wo unser Weg auf eine kleine Straße mündet, treffen wir zum ersten Mal auf unser Wanderzeichen. Es ist ein Holzpfeil mit der Aufschrift „Rundweg“. Wenige Meter tiefer, in der Straßenbucht bei dem Wasserbehälter, steht die seit 1997 neu gestaltete Wandertafel. Auf ihr können wir uns den Wanderweg ganz genau anschauen und einprägen. Gleich sind wir bei der Neunlindenkapelle, wo wir auf einer Tafel neben dem Eingang einiges über deren Geschichte erfahren.

Nr. 33
Elzach Bahnhof oder Verkehrsamt
Wozu habenKnospen Schuppen?
Holzpfeil „Rundwanderweg“
5 Kilometer

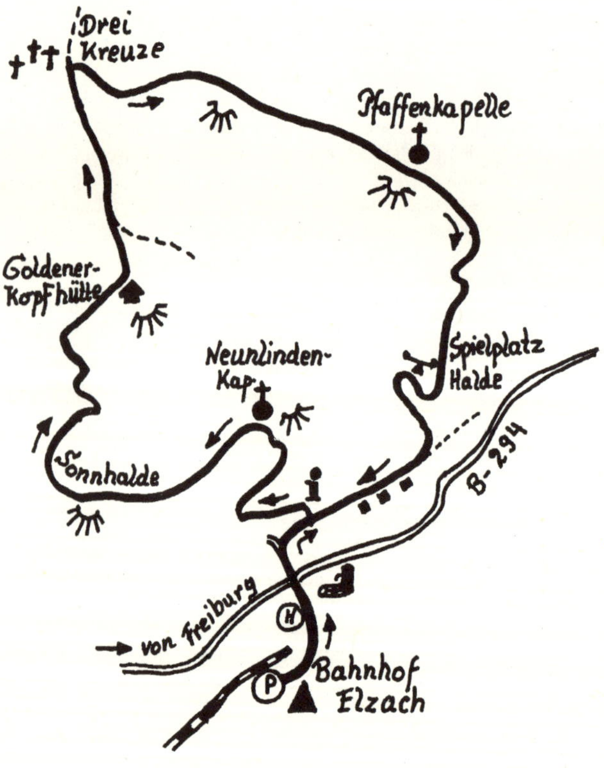

Die Wallfahrtskapelle „Unserer lieben Frau zu Neunlinden"
Die Wallfahrtskapelle, die „Unserer lieben Frau" gewidmet ist, wurde in den Jahren 1912/13 im neugotischen Stil auf kreuzförmigem Grundriß von der Pfarrgemeinde an diesem Platz neu erbaut. Ihre Vorgängerin aus dem Jahre 1450 stand einst am Elzufer drunten im Tal. Ein schweres Schicksal traf die alte Kapelle im Jahr 1778, als sie mitsamt zwei nahestehender Häuser von einer gewaltigen Hochwasserwelle weggerissen wurde. Das kostbare Gnadenbild wurde von der Flut bis nach Riegel am nördlichen Ende des Kaiserstuhl gespült. Von dort brachte man es in die Pfarrkirche nach Elzach zurück, wo es bis ins Jahr 1913 verblieb. Ein Wiederaufbau der Kapelle wurde durch ein Edikt von Joseph II – ältester Sohn von Franz I und Maria Theresia – verhindert. Er führte ja im Jahre 1783 für Österreich und seine Vorlande die Staatsreligion ein und hob alle Klausen (Eremitagen) auf. Erst 1913 war es dann soweit, daß man der Kapelle auf dem Berg einen neuen Platz gab. Den Chorraum im Innern ziert seither ein kunstvolles Sternengewölbe. Die neugotischen Altäre sind Arbeiten der Bildhauerwerkstatt Dettlinger aus Freiburg. Dort wurden sie 1912 geschnitzt. Das Gnadenbild fand seinen Standort im Mittelschrein des Hochaltars. Maria wird von musizierenden Engeln umgeben. Engel sind es auch, die eine Krone über ihr Haupt halten. Kenner bezeichnen die heutige Neunlindenkapelle als ein Schmuckstück der Neugotik. In den Monaten Mai bis September finden wöchentlich regelmäßig Gottesdienste statt. Weit über die Stadt Elzach schallt der Schlag des alten Glöckleins aus dem Dachreiter. Dieses Glöckle wurde 1760 von Mattäus Edel in Straßburg gegossen.

Nur wenige Meter nach der Kapelle verlassen wir die asphaltierte Straße. Wir folgen dem ebenen Wanderweg. Besenginster und hoher Adlerfarn säumen ihn ein. Links unter uns sehen wir die Häuser von Elzach. Auf der anderen Talseite öffnet sich breit das Yachtal. Nach genau 400 Metern macht unser Weg eine große Kurve nach rechts. Jetzt liegt links unter uns das Biederbachtal. An dieser Stelle verlassen wir den breiten Weg. Rechterhand biegt ein schmaler Pfad ab, der uns im Zickzack bergauf durch ein Stück Wald auf eine schöne Bergwiese führt.

Jetzt müssen wir gut auf die Hinweisschilder aufpassen, denn wir ändern oft die Richtung. Unmerklich gewinnen wir an Höhe. Immer schöner wird der Blick ins Elztal, aber auch immer mächtiger wachsen die Berge auf der südlichen Talseite empor. Oben auf dem Bergrücken treffen wir wieder auf die schmale asphaltierte Landwirtschaftsstraße, welche wir drunten bei der Neunlinden-Kapelle verlassen

haben. Vor uns sehen wir beim Waldzipfel die Hütte am goldenen Kopf. Dort wollen wir eine Pause machen. Einmalig schön ist der Rundblick von diesem Ort aus. Links drunten erstreckt sich das Prechtal, dessen Bergflanken steil aufsteigen. Uns gegenüber schneiden zwei mächtige Täler tief ins Gebirge hinein. Das breitere links ist das Reichenbach- und das rechte das Yachtal. Dazwischen steigen die Berge über tausend Meter hoch an. Möchten wir die Rast hier verlängern, dann bietet sich die Möglichkeit zum gemütlichen Lagern. Auch eine Feuerstelle gibt es neben der Hütte.

Unser Wanderweg führt uns weiter durch Wiesen und Felder bis zum „Bercherseck". Dort treffen wir auf den Hauptweg, der direkt aus Elzach heraufführt. Von jetzt ab begleitet uns auch die blaue Raute. Beide Wege vereinigen sich bis zu unserem nächsten Ziel, den „Drei Kreuzen".

Etwa 800 Meter nach dem Rastplatz am goldenen Kopf erreichen wir die Waldzone. Es überwiegt zunächst der Laubwald. Unternehmen wir die Wanderung im Spätherbst oder im zeitigen Frühjahr, dann haben wir Gelegenheit die blattlosen Bäume genau zu betrachten. Jede Baumart hat andere Knospen. Doch um das zu erkennen, nimmt man am besten ein Bestimmungsbuch mit. Es wird uns helfen, in die Geheimnisse des kahlen Waldes einzudringen. Zu empfehlen ist dazu »Bäume und Sträucher des Waldes« von Prof. Dr. Gottfried Amann aus dem Neumann-Verlag. In Text und Bild erfahren wir, wie verschieden die Formen der Knospen sind. Brechen wir einen Ast ab, dann können wir einen schlafenden Trieb untersuchen. In ihm sind alle Anlagen der Blüten oder Blätter für die kommende Vegetationsperiode enthalten. Doch bevor wir in die innersten Geheimnisse vorstoßen,

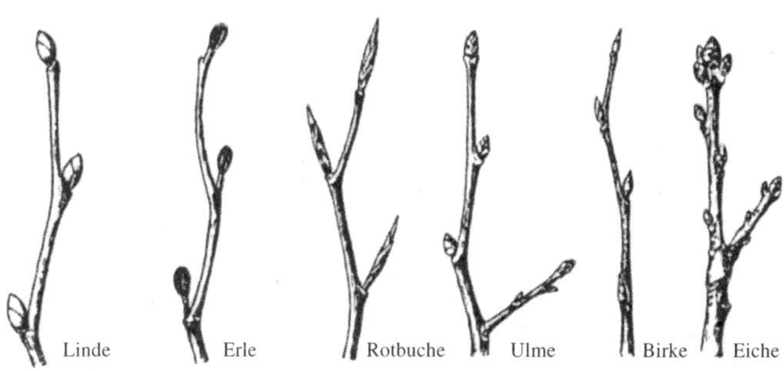

müssen wir zunächst ganz sorgfältig einen fein gegliederten Panzer von Schuppen entfernen. Diese Schuppen haben viele Funktionen zu erfüllen. Sie schützen vor Kälte und Austrocknung. Zudem wirken sie auf Vögel durch ihre ledrige Härte abstoßend. Manche Bäume, z. B. die Kastanie, überziehen die Knospenschuppen zusätzlich mit einem Leim. So wagen sich auch keine Insekten daran. Unter dem braunen Schuppenpanzer überzieht eine feine Pelzschicht die jungen Blätter. Sie haben ebenfalls die Aufgabe wärmend und damitschützend zu wirken. Wer sich so mit der Natur beschäftigt, dem wird eine Wanderung stets zum bleibenden Erlebnis werden. Er wird auch feststellen, daß Knospen nicht nur im Winter vorhanden sind. Sie zeigen sich an jedem Baum schon gleich nach dem Austrieb der Blätter. In diesem frühen Stadium legt der Baum bereits den Grundstein für sein Weiterleben im nächsten Jahr.

Fast eben wandern wir durch den Wald. Plötzlich stehen wir vor einer Wegkreuzung. Dieser Ort heißt »Drei Kreuze«. Das Rätsel lüftet sich an einem Bildstock aus Stein. Er wird gekrönt von einem dreistöckigen Kreuz. Darunter ist ein Antoniusbild und die Inschrift: »Heiliger Antonius bitte für uns«. Mit etwas Mühe können wir auch lesen, daß es 1931 Adolf Singler war, der dieses Denkmal gestiftet hat. Wir sind jetzt 517 Meter hoch und zugleich am entferntesten Punkt unseres Rundweges. Für den Rückweg biegen wir hier bei dem dreistöckigen Kreuz scharf nach rechts ab. Ein schmaler Pfad führt uns die 100 Meter hinunter auf den breiten Waldweg, dem wir wiederum nach rechts folgen. Schon bald nach dem Ende des Waldes stehen wir bei der Pfaffenkapelle. Es ist eine sehr alte Feldkapelle, die man um 1968 renoviert hat. Damals pflanzte man auch die beiden Kastanienbäume an der Rückseite.

Wir steigen jetzt noch einmal etwa 200 Meter leicht an. Kaum haben wir den Wald erreicht, biegen wir rechts ab. Ein schmaler Weg – Achtung nicht rechts auf die Wiese gehen – führt uns durch den Wald steil bergab. Schwach dringt vom links unter uns liegenden Elztal das Geräusch der Autos herauf. Noch oberhalb der Häuser können wir uns in der „Freizeitanlage Halde" eine kleine Pause gönnen. Dieser wunderschöne Platz rund um das Wasserschlößle, das aus dem Jahre 1888 stammt, wurde von einer Bürgerinitiative in Eigenarbeit errichtet, Hier ist auch einer der schönsten Abenteuer-Spielplätze weit und breit. Am Ende der Anlage folgen wir dem schmalen Weg rechts hinunter, und schon sind wir in Elzach. Noch bevor wir bei der ehemaligen Wendelinuskapelle die Hauptstraße erreichen, wandern wir nach rechts auf dem Wendelinsweg durch das alte Elzach talwärts. Viele schöne Häuser, zum Teil allerdings modernisiert, gestalten das letzte Stück Weg bis zum Verkehrsamt recht kurzweilig. Wir waren gut zwei Stunden unterwegs. Der Weg war ohne Schwierigkeiten zu bewältigen. Fast auf der ganzen Wegstrecke hatten wir herrliche Ausblicke hinüber zum Hochschwarzwald.

Der Waldlehrpfad der Stadt Elzach am Bust

Elzach – Narrenbrunnen – Hauptstraße – Rathaus – Friedhofstraße– Neurologische Klinik – Bustweg – Waldlehrpfad – Yachblick – Waldquelle – Prechtalblick

Markierung: Holzpfeil- Waldlehrpfad
Länge: 3,2 Kilometer; Steigung leicht
Hinfahrt: Mit Zug oder mit SBG-Bus bis Elzach; mit Pkw bis Neurologische Klinik

Wenn wir im Moment an der Schwelle zum Übergang in das 21. Jahrhundert stehen, dann müssen wir feststellen, daß sich das Bewußtsein der Menschen in einer hochempfindlichen und schützenswerten Natur zu leben, stark zum Positiven hin neigt. Obwohl wir von Technik förmlich eingeschnürt werden, greift der Gedanke des Natur-und Umweltschutzes immer mehr um sich. Auch unsere heutige Wanderung soll uns helfen, die Natur und ihr Gefüge besser zu verstehen.

So liefert der Wald schon immer Nahrung, Heiz- und Baumaterial, zudem ist er heute vermehrt ein Holzlieferant, aus dem Papier hergestellt wird, auf welchem wir lesen, schreiben und lernen. Millionen Tonnen von Heften und Büchern, die wissenschaftliche Erkenntnisse und kulturelle Werte dokumentieren und verbreiten, verdanken jährlich ihre Entstehung dem Holz der Bäume aus unseren Wäldern. Daneben sollten wir den wichtigsten Wert des Waldes im Bezug auf die Erholung der Menschen und die Gesunderhaltung der Luft sehr hoch einschätzen. Diese Tatsachen haben bestimmt mit dazu beigetragen, daß ganz in der Nähe der Stadt Elzach in Verbindung mit einem Rundwanderweg ein Waldlehrpfad angelegt wurde. Auf über 50 Tafeln wird dem Wanderer Kenntnis über die einheimischen Baum- und Straucharten gegeben. Extra Hinweise auf Blumen, Vögel und Wild bereichern das Angebot. Von Schneisen und Lichtungen aus eröffnen sich wunderschöne Ausblicke auf die Landschaft des oberen Elztales.

Wenn wir mit dem Zug oder mit dem Bus anreisen, dann müssen wir zunächst einen Spaziergang durch Elzach machen. Das ist ein reizender Auftakt für die anschließende Wanderung. Vom Bahnhof aus gehen wir die Straße in weitem Bogen abwärts in die Stadt bis zum Narrenbrunnen. Dort biegen wir auf die Hauptstraße nach rechts ab und folgen ihr kurvenreich aufwärts bis zum Rathaus. Nur 40 Meter nach diesem sehenswerten Gebäude biegen wir wieder rechts ab. Auf einem Hinweisschild steht „Neurologische Klinik". Kaum haben wir die Elz überquert, steigt unser Weg – vorbei am Friedhof – zügig an. Nach den letzten Häusern sehen wir vor uns auch schon das Klinikgelände. Dort wollen wir mit der eigentlichen Wanderung beginnen. Die Pkw-Fahrer können auf dem geräumigen Parkplatz unterhalb der Klinik ihr Fahrzeug gut und sicher abstellen.

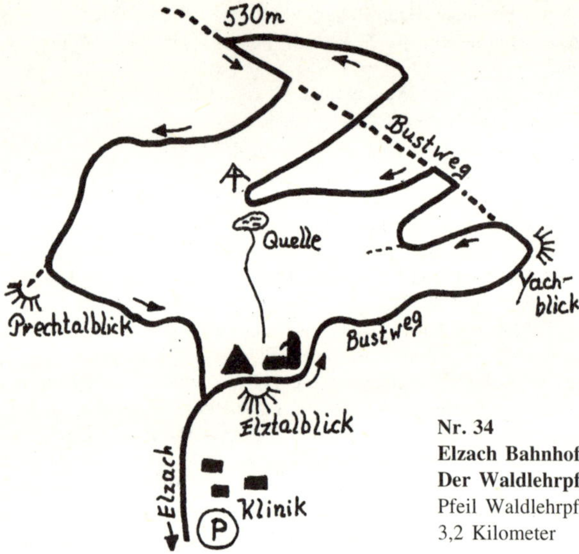

Nr. 34
Elzach Bahnhof
Der Waldlehrpfad
Pfeil Waldlehrpfad
3,2 Kilometer

Auf der breiten Straße, die bald zum Waldweg wird, steigen wir nach der Klinik 400 Meter weit an. Dann sind wir bei der Hinweistafel, die uns das Profil und auch den Beginn des Waldlehrpfades anzeigt. Es ist ganz ruhig hier oben. Über eine Holzrinne plätschert sachte das Wasser einer Quelle, der wir später weiter oben begegnen werden. Es treibt spielerisch ein großes Wasserrad an. Daneben spendet ein Holzbrunnen Trinkwasser. An der Böschung zur Talseite hin steht ein hohes Rotbuchenpaar. Durch eine Schneise haben wir einen schönen Blick auf Elzach. Gut gestaltete Tafeln informieren uns über das Ökosystem Wald. So erfahren wir z. B. was ein „Klafter" oder gar ein „Badischer Morgen" ist. Wir bleiben immer auf dem breiten Weg, der mit der Zeit ganz eben verläuft. In einer Linkskurve öffnet sich der Blick hinunter ins Yachtal. Auf der Wiese im Vordergrund wächst meterhoch der Adlerfarn. Die Ortschaft Yach ist ja die einzige Gemeinde in Deutschland, deren Name mit „Y" beginnt. Die Bewohner sagen allerdings im Dialekt „Aich". Wir bleiben noch auf dem Bustweg. Schon nach 100 Metern müssen wir gut aufpassen, denn da zweigt der Waldlehrpfad schmal nach links ab. Er folgt jetzt einer eigenen Spur, und das wird sich noch mehrmals wiederholen. Aber der kleine Holzpfeil führt uns sicher. Auf einer Tafel werden wir auch über die Fichte, den Brotbaum unseres Waldes aufgeklärt.

Tannenzapfen, die auf dem Waldboden liegen, sind Fichtenzapfen

Der Baum, der dem Schwarzwald seinen Namen gab, ist die Fichte. Wir nennen sie im Volksmund einfach Rottanne. Diesen Namen brachte ihr die rötlichbraune und schuppige Rinde ein. Sie kann an günstigen Wuchsorten bis zu 60 Meter hoch werden und bei nicht allzu strenger Dürre und Hitze ein Alter von 150 Jahren erreichen. Zum guten Gedeihen verlangt sie frische Luft und nahrhaften Boden. Auto- und Industrieabgase sind ihr Tod. Da sie nur ein verhältnismäßig flaches Wurzelbett ausbildet, läuft sie Gefahr von einem starken Sturm umgeworfen zu werden. Alle drei bis vier Jahre blüht die Fichte. In den Monaten April und Mai ziehen dann ganze Wolken von gelbem Blütenstaub durch die Wälder. Schon im Herbst desselben Jahres reift der Samen heran und streut den Winter über bis ins kommende Frühjahr aus. Der nach unten hängende Zapfen fällt erst ein ganzes Jahr nach der Reife ab. Wir finden ihn dann in großen Mengen auf dem Waldboden liegen. Als echte Alemannen nennen wir ihn einfach »Tannenzapfen«. Das stimmt aber nicht, denn die eigentliche Tanne ist die Weißtanne, und die wirft überhaupt keine Zapfen ab. Die Weißtanne blüht im Mai bis Juni. Die weiblichen, blaßgrünen Zapfen wachsen im oberen Teil der Baumkrone. Sie stehen – im Gegensatz zum Fichtenzapfen – senkrecht nach oben, und zerfallen im Oktober völlig. Nur die Spindel, an denen die Schuppen angewachsen waren, bleiben stehen. Niemandem wird es also gelingen auf dem Waldboden einen »Tannenzapfen« zu finden, denn er fällt als solcher nie vom Baum. Die Tanne gehört zu unseren anspruchsvollsten Waldbäumen. Sie verlangt tiefgründigen, lockeren und fruchtbaren Boden. Ihren Namen hat sie von der weißgrauen, in eckigen Schuppen abblätternden Rinde erhalten.

männliches Blütenkätzchen

weiblicher Blütenzapfen

An einer Stelle kommen wir an eine Quelle. Sie entspringt dort, wo eine wasserdurchlässige Bodenschicht auf einer wasserundurchlässigen Schicht liegt. Oberhalb dieser Quelle steht ein von Stechpalmen eingerahmtes Waldkreuz. Hier biegen wir rechts ab. Noch eine Serpentine liegt vor uns, dann berühren wir nach einem längeren geraden Stück wieder den Bustweg. Mit 530 Höhenmetern haben wir den höchsten Punkt erreicht. Wir folgen dem Bustweg etwa 300 Meter abwärts und biegen dann rechts ab. Immer bergab gehend kommen wir zum Prechtalblick. Kurz vorher steht rechts am Wegrand ein Tulpenbaum. Seine Heimat ist Nordamerika, doch er fühlt sich bei uns auch recht wohl. Wir sollten den Abstecher von 30 Metern zum Blick ins Prechtal unbedingt auf uns nehmen, denn es ist ein wunderschöner Aussichtspunkt. Das Prechtal ist ja die Fortsetzung des Elztales.

Nun ist es nicht mehr weit bis zum Ausgangspunkt, wo sich der Kreis unserer Rundwanderung schließt. Obwohl der Weg verhältnismäßig kurz ist, werden wir bis zu zwei Stunden unterwegs sein. Zu interessant sind doch die vielen Informationen, die uns der Waldlehrpfad Elzach vermitteln kann.

Die Märchenhütte in der Wolfsgrube
Elzach – Krieghofkehre – Gschasiweg – Hirzbühlhütte – Lache – Wolfsgrubenhütte – Gschasifelsen – Steinbergweg –Bodenhäusle
Markierung: Scheibe Nr. 1; blaue Raute, rotes Rechteck
Länge: 9 Kilometer; Steigung mäßig
Hinfahrt: Mit Pkw über Elztal-Ladhof

Der Ausgangspunkt für die heute vorgesehene Wanderung ist weder mit dem Zug noch mit dem Bus zu erreichen. Wir werden uns in ein wunderschönes, aber ziemlich abgelegenes Gebiet des Schwarzwaldes begeben. Das Ziel wird der Gschasifelsen in 1017 Meter Höhe sein. Es gibt keine einzige Stelle; von wo aus man einen schöneren Blick auf das gesamte Elztal hat, wie gerade diese Felsenkanzel, auf der ganz exponiert eine kleine Hütte steht. Weit können wir hinausschauen, bis in die Rheinebene und bis zu den Vogesen. Also bleibt uns nur die Anfahrt mit dem Pkw. Nur einen Kilometer oberhalb des Elzacher Rathauses biegt Von der Bundesstraße 294 nach rechts das Reichenbachtal ab. Wir können den Punkt nicht verfehlen, wenn wir uns nach dem Gasthaus Ladhof orientieren, der links an der Straße steht. Es ist nur ein ganz schmales Sträßchen, das sich mit vielen Kurven in das breite Tal hineinzieht. Stattliche Höfe, die alle einen durch Erbe und Tradition überlieferten Namen haben, säumen in gewissen Abständen den Straßenrand. Nachdem wir gut drei Kilometer weit ins Tal hineingedrungen sind, macht unsere Straße eine Haarnadelkurve nach links. Jetzt sind es nur noch 300 Meter bis zu unserem Wanderparkplatz. Er heißt »Krieghofkehre«, benannt nach dem Krieghof, einem Bauernhaus nahe der Kehre (Kurve), durch die wir gefahren sind. Wir finden ganz ideale Bedingungen zum Abstellen des Fahrzeuges vor. Bänke, Tische und eine Feuerstelle laden zum Rasten ein.

Vom Parkplatz aus wandern wir auf dem breiten Gschasiweg, der von einer weißen Scheibe mit der Nummer 1 markiert ist, sanft ansteigend bergwärts. Nach einer großen Rechtsschleife geht es dann zügiger bergauf, doch keineswegs steil. Schon in dieser Wegbiegung sollte der botanisch interessierte Wanderer der Böschung links vom Weg seine Aufmerksamkeit widmen. Da wächst nämlich das recht selten gewordene „wilde Silberblatt“, auch „Mondviole“ genannt.

Bald zweigt nach links der Sommerwaldweg ab, doch wir bleiben auf dem Gschasiweg. Nach rechts haben wir die ersten schönen Ausblicke. Das wird sich noch steigern, denn je höher wir kommen, desto lohnender wird die Fernsicht. Bei der Stockmatte stoßen wir auf den Höhenzugangsweg mit der blauen Raute. Sie wird uns jetzt zusätzlich zur Ziffer 1 bis zur Wolfsgrubenhütte führen. In vielen Windungen zieht sich unser Weg am Hang entlang höher. Je nach Jahreszeit können wir süße Walderdbeeren oder reichlich Himbeeren essen. Das macht die Wan-

Wildes Silberblatt
Mondviole
(Lunaria rediviva)

Die Mondviole ist selten geworden

Das ausdauernde oder wilde Silberblatt (Lunaria rediviva) ist bei uns recht selten geworden. Es ist eine bis zu 1,40 Meter hoch werdende aufrecht stehende Pflanze. Ihre Triebe kommen aus einem kurz unter der Erdoberfläche kriechenden Wurzelstock. Die Blätter sind sattgrün, gestielt und herzförmig. Lediglich im oberen Drittel sind sie dreieckig-länglich. Auffallend ist ihre starke Zähnung am Rand. Die Pflanze blüht – je nach Höhenlage – zwischen Mai bis Juli blaßviolett. In ganz lichtarmen Lagen bleibt die Blüte fast weiß. Als Frucht bildet sich ein flaches Schötchen aus, das etwa sechs Zentimeter lang und drei Zentimeter breit wird. Im Reifestadium sieht es wie ein silbernes Blatt aus (Name). Im Innern des an beiden Enden zugespitzten Schötchens liegen flache Samen, geschützt durch eine hauchdünne Scheidewand. Die beliebtesten Standorte des wilden Silberblattes sind Bergwälder mit feuchten Schluchten, so wie wir es an der Stelle vorfinden, an der wir eben vorbeiwandern.

Nr. 35
Elzach Reichenbach
Parkplatz Krieghofkehre
Zur Märchenhütte in der Wolfsgrube
Nr. 1, blaue Raute, rotes Rechteck
9 Kilometer

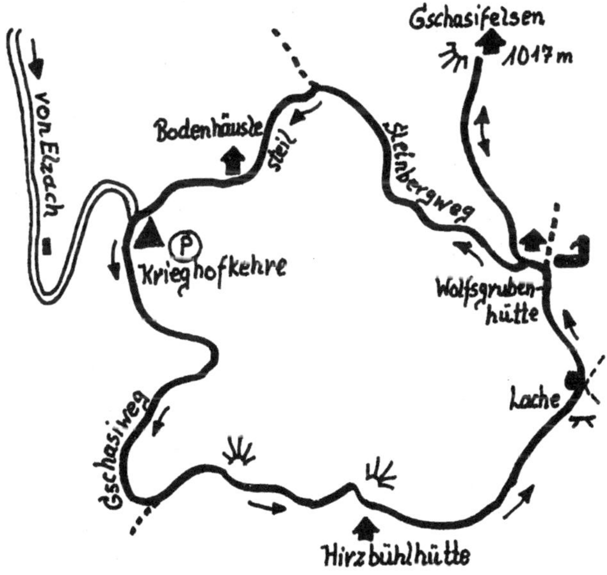

derung richtig kurzweilig. Linkerhand hört der Hochwald auf, was uns wunderbare Ausblicke ins tief unter uns liegende Oberprechtal und auf die flachen Kuppen dahinter eröffnet. Der Hang von unserem Weg aus fällt steil ab ins Reichenbachtal. Ebenso steil steigt der Gegenhang drüben an bis hinauf zum Gschasikopf in 1045 Meter Höhe. Kurz unterhalb des bewaldeten Gipfels sehen wir bei der Felsengruppe eine Hütte. Dorthin wollen wir heute noch kommen. Auch an unserem Wanderweg stoßen wir auf eine Hütte. Rechts oberhalb des Weges steht in einer Kurve die Hirzbühlhütte. An einem heißen Tag werden wir hier eine kleine Verschnaufpause einlegen. Nach weiteren 15 Minuten haben wir die Lache erreicht. Mehrere Wege treffen da aufeinander. Wir sind erstaunt, als wir lesen, daß wir schon 970 Meter hoch sind. Damit haben wir für heute das meiste geschafft. Bis zu unserem Wanderziel, der Wolfsgrubenhütte, sind es auf dem völlig eben verlaufenden Höhenweg noch genau 500 Meter.

Mitten im Wald trifft unser Weg auf die Wolfsgrubenhütte. So muß vielleicht die Gegend ausgesehen haben, in welcher das Rotkäppchen im Märchen dem Wolf begegnet ist. Das ist auch das Motiv, welches man am Hüttengiebel aus Holz darstellt Der Name »Wolfsgrube« kommt im oberen Elztal dreimal vor. Er weist uns auf frühere Zeiten hin, als es hier noch wirklich Wölfe gab. Die Menschen hatten Angst vor diesen wilden Tieren und mieden weitgehend die Orte, an denen sie ihr Unwesen trieben. Heute gibt es in der Wolfsgrube auch noch Tiere, doch sind diese harmloser. Ein Jäger, den wir zufällig bei der Hütte trafen, erzählte uns, daß in diesem Wald Rehe, Hirsche, Wildschweine, Füchse, Iltis und Marder wohnen. Die Wolfsgrubenhütte hat zwei Räume. Der vordere Teil ist der Aufenthaltsraum für die Menschen, der hintere Teil wurde früher als Stall verwendet. Dort stellte man die Pferde nachts unter, mit denen man tagsüber das Holz von den Hängen schleppte. Heute erledigen das Maschinen. Wir können rings um die Hütte herum lagern, und ein Grillrost veranlaßt uns sogar dazu ein Feuer zu machen. Wasser gibt es an einem Brunnen in nur 100 Meter Entfernung.

Eines sollten wir unbedingt einplanen: Den Aufstieg zum nur 400 Meter entfernten Gschasifelsen. Ein schmaler und bequemer Pfad führt uns hinauf. Dort treffen wir auf die Hütte, welche wir vorhin beim Anstieg schon gesehen haben. Sie steht ganz kühn fast vorne an der Felsenkante. Von hier oben reicht der Blick weit ins Land. Im Westen erstreckt sich die Kette der Vogesen wie ein blaues Band über der Oberrheinebene. Mehr im Vordergrund steigt kegelförmig der Hörnleberg empor. Links dahinter zieht sich der lange Rücken des Kandels hin, und in einem schmalen Einschnitt schauen wir hinüber zum Feldberg. Weiter links liegt der Rohrhardsberg mit dem schlanken Umsetzer. Tief unter uns geht das Prechtal in das Elztal über, dahinter erheben sich die Berge des Mittelschwarzwaldes. Wenn das Wetter schön ist, werden wir sicher lange da oben verweilen.

Besonders zu empfehlen ist dieser luftige Ort im Spätherbst. Dann erstreckt sich tief unter uns ein endlos weites Nebelmeer, aus dem nur wenige Bergspitzen herausragen.

Vom Gschasifelsen steigen wir wieder hinab zur Wolfsgrubenhütte. Dort finden wir den Wegweiser mit dem roten Balken auf weißem Grund, der uns in Richtung Bodenhäusle führen wird. Der Weg ist zunächst steinig und leicht verwachsen. Wir verlieren schnell an Höhe. Nach gut 25 Minuten teilt sich unser Wanderweg. Eigentlich ist es eine Gabel, wie wenn man Zeigefinger und Mittelfinger spreizen würde. Hier verlassen wir den roten Balken und zweigen nach links ab, dem Schild „Café Bodenhäusle" folgend. Die nächsten 500 Meter sind recht steil. Dann erreichen wir eine schöne Bergwiese, in deren Grund das Café steht. Über einen breiten und bequemen Waldweg kommen wir nach zehn Minuten zum Ausgangspunkt an der Krieghofkehre. Planen wir eine ausgiebige Rast mit Lagerfeuer droben an der Wolfsgrubenhütte mit ein, dann wird dieser Wandervorschlag zu einem ausgiebigen Halbtagesvergnügen, an dem die ganze Familie ihre Freude haben wird. Da wir in einer Gegend waren, in der früher einmal die Wölfe heulten, werden wir auch heute wenigen Menschen begegnen.

Zum Naturwunder Siebenfelsen
Yach Kirche – Vorderer Zinken – Steinbruch – Schneiderbauernhof – Fischergrundhof – Siebenfelsen – Belghäusle – Biggerthütte
Markierung: Bergauf blaue Raute, bergab Nr. 17 und Nr. 18
Länge: 11 Kilometer; Steigung mäßig, kurz steil
Hinfahrt: Mit Pkw über Elzach nach Yach

Eines der vielen Seitentäler des Elztales ist das Yachtal. Fährt man von der Rheinebene kommend bei Denzlingen in das Elztal hinein, hat man zwei Straßen zur Verfügung. Die eine führt an der Elz entlang durch Waldkirch, Kollnau und Gutach. Die andere Straße ist die neue B-294, die wenig höher verlaufend, die kleinen Industriestädtle mit einem Tunnel umgeht. Vor Bleibach münden beide Straßen wieder ineinander. In Elzach biegen wir zum Bahnhof hin ab. Bis hierher hätten wir auch mit dem Zügle oder mit dem Bus fahren können, doch leider gibt es außer dem Schulbus keinen guten Anschluß ins Yachtal. Wir planen unsere heutige Wanderung also mit dem Pkw.

Nr. 36
Yach Kirche
Naturwunder Siebenfelsen
Blaue Raute, Nr. 17 und Nr. 18
11 Kilometer

Schön ist es hier. Eingebettet in sattgrüne Wiesen liegen große Einzelhöfe. Wenige Meter oberhalb der Kirche endet die eigentliche Zufahrtstraße. Hier befinden wir uns also in der Ortschaft, die als einzige in Deutschland mit einem „Y" beginnt. Beim Gasthaus Rebstock, wo sich auch der Wendeplatz für den Schulbus befindet, teilt sich der Weg. Rechts geht es in den „Hinteren Zinken", geradeaus führt das schmale Sträßchen hinauf in den „Vorderen Zinken". Wir wählen den Anstieg durch den „Vorderen Zinken", denn wir wollen ja zu dem Naturwunder „Siebenfelsen". Ab und zu kommen wir an einem Bauernhof vorbei. Jeder Hof hat seinen Namen, der sich seit Generationen vererbt hat. Der Briefträger kennt sie alle. Er braucht keine Hausnummern. Auffallend sind die vielen Kreuze am Wegrand. Sie sind für diese Gegend typisch. Nach etwa zwei Kilometer kommen wir zu einem mächtigen Steinbruch, aus dem das Material für den Straßenbau gewonnen wird. Auf der anderen Straßenseite liegt der Schneiderbauernhof. Da kann man „Ferien auf dem Bauernhof" machen. Auf dem Dach des langen Gebäudes entdecken wir einen kleinen Glockenturm, über dem sich ein goldener Hahn stets nach dem richtigen Wind dreht. Es lohnt sich, die wenigen Meter zum Hof hinauf zu steigen, denn da steht ein sehenswertes Longinuskreuz. Das ist ein Passionskreuz, an dem man rings um den dornengekrönten Christus alle Marterwerkzeuge angefügt hat. Auf einem Pferd sitzt der römische Hauptmann „Longinus" und sagt verzweifelt: „Wahrhaft, dies war Gottessohn."

Vom Steinbruch aus, der uns wie eine große Wunde in der friedlichen Landschaft vorkommt, steigen wir auf der befestigten Straße noch einen Kilometer an. Vor der nächsten großen Linkskurve zweigt geradeaus fast unscheinbar ein schmaler Fußpfad ab. Er wird von der blauen Raute markiert. Sie bringt uns direkt an unser Ziel, dem Siebenfelsen. Doch vorher müssen wir noch am Fischergrundhof vorbei. Von überall her fließen winzig kleine Rinnsale der Talsohle zu und bereichern den Yachbach. Nach dem Fischergrundhof macht unser Weg eine langgezogene Linkswendung, und gleich danach zweigt ein Pfad steil rechts ab. Kräftig schnaufend gewinnen wir schnell an Höhe. Fast am Ziel überqueren wir den Fischergrundweg, und nach 200 Meter steilem Zickzackpfad stehen wir vor dem Naturwunder »Siebenfelsen«.

Inmitten einer von mächtigen Felsbrocken übersäten Landschaft steht ein 10 Meter hoher Turm, der sich aus sieben übereinanderliegenden Granitblöcken zusammensetzt. Man kann es fast nicht fassen, daß die Natur so etwas gebildet hat. Wie lange mag die Säule aus den sieben Steinen wohl schon stehen? Wie lange wird sie in dieser Ausprägung noch stehen bleiben? Letztere Frage ist sicher berechtigt, wenn man die einzelnen Lagen genau anschaut Fast gefährlich klein ist z. B. die Auflagefläche des obersten Blockes, der zudem noch der größte und schwerste ist. Daß er zu zwei Drittel hohl liegt, sehen wir erst, wenn wir um den

Turm herumgehen und dahinter auf die losen Felsen steigen. War er es mit seinem großen Gewicht, der die beiden mittleren Steine, denen ich die Nummern vier und fünf geben möchte, so flachdrückte? Überhaupt kann man nur staunen, wenn man bedenkt wie groß die Last ist, welche auf diesen mächtigen mittleren Steinen liegt. Da fällt mir unwillkürlich der Merksatz ein, den ich über die Zusammensetzung des Granits als Kind in der Schule lernte: »Feldspat, Quarz und Glimmer, die vergeß' ich nimmer«. Diesen und anderen Gedanken können wir ganz bequem nachgehen, denn rings um das Naturdenkmal ist ein schöner Lagerplatz mit zwei Bänkchen.

Naturwunder
Siebenfelsen
im oberen Yachtal

Für den Rückweg steigen wir wieder 200 Meter bis zum breiten Fischergrundweg ab, dem wir dann nach rechts abwärts folgen. Links unten liegt der Fischergrundhof, den wir vom Aufstieg her schon kennen. Autos kommen hier keine herauf. Dafür sorgt eine Schranke auf der Straße. Bei dieser Schranke ist übrigens ein schöner Rastplatz mit einem rustikalen Holztisch und zwei Bänkchen. Etwa 600 Meter unterhalb der Schranke biegt in einer großen Kehre unsere Waldstraße nach rechts ab. Wir befinden uns jetzt auf dem Belgweg, ein Privatweg, der leicht ,ansteigt und uns zum Belghäusle bringt. Zuerst sehen wir bei dem Brunnen rechts am Wegrand eine Tafel, die uns vor dem Hund warnt. Aber keine Angst, schon das Sprichwort sagt, daß Hunde, die laut bellen, nicht beißen. Und siehe da, der Hund bellt schon; aber er läßt uns am Leben. Zwei Häuser gehören zu diesem Anwesen. Kaum sind wir am Bauernhaus vorbei, sollten wir unsere Aufmerksamkeit dem großen Stechpalmenbaum (Ilex) widmen. Daneben ragt ein Kastanienast heraus, den wir wie eine Brücke unterqueren. Nur 30 Meter weiter gelangen wir auf eine Bergnase. Eigentlich ist es eine richtiggehende Kanzel. Der Bauer hat an der Stelle einen von einem Jägerzaun eingefaßten Gebirgsgarten angelegt, in dem das ganze Jahr über etwas blüht. Daneben stehen Tische und Bänke, ja sogar eine Feuerstelle ist da. Bevor wir sie allerdings benützen, fragen wir beim Belgbauer um Erlaubnis nach. Eine bunte Mischung von Bäumen rahmt diesen Aussichtsplatz ein. Neben dem Tujabaum steht eine Weißtanne, dazu gesellen sich Kiefer, Kirsche und Birke. Fünf Meter höher zwängt sich aus einem großen Felsen ein Wacholder (Juniperus communis) heraus. Er trägt im zweiten Jahr nach der Blüte die bekannten bläulich-schwarzen Beeren. Wir genießen noch den Ausblick hinunter in den Vorderen Zinken, und dann geht es auf ganz schmalem Pfad, dem Weg Nr. 17, weiter. Unser nächstes Ziel ist die Biggerthütte. Doch zunächst steigt unser Weg leicht an. Wir wandern durch einen lichten Birkenhang, auf dem im Juni große Büschel Besenginster leuchtend gelb blühen. Drüben, am Ende dieses Hanges, steht auf einem kleinen Bühl ein Bänkchen. Jetzt biegen wir scharf rechts ab. Bevor unser Weg im Wald verschwindet, fällt uns rechterhand ein ganzer Hang mit Adlerfarn auf. Das ist unsere mächtigste Farnart, und an guten Standorten kann er über zwei Meter hoch werden. Etwa zwanzig Minuten nach dem Belghäusle mündet unser schmaler Waldweg in einem Dobel auf den breiten Biggertweg ein. Eigentlich ist es eine Waldfahrstraße, an deren Böschung die Biggerthütte steht. Wieder sind wir an einem wunderschönen Rastplatz. Es gibt genügend Bänke, ein Brunnen mit Trinkwasser, und hinter der Hütte ein Häuschen mit Herz.

Der Biggertweg führt uns jetzt schnell ins Tal hinab. Nach zwei großen Haarnadelkurven sind wir wieder drunten auf der asphaltierten Talstraße im Vorderen Zinken. Sehen wir davon ab, daß wir ein kurzes Stück unseres Wanderweges auf einer befestigten Straße gehen mußten, dann können wir doch zusammenfassend sagen, eine landschaftlich schöne und erlebnisreiche Gegend kennengelernt zu haben. Höhepunkt waren natürlich die Felsgebilde oben am Siebenfelsen. Für diese Wanderung mit dem Rucksack waren wir vier Stunden unterwegs.

Zum Abschluß ist es noch lohnenswert die im Jahre 1827 erbaute Pfarrkirche St. Wendelin in Yach zu besuchen. Sie hat eine Weinbrennerfassade. An den Längsseiten des Innenraumes wurden im Jahre 1980 die Stationsbilder des Kreuzweges aus bunten Mosaiksteinen angebracht.

Gemeiner Wacholder
(Juniperus communis)

Elztalweg I – Hoch über dem Tal

Oberprechtal Kirche – Eilet – Prechtat Ladhof – Elzach

Markierung: Blaue Raute
Länge: 10 Kilometer; Steigung mäßig
Hinfahrt: Mit SBG-Bus bis Oberprechtal Kirche

Bei diesem Wandervorschlag handelt es sich um keine Rundwanderung, weshalb wir nicht mit dem Pkw zum Ausgangspunkt anfahren können. Es sei denn, wir stellen das Auto in Elzach am Bahnhof ab und fahren von dort mit dem Bus ins Oberprechtal. Auf jeden Fall sollten wir an die Vorteile der Regio-Karte denken.

An der Busstation an der Kirche in Oberprechtal steigen wir aus und gehen einige Meter bis zum Gasthaus zur Sonne zurück. Die Hinweistafel mit der blauen Raute zeigt uns an, daß wir von der Sonne aus noch etwa 200 Meter talaufwärts, also in Richtung Landwassereck, neben der Straße bleiben müssen. Beim Haus

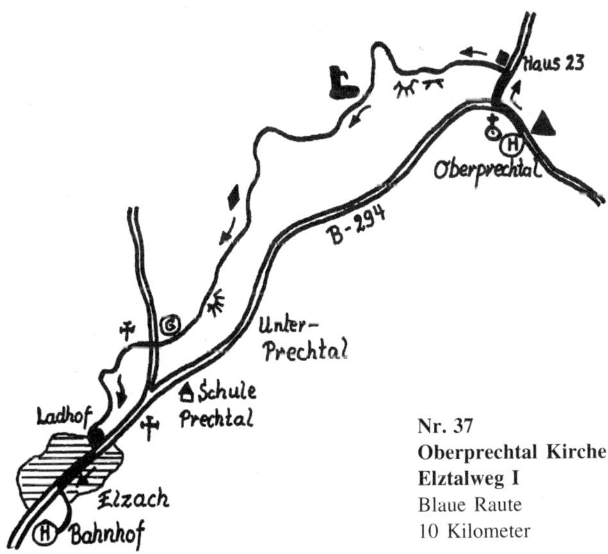

Nr. 37
Oberprechtal Kirche
Elztalweg I
Blaue Raute
10 Kilometer

Nr. 23 beginnt dann nach links abbiegend der Elztalweg. Vor uns liegt eine herrliche Wanderung, die zum großen Teil hoch über der Talsohle durch ausgedehnte Wälder führt. Sind wir früh am Tag unterwegs, dann ist es der milde Strahl der Morgensonne, die besonders im Frühjahr und im Herbst die Landschaft in ein warmes Licht taucht. Kaum haben wir die letzten Häuser hinter uns gelassen, geht es zügig bergauf. Oberhalb vom Friedhof, noch bevor wir die Waldgrenze erreichen, sollten wir stehen bleiben und Rückschau halten. Tief unter uns liegt Oberprechtal, und ins Tal hinein schließen sich die vielen Einzelhöfe von Hinterprechtal an. Schauen wir von unserem jetzigen Standort aus genau nach Süden, dann erkennen wir als höchste Erhebung auf der anderen Talseite den 1045 Meter hohen „Gschasikopf“. Auch dorthin führt in diesem Büchle eine Wanderung. Nach zwanzig Minuten Anstieg sind wir hoch über dem Tal und nur noch von Wald umgeben. Ja, auf diesem Abschnitt verläuft der Talweg etwas höher. Nach einiger Zeit treffen wir im Wald auf einen Brunnen. Ausblicke in die Ferne gibt es auf diesem Wegstück keine, doch wir könnten uns ja einmal die Bäume etwas näher anschauen. Der Wald ist forstwirtschaftlich sehr artenreich angelegt, und man weiß zwischenzeitlich, daß so etwas dem Waldsterben entgegenwirkt. Oft folgt einem Abschnitt mit Fichten ein aufgelockertes Wäldchen mit Tannen. Zwischendurch hat man auch an die Lärche und an die Kiefer gedacht. Sogar ein Streifen mit der schnell wachsenden Douglasie ist zu finden.

Lärche (Larix decídua)

Weißtanne
(Abies alba)

Schwarzkiefer
(Schwarzföhre)
(Pinus nigra)

Douglasie

Fichte
(Rottanne)
(Pícea ábies)

Die Fichte (Rottanne) erkennen wir daran, daß die Zapfen am Zweig nach unten hängen. Im Reifezustand fallen sie als ganze Zapfen vom Baum. Die Zapfen der Tanne (Weißtanne) stehen nach oben auf den Zweigen. Wenn sie reif sind, dann fallen die Schuppen einzeln zu Boden, und nur die Zapfenspindel bleibt am Baum. Die Lärche hat kleine und hellbraune Zäpfchen, welche im Winter, wenn der Baum seine Nadeln abwirft, grau werden. Die Zapfen der Kiefer fallen als „Fohrenbobbele" auf die Erde. Die Zapfen der Douglasie hängen zimtbraun am Zweig und fallen als Ganzes ab. Die Deckschuppen sind dreispitzig und überragen die Fruchtschuppen.

Nach etwa 1,5 Stunden nähert sich unser Weg wieder dem Tal. Immer häufiger bieten sich nach links wunderbare Ausblicke an. Wenn wir dann schon recht weit drunten sind, erkennen wir drüben auf der anderen Talseite ein großes vierstöckiges Haus mit einem Dreieckgiebel. Das ist die Schule, in welche die Kinder bis in die Jahre nach 1960 von den entlegensten Höfen zu Fuß kamen. Oft war der einfache Schulweg eine Stunde lang. Beim Gasthaus Linde überqueren wir die Straße. Bevor wir an die Häuser im Wiesengrund kommen, fällt uns ein beachtenswertes Wegkreuz auf. Hinter den Häusern am Bach ist eine kleine Fabrik, die wir umrunden. Auf schmalem Pfad erreichen wir wieder den Bach, der gleich darauf bei einem Holzsteg in die Elz mündet. Es ist ein ganz romantisches Wegle entlang des jungen Flusses. Waghalsig beugen sich die Äste der Uferbäume weit übers Bachbett. Beim nächsten Brückle überqueren wir die Elz und biegen noch am Ufer nach rechts auf den Wiesenweg ab. Eschen säumen die Böschung. Nach hundert Metern kommen wir im Ortsteil „Ladhof" auf die Elzstraße, von der aus wir nach links abbiegend die Hauptstraße erreichen. Dort steht das Gasthaus „Krone Ladhof", dem wir alleine schon seiner Geschichte wegen unsere Reverenz erweisen sollten. Auf einer Tafel beim Eingang erfahren wir:

Der Ladhof – der Meierhof des Prechtales

An dieser Stelle war der ehemalige Meierhof des gesamten Prechtales. In ihm untergebracht war das Gerichts- und Amtshaus des Kondominats (Herrschaftsgebiet) „Baden-Fürstenberg". Ebenfalls befand sich in diesem Haus die Gemeindestube der Talgemeinde.

1362 spricht man von der „Herberge zue dem Zapfen".

1465 taucht zum ersten Mal die Bezeichnung „Ladhof" für den Ortsteil und für die Gaststätte auf. Hier wurden die Güter ins Kinzigtal und nach Schwaben auf kleinere Wagen umgeladen. Daher die Bezeichnung „Ladhof".

1525 wurde das „Zerhaus" auf dem Ladhof von der Herrschaft erworben und darin die Gerichts- und Amtstage abgehalten.

1745 wird das Gebäude nach einem Brand neu aufgebaut und mit dem Doppelwappen des Markgrafen von Baden und des Fürsten von Fürstenberg geschmückt. Noch heute können wir dieses prachtvolle Wappen über dem Eingang bewundern.

* „Zerhaus" = das Verzehrhaus, von verzehren – etwas essen.

Nach dem Ladhof bleiben wir auf der Hauptstraße. An der Ecke bei dem Schuhgeschäft sollten wir nach rechts in den Winkel schauen. Da stand bis 1811 die Wendelinskapelle, zur Erinnerung an den im Jahre 617 verstorbenen Beschützer der Hirten und Herden. Ursprünglich war Wendelin ein iroschottischer Königssohn, der jedoch auf den Thron verzichtet hat, um Gott in der Einsamkeit besser dienen zu können. Vor dem Haus, in der Eckstraße, hat man einen schönen Brunnen aufgestellt. In Ermangelung einer Wendelinsfigur zierte man den Brunnenstock mit dem Apostel Jacobus. Überhaupt werden uns beim Gang durch die Stadt viele schöne Brunnen auffallen. Beachtenswert ist auch das im Jahre 1809 erbaute Rathaus. Daß Elzach schon immer eine Stadt war, durch die sehr viele Handelsleute sowohl berg- als auch talwärts zogen, erkennen wir an den fast überdimensional großen Gasthäusern. Hier blieb man zur Nacht bevor es am anderen Tag in das Gebirge ging. Dazu kam noch, daß das Angebot an köstlichen Speisen zu allen Zeiten hervorragend war. Vom Narrenbrunnen aus müssen wir noch fünf Minuten weit die Bahnhofstraße hinauf bis zur Endstation der Elztalbahn.

Für die erlebnisreiche Wanderung auf dem 1. Teil des Elztalweges waren wir gut drei Stunden unterwegs. Schon jetzt sei Appetit gemacht auf den Teil zwei dieses Elztalweges, der hier in Elzach beginnt und nach Bleibach führt.

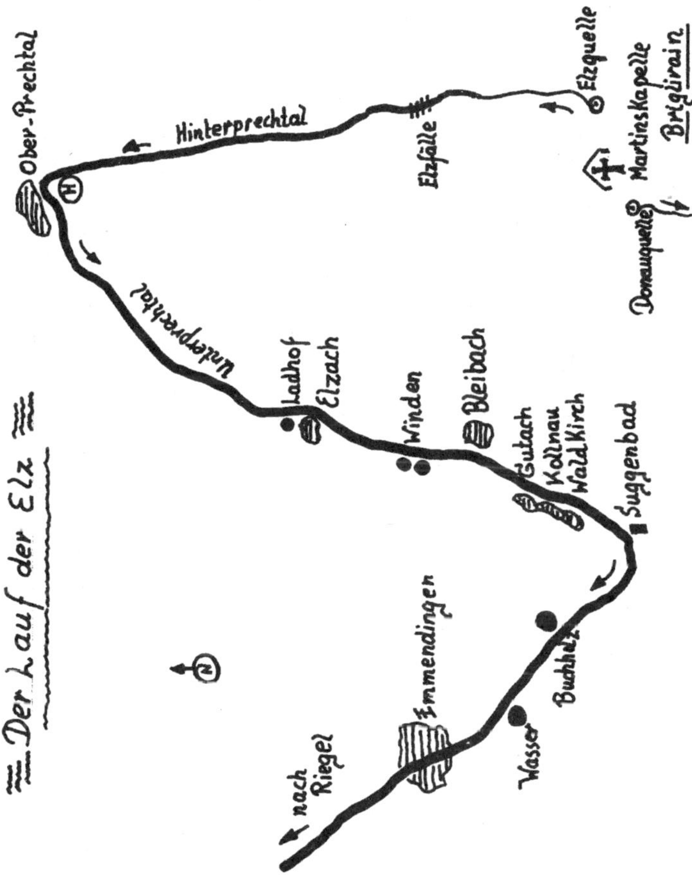
Der Lauf der Elz
Ober-Prechtal
Hinterprechtal
Elzfälle
Elzquelle
Martinskapelle
Briglirain
Donauquelle
Unterprechtal
Ladhof
Elzach
Winden
Bleibach
Gutach
Kollnau
Wald Kirch
Suggenbad
Emmendingen
Buchholz
Wasser
nach Riegel

Vom Ursprung der Elz

Es ist die Elz, die uns fasziniert, und die wir, flußabwärts wandernd, auf einem Stück ihres Laufes kennenlernen wollen. Dafür haben wir uns die Strekke von Oberprechtal bis nach Waldkirch ausgesucht. Doch wir sollten diese 28 Kilometer lange Route aufteilen. In unserer Beschreibung wollen wir drei Abschnitte vorsehen. Wem die Etappen zu kurz erscheinen, der möge sich seine eigene Unterteilung vornehmen.

Wo kommt sie denn her, die Elz? Sie wechselt vom Ursprung bis zur Mündung dreimal die Himmelsrichtung. Ihre Quelle ist nicht weit von der Martinskapelle droben hinter dem Rohrhardsberg entfernt. Dort beginnt sie als dünner Wasserfaden ihren Lauf nach Norden. Überhaupt ist da oben in 1100 Meter Höhe ein regelrechtes Quellgebiet. Nur wenige hundert Meter entfernt sickert aus einem Wiesengrund die junge Donau. Eigentlich ist es die „Breg", aber sie gilt als der Ursprung der Donau. Die Fachleute sprechen von der „Europäischen Wasserscheide". Während die Elz ihr Wasser dem Rhein zuführt, der später in die Nordsee mündet, wählt sich die Donau das entgegengesetzt liegende „Schwarze Meer" als Endpunkt aus. Als Dritter im Bunde entspringt wieder nur wenige Meter nebendran der Nonnenbach, dessen Wasser die „Wilde Gutach" bereichert. Sie stürzt sich das Simonswäldertal hinab und mündet bei Gutach in die Elz. Doch unsere Aufmerksamkeit soll ja der Elz gelten. Sie hat schon drei Kilometer nach ihrer Geburtsstätte soviel Wasser aus Nebenbächen aufgenommen, daß sie sich bei der Mühlebühlbrücke als tosender Wasserfall über riesige Felsblöcke stürzt. Dann zwängt sich der Wasserlauf, der früher dort oben nicht Elz, sondern „Elzach" hieß, durch das hintere Prechtal hinab nach Oberprechtal. Dort wollen wir den ersten Abschnitt unserer Wanderung auf dem Elztalweg beginnen.

Elztalweg II – Das Tal wird breiter
Elzach – Buchwald – Oberwinden – Niederwinden – Bleibach
Markierung: Blaue Raute
Länge: 11 Kilometer; Steigung mäßig
Hinfahrt: Mit Zug oder SBG-Bus nach Elzach

Auch wenn wir den ersten Teil des Elztalweges noch nicht gewandert sind, dann lohnt es sich auf jeden Fall, den für heute vorgesehenen Abschnitt II anzugehen. Uns wird eine völlig andere Landschaft erwarten. Auf dem Teil 1 von Oberprechtal nach Elzach lag unter uns das schmale und von vielen kleinen Einschnitten unterbrochene obere Elztal. Hier in Elzach wird alles anders. Die Landschaft wird heller, der Talboden flacher, und die Wiesen ziehen sich höher am Hang hinauf. Mit einem Satz kann man sagen: „Vor uns liegt eine Wanderung durch eine sanfte und liebliche Landschaft, die wir in allen abwechslungsreichen Abschnitten genießen sollten."

Vom Bahnhof aus wandern wir in einer großen Schleife die Straße abwärts bis zur Post. Waren wir mit dem SBG-Bus angereist, dann hätten wir schon hier aussteigen können. Kurz vor der vielbefahrenen Hauptstraße, der Freiburger Straße, die wir an einer Ampel überqueren, steht in einem kleinen Park der Elzacher Fastnachtsnarr. Schon auf der anderen Straßenseite zeigt uns die blaue Raute den Zugang zum Elztalweg an. Die nächsten zehn Minuten bewegen wir uns noch in der Region der neuen Häuser im talwärts auslaufenden Elzach. Nachdem wir die Heinrich Hansjakob-Realschule passiert haben, biegen wir links ab und kommen durch die Straße „Stadtwäldele" hinab in die Biederbachstraße. Wir überqueren sie, und dann führt uns ein kurzes Stück Telferstraße hinüber zum Biederbachbrückle am Waldparkplatz Buchwald. Gleich hinter der Brücke biegen wir nach links ab, und schon sind wir auf dem Elztalweg. Er zieht sich schmal am Hang dahin. Links unter uns ist das große Gebäude der Metzgerei Winterhalter. Unser Weg steigt leicht an, und bald biegt er nach rechts ab. Jetzt müssen wir eine kleine Schleife ins Tal bei Weinersberg in Kauf nehmen. Etwa 200 Meter wandern wir auf der Nebenstraße talaufwärts, dann biegen wir nach links ab. Im Wiesengrund versperrt eine Schranke jedem Verkehr die Durchfahrt. Uns erwartet ein breiter Waldweg, der schnell an Höhe gewinnt. Es ist nicht anstrengend, zumal uns selbst an warmen Sommertagen der Hochwald Schatten bietet. Wir müssen ganz gut auf unser Wegzeichen, die blaue Raute, aufpassen. Unvermittelt zweigt der Elztalweg als schmaler Pfad von unserem breiten Waldweg nach links ab. Manchmal wird es richtig abenteuerlich. Je näher wir Oberwinden kommen, desto steiler wird der Hang links vor uns. Ab und zu dringt das Geräusch der Autos von der vielbefahrenen Straße herauf. Eigentlich berühren wir Oberwinden überhaupt nicht. Erst nach der

Nr. 38
Elzach Bahnhof
Elztalweg II
Blaue Raute
11 Kilometer

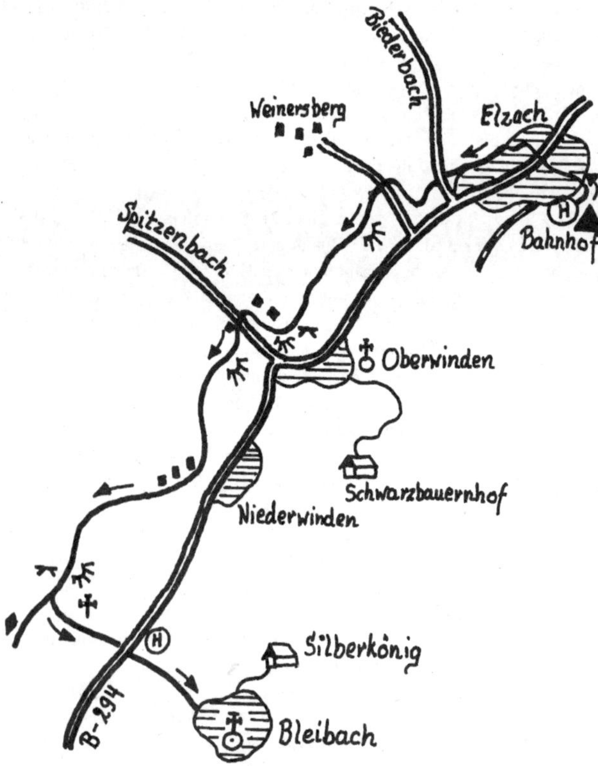

Ortschaft, deren spitzer Kirchturm wir ab und zu links drunten durch die Äste wahrnehmen, kommen wir bei einer Bank ins Freie. Hier sollten wir die Aussicht genießen. Der höchste Berg gegenüber ist der Hörnleberg mit seiner weißen Kapelle auf der Spitze.

Nach einer kleinen Ruhepause wandern wir auf dem bequemen Weg oberhalb der Häuser weiter. Er zieht sich leicht abfallend ins Spitzenbachtal hinein. Hier gibt es noch richtig alte Bauernhöfe, die sich im Sommer in ein Blumenmeer verwandeln. Gleich, nachdem wir nach links die Spitzenbachstraße überquert haben, passieren wir einen solchen traditionsreichen Hof. Dann steigt der Weg etwas steiler an. Bei einer Schafweide am Hang taucht er wieder in den Wald ein. Doch vorher sollten wir noch einen Blick auf die gegenüberliegende Talseite werfen. Beherrschender Mittelpunkt dort drüben auf dem Rüttlersberg ist das „Elztalhotel Schwarzbauernhof". Als dieses Hotel im Jahre 1997 nicht nur sein 25jähriges Jubiläum feierte, sondern auch noch einen großen Neubau einweihte, da stand fest, daß es das größte Hotel im Landkreis sein würde.

Erholung inmitten einer Kulturlandschaft

Am besten sieht man das Elztalhotel Schwarzbauernhof natürlich, wenn man direkt dort vorbeiwandert. Wir ziehen es jedoch vor, von unserem Standort aus hinüberzuschauen. So können wir am besten ermessen, in welch schöner Gegend man sich im Elztal erholen kann. Zwischen Wiesen, Feldern, Obstbäumen und Wald läßt es sich in dieser vom Klima und von der Lage her begünstigten Landschaft wohl sein. Das ist ein Stützpunkt für die Menschen, die unseren südlichen Schwarzwald kennen- und liebenlernen wollen. Wer sich so irgendwo niederläßt, dem kommen alle Wohltaten einer gewachsenen Schwarzwaldlandschaft zugute. Wanderungen in allen Schwierigkeitsgraden nehmen hier ihren Ausgang. Dabei kommt der Botaniker genauso auf seine Kosten wie der Geologe. Reich ist dieser Landstrich an alter Geschichte und Kunst. Doch auch die ganz moderne sakrale Kunst sei erwähnt, die uns in Bleibach in der Georgs-Kirche erwartet. Burgen lassen uns in Gedanken in die Vergangenheit eintauchen. Das nahe Waldkirch verzaubert uns mit den Klängen seiner alten Orgeltradition. Daß man in einer halben Stunde bequem in der Breisgau-Metropole Freiburg sein kann, muß natürlich erwähnt werden. Nach dem Motto „Freiburg hat, was alle suchen", wird man sicher mehrfach dort sein wollen. Besonders auch dann, wenn sich abends die vielen festlichen Angebote auftun.

Oft ist unser Weg kühn an den Berg angelehnt. Mal steigen wir ab, mal geht es streng bergauf. Unweit Niederwinden erreichen wir bei einem kleinen Weiher die Talsohle. Jetzt wandern wir ein Stück weit entlang der Hangsiedlung auf der Rainstraße. Dann macht sich unser Weg die Ehre, seinem Namen gerecht zu werden und wenigstens ein Stück weit ein Talweg zu sein. Doch bei einer kleinen Fabrik steigen wir wieder an und überwinden einen bewaldeten Bergvorsprung. Danach geht es wieder abwärts, und dann sind wir endgültig am Ufer der Elz. Schwellen im jetzt schon breiteren Flußbett zeigen uns an, daß das Gefälle stark ist. Bis zu zehn Meter weit strecken die Uferbäume ihre Äste übers Wasser hinaus. Wenn wir Glück haben, begegnen wir an dieser Stelle dem Reiher. Er hat in den hohen Bäumen zwischen Wasserlauf und Berghang sein Nest. Jetzt sehen wir links drüben die Gemeinde Bleibach. Oberhalb am Waldrand liegt das Hotel Silberkönig. Es erinnert an die lange Bergwerkstradition, welche diese Landschaft aufzuweisen hat. Noch einmal können wir auf einer Bank am Elzufer rasten. Dann verlassen wir den eigentlichen Elztalweg über eine Brücke nach links. Der breite Weg soll uns entlang der Wiesen hinüber nach Bleibach bringen. Unter zwei Birken steht photogen ein Kreuz, und dahinter erhebt sich steil der Hörnleberg. Bei einer SBG-Bushaltestelle überqueren wir die B-294, und jetzt sind es nur noch zehn Minuten bis zum Bahnhof in Bleibach. Sollten wir noch etwas Zeit haben, dann lohnt sich ein Besuch in der St. Georgskirche, die uns schon von weitem durch ihr mächtiges rotes Dach aufgefallen ist.

Gut drei Stunden waren wir von Elzach nach Bleibach unterwegs. Wir sahen hinaus in eine offene und liebliche Landschaft, wir hatten aber auch Gelegenheit auf stillen Waldwegen den Alltag zu vergessen. Nun fehlt uns nur noch der dritte Abschnitt des Elztalweges. Er beginnt in Bleibach und bringt uns durch eine völlig andere Landschaft nach Waldkirch. Vielleicht sollten wir uns das für eine der nächsten Wanderungen vorsehen.

Elztalweg III – Das Tal gibt den Menschen Arbeit

Bleibach – B 294 – Siegelbach – Stollen – Gutach – Gütermann – Kollnau – Waldkirch

Markierung: Blaue Raute
Länge: 7 Kilometer; Steigung mäßig, kurz steil
Hinfahrt: Mit Zug oder SBG-Bus bis Bleibach

Wir hatten uns vorgenommen den Elztalweg von Oberprechtal bis nach Waldkirch in drei Etappen zu erwandern. Haben wir uns an dieses Vorhaben gehalten, dann lernten wir gleichzeitig drei verschiedene Landschaften kennen. Nicht nur die Berge, Wälder und Täler präsentierten sich uns unterschiedlich, nein, auch die

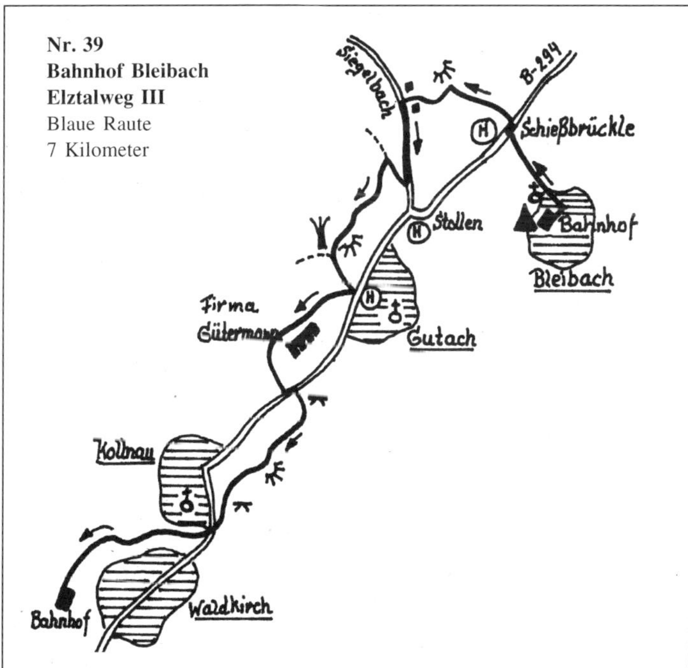

soziologische Struktur gab jedem Abschnitt sein eigenes Gepräge. War es auf dem ersten Teilstück von Oberprechtal nach Elzach der urwüchsige Schwarzwald, der das Bild bestimmte, so erwartete uns im zweiten Teil von Elzach bis nach Bleibach eine offene und liebliche Landschaft. Für den heute vor uns liegenden dritten Teil, der uns von Bleibach nach Waldkirch führen wird, werden wir den Menschen des Elztales und ihren Arbeitsstätten begegnen. Trotzdem wird das Erlebnis mit der Natur wieder im Vordergrund stehen.

Ganz bequem erreichen wir den Ausgangspunkt in Bleibach mit dem Bus oder mit dem Zug. Beide bringen uns zum Bahnhof in Bleibach. Beim SBG-Bus müssen wir genau in den Fahrplan schauen. Einige Busse halten nur an der Station „Schießbrückle" außerhalb von Bleibach an der B-294. Auf jeden Fall sollten wir uns an die Regio-Umweltkarte erinnern, die ja am Sonntag für die ganze Familie gilt. Beginnen wir die Wanderung am Bahnhof in Bleibach, dann gehen wir nur wenige Meter abwärts bis zur Dorfstraße. Dort biegen wir links ab und unterqueren die Bahnlinie. Linkerhand steht dann gleich die sehenswerte Kirche St. Georg, der wir – sofern noch nicht geschehen – unbedingt einen Besuch abstatten sollten. Hier haben große Künstler, z. B. Helmut Lutz, ein Meisterwerk des 20. Jahrhunderts geschaffen, das Bleibach weit über die Grenzen unserer Heimat hinaus bekannt werden ließ. Schon nach fünf Minuten sind wir am Ortsende. Vor uns liegt die B-294, die Lebensader des Elztales. Bei der Bushaltestelle „Schießbrückle" überqueren wir die Straße. Die blaue Raute zeigt uns an, daß es auf der drüberen Straßenseite geradeaus weiter durch die Wiesen geht. Wir durchwandern also den gesamten Talgrund. Noch bevor wir die Elz erreichen, sollten wir an dem von zwei Birken eingerahmten Wegkreuz kurz verweilen und den herrlichen Ausblick hinauf zum Hörnleberg genießen. Dann überqueren wir die Elz und folgen dem Elztalweg nach links. Zwischen Berghang und sattgrünem Wiesengrund wandern wir bis zu den Häusern, die zum Siegelbachtal gehören. Dort biegen wir scharf nach links ab. Jetzt liegen genau 500 Meter Straße talauswärts vor uns. Doch das ist unproblematisch, denn hier herrscht ganz wenig Verkehr. Kurz vor dem Ortsteil „Gutach-Stollen" heißt es gut aufpassen. Das erste Mal dort, wo unser Weg spitzwinklig nach rechts auf einen stark ansteigenden Waldweg abzweigt. Das zweite Mal dann, wenn wir diesen Abstecher schon nach 90 Metern wieder nach links zum Berghang hin verlassen. Das ist nur ein ganz schmales Wegle, das sich hoch über dem Talboden am steilen Hang entlangwindet. Wenn es die Bäume zulassen, dann sehen wir nach links hinunter auf die Häuser von Gutach. Ab jetzt kommen wir in jenen Teil des Elztales, der von den Menschen und ihren Arbeitsstätten beherrscht wird. Bald wird unser Pfad ebener, bis er schließlich bei einem Tele-Umsetzer auf eine breite Waldfahrstraße einmündet. Ihr folgen wir abwärts und nach fünf Minuten sind wir an der alten Elztalstraße und an der Elz. Da ist die

Bushaltestelle „Gutachbrücke". Ein Wartehäuschen bietet den Menschen bei schlechtem Wetter einen geschützten Unterstand. An diesem Wartehäuschen schlängelt sich unser Weg, geführt von der blauen Raute, am Berg entlang schnell bergauf. Es ist nur ein kurzer Anstieg, und über dem Hotel Adler erreichen wir auch schon den höchsten Punkt. Obwohl drunten auf der Straße rege Betriebsamkeit herrscht, genießen wir nur wenige Meter entfernt den herrlichen Waldweg, der bald an Höhe verliert. Für ein ganzes Stück begleitet uns nun linkerhand das riesige Industriegelände der weltbekannten Firma „Gütermann". Ihr Markenzeichen ist das Garnröllchen, denn sie stellen Nähfaden von höchster Qualität her.

Mit der Garnrolle vom Elztal in die weite Welt

Es war im Jahre 1864, als ein Herr Max Gütermann in der damaligen europäischen Seidenmetropole in Wien eine Firma für Seidenzwirn gründete. Schon 1867 verließ er Wien, ging kurz in die Schweiz und fand schließlich in Gutach im Elztal einen Produktionsstandort, der seinen Vorstellungen entsprach. Hier gab es das weiche und klare Wasser, das man für das Färben von Seide brauchte. Damit begann die Geschichte eines Unternehmens, dessen Werdegang mit der Geschichte des Nähfadens eng verbunden ist. Schon 1873 ersetzte er den Verkauf von Faden nach Gewicht durch die metrische Längeneinheit. Jetzt wußte der Kunde, daß er für sein Geld immer gleich viel Faden bekam. Der nächste Schritt war, daß man die „Strängchen" abschaffte, und den Nähfaden auf Spulen wickelte. Nach dem ersten Weltkrieg erweiterte die Firma ihr Verkaufsgebiet in zwölf Länder bis nach Übersee. Jetzt ging es ganz schnell voran.

Kaum war die Inflation vorbei, setzte sich das Markenzeichen „Gütermann" an die Spitze aller Nähseidenprodukte in der Welt. Um 1950 entschied sich die Firma für die Herstellung von Nähfaden aus Polyester. Damit war eine neue Ära eingefädelt, die nach weiteren Neuerungen im Jahre 1995 zu einem glanzvollen Höhepunkt führte. Im Sommer dieses Jahres verhüllten die beiden Künstler „Christo und Jeanne-Claude" mit etwa 100 000 Quadratmeter Stoff in Berlin das Reichstagsgebäude. Um die Stoffbahnen zu einer riesigen Hülle zu vernähen, was besonders belastbare Nähte voraussetzte, nahm man den Nähfaden der Firma Gütermann. Mit 1 300 Kilometer Spezialgarn gelang es schließlicht das erforderliche reißfeste Kunstwerk zu schaffen. Heute näht man mit Gütermann-Faden in 80 Ländern aller fünf Kontinente auf unserer Erde.

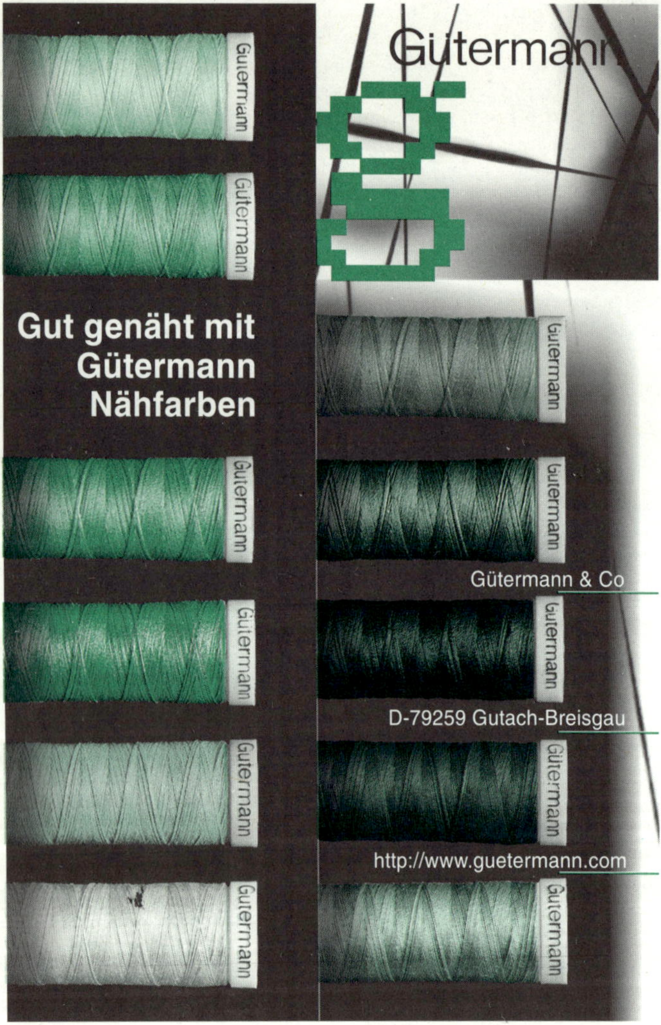
Gütermann
Gut genäht mit
Gütermann
Nähfarben
Gütermann & Co
D-79259 Gutach-Breisgau
http://www.guetermann.com

Nach der Firma Gütermann durchqueren wir das Gelände der „Freien Schule Elztal". Danach kommen wir einen kurzen Moment in bewohntes Gebiet. Gleich nach der Werkmeisterstraße sind wir an der Hauptstraße, die wir etwa 30 Meter oberhalb überqueren. Schon wird es wieder ruhiger. Links zwischen den Bäumen liegt der Golfplatz der Firma Gütermann. Wir wandern auf dem Stadionweg an den Sportanlagen entlang talabwärts. Die blaue Raute führt uns zum Ufer der mittlerweile recht breit gewordenen Elz. Weiter vorne zeigt uns die Pfarrkirche St. Josef an, daß wir schon in Kollnau sind. Vor uns liegt ein richtig schöner Uferweg, und es gibt viel zu schauen. Unser Wanderweg schlüpft unter der Brücke der Hauptstraße in Kollnau durch, und dann sind wir in zehn Minuten drüben am Berghang des Kastelwaldes. Das gehört bereits zu Waldkirch. Über den Max Barthweg erreichen wir den Bahnhof in Waldkirch.

So haben wir den dritten Abschnitt des Elztalweges erwandert. Obwohl er uns durch die drei so betriebsamen Gemeinden Gutach, Kollnau und Waldkirch geführt hat, fühlten wir uns nie gestört. Fast immer stand die Natur im Vordergrund. Bei aller Abwechslung, die uns der heutige Weg geboten hat, waren wir fast drei Stunden lang unterwegs. Die Erkundung zu Fuß durch ein sehenswertes Schwarzwaldtal findet nach drei Etappen und nach insgesamt 28 Kilometern ihr Ende.

Empfehlenswerte Literatur und Karten

1.	Was blüht denn da?	Kosmos-Naturführer
2.	Unsere Gräser	Kosmos-Naturführer
3.	Was grünt und blüht in der Natur?	Kosmos-Naturführer
4.	Heilpflanzenführer	Kosmos-Naturführer
5.	Waldkirch	Verlag Schillinger
6.	Bäume und Sträucher des Waldes	Verlag Neumann
7.	Bodenpflanzen des Waldes	Verlag Neumann
8.	Der große BLV-Pflanzenführer	BLV-Verlag
9.	Flora von Deutschland; Schmeil-Fitschen	Quelle & Meyer-Verlag
10.	Exkursionsflora für Süddeutschland; Oberdorfer	Verlag Volk u. Wissen, Berlin
11.	Wandern im Elztal	Verkehrsamt Waldkirch

Das Glottertal; Seger-Karte	1:15000
Kompass-Wanderkarte, Waldkirch, Kandel Nr. 884 + 891	1:30000
Schwarzwaldverein, Blatt 6	1:35000
Atlasco; Nr. 216 + 218	1:30000